Walbert Bühlmann · Weltkirche

Walbert Bühlmann

WELTKIRCHE

Neue Dimensionen
Modell für das Jahr 2001

MIT EINEM NACHWORT
VON KARL RAHNER

VERLAG STYRIA

CIP-Kurztitelaufnahme der Deutschen Bibliothek
Bühlmann, Walbert:
Weltkirche : neue Dimensionen ; Modell
für d. Jahr 2001 / Walbert Bühlmann. –
Graz; Wien; Köln : Verlag Styria, 1984.
ISBN 3-222-11512-5

1984 Verlag Styria Graz Wien Köln

Printed in Austria
Gesamtherstellung:
Druck- und Verlagshaus Styria, Graz
ISBN 3-222-11512-5

Inhaltsverzeichnis

Vorwort

Die gegenwärtigen Jahrzehnte haben uns bei allem Fragwürdigen, das sie mit sich bringen, gewaltig den Horizont geweitet und dadurch unser Menschsein größer gemacht. Zeitungen und Fernsehen sorgen dafür, daß wir täglich in unseren Stuben am Weltgeschehen teilnehmen können. Jumbos fliegen wundergierige Touristen in alle Weltteile und Shuttlers bald auch in den Weltraum. Wissenschaften und Technik nehmen einen so rasenden Verlauf, daß einem fast Hören und Sehen vergeht.

In einer solchen Welt wird auch der Christ nicht mehr bloß um seine Kirche und seine Seele kreisen. Die Pfarrkirche, in der er getauft wurde und die andern Sakramente empfing, kann heute nur noch als Teil einer Weltkirche richtig gesehen und geortet werden. Den kirchlichen Horizont zu weiten ist ein Gebot der Stunde, wozu dieses bescheidene Buch etwas beitragen möchte. Es wird nicht eine umfassende Ekklesiographie oder Ekklesiologie bieten, sondern nur einige hervorstechende Züge der neuen Kirchensituation ins Bewußtsein rufen.

Wir werden uns vor allem mit Kirchenproblemen der Dritten Welt zu beschäftigen haben, denn hier ist der mächtigste Um- und Aufbruch der letzten zwanzig Jahre wie der nächsten zwanzig Jahre im Gang, den es aufzuarbeiten gilt. Diese Dritte Welt verfügt bereits über zwei Drittel der Stimmen der UNO und wird in absehbarer Zeit zwei Drittel der Christenheit und vier Fünftel der Menschheit zählen. Wir können als zahlenmäßige Minderheit nicht mehr an ihr vorbeileben. Die neuen Dimensionen der Weltkirche fordern dringlich die Integrierung der Dritten Welt in unser Welt- und Kirchenbild, sei es für das eigene Kirchenverständnis, sei es für die Verkündigung.

Nach dem ungestümen Aufbruch der Kirche in der Konzils- und Nachkonzilszeit ist zwar wieder eine gewisse Ruhe eingetreten. Viele Kirchenleute zeigen sich darob erfreut und meinen, wir hätten nun genug „Experimente“ erlebt, genug „Bewegung“ gehabt, genug „Anpassung“ an die wahren oder angeblichen Forderungen der Zeit vollzogen; jetzt mit der Promulgation des neuen Kirchenrechtes sei der Konzilsimpuls aufgefangen und zum Abschluß gebracht worden und es müsse wieder eine Periode der Konsolidierung folgen. Das heißt: Ordnung und Zucht nach innen, Geschlossenheit und Eindeutigkeit nach außen – gegenüber den Feinden – seien die vordringlichen Parolen, die es jetzt zu verkünden und durchzuführen gelte.

Viele andere und darunter auch die Autoren dieses Buches sind jedoch zutiefst davon überzeugt, daß das Konzil sein letztes Wort noch nicht gesprochen, seine letzte Kraft noch nicht entladen, seine letzten Intentionen noch nicht erreicht hat. Denn ganz abgesehen von der innerkirchlichen Neuorientierung, die für alle Zukunft nachwirken soll, war das Vatikanum II das erste Konzil einer aktuell gewordenen Weltkirche als solcher und inaugurierte deshalb nicht bloß eine Wende für ein paar Jahre, sondern den Beginn einer eigentlich neuen Großperiode, einer *dritten Periode:* Auf die Kirche des ersten Jahrtausends, die *Ost-Kirche,* und die Kirche des zweiten Jahrtausends, die *West-Kirche,* folgt nun mit dem gegenwärtigen Aufbruch der *Süd-Kirche* die Kirche des kommenden dritten Jahrtausends, die Periode der *„Weltkirche“* schlechthin. Diese neue Stufe der Kirche kann man im letzten nicht erdenken und auf dem Reißbrett entwerfen. Sie ist einzig dem Herrn der Geschichte anheimgegeben. Aber man kann von ihr doch einiges ahnen und sich fragen, was auch die Menschen als Diener und Beauftragte der Pläne Gottes tun können und wie die Kirche der Zukunft in etwa aussehen müsse, wenn sie ins dritte Jahrtausend ihrer Geschichte einzieht; nicht mehr als europäische Kirche mit missionarischen Exporten in alle Welt, sondern als Kirche in und aus allen Völkern.

Papst Johannes Paul II. selbst redet auffallend oft von der Kirche auf ihrem Weg zum Jahr 2000, viermal in „Redemptor hominis“, dann bei verschiedenen Anlässen und wiederum bei der Promulgation des neuen Kirchenrechtes am 25. Jänner 1983. Man darf und muß also trotz der unaufhebbaren Verhülltheit aller Zukunft und so auch der Kirche nach der Kirche der Zukunft fragen.

Vieles, was über die Zukunft der Kirche geahnt, gesagt und gewünscht werden kann, bleibt natürlich eine Frage des Ermessens. Ich bilde mir nicht ein, daß alle in der Kirche von vornherein alle

in diesem Buch dargelegten Meinungen unterschreiben werden. Manche mögen vieles davon für utopisch, ja nicht einmal für wünschenswert halten. Solche aber mögen bloß auf die Kirchengeschichte der letzten Jahrzehnte zurückblicken, um zu erkennen, daß vieles Wirklichkeit geworden ist, was noch kurz vorher als utopisch und nicht wünschenswert galt. Ohne horizonterweiternde Ideen und Utopien läuft der Karren in festgefahrenen Geleisen und versauert der Mensch im grauen Alltag, auch in der Kirche.
Um möglichen Mißdeutungen vorzubeugen, möchte ich betonen – was eigentlich selbstverständlich ist –, daß ich eindeutig auf dem Boden der Lehre der Kirche stehe. Meine Ekklesiologie ist die der Kirche sowohl des II. als auch des I. Vatikanums. Aber innerhalb dieser allgemeinen Lehre der Kirche über die Kirche muß man Akzentverschiebungen zulassen, wie die ganze Kirchengeschichte belehrt. Dabei bleiben beide Pole immer gültig, aber bald steht der eine, bald der andere mehr im Vordergrund. Wer sich also gegen einen statischen Legalismus wendet, verkennt nicht, daß es Gesetze gibt und geben muß. Wer für einen größeren Pluralismus in der Kirche plädiert, leugnet nicht, daß es eine verbindliche Lehre und ein Lehramt in der Kirche geben muß. Wer für eine konkretere Gemeinschaft unter den christlichen Kirchen eintritt, hält noch lange nicht alle Kirchen für einfach gleich gültige Ausprägungen des einen Christlichen. Wer Gottes Geist auch in den nichtchristlichen Religionen am Werke erkennt, ebnet das Christentum keineswegs mit den übrigen Religionen ein. Wer die Römische Kurie kritisiert, weil er glaubt und es mit Beispielen belegt, daß auch sie wie die ganze Kirche ständig reformbedürftig ist, übersieht nicht, daß die Kirche trotz ihrer Reformbedürftigkeit das Geheimnis der Gegenwart und der Liebe Gottes bleibt.

Um mein Grundanliegen etwas kräftiger abzustützen, habe ich meinen Freund Karl Rahner gebeten, eine seiner Arbeiten mitveröffentlichen zu dürfen, die er schon früher unabhängig von diesem Buch geschrieben hatte. Ich danke ihm für die freundliche Zustimmung. Wie das Inhaltsverzeichnis zeigt, besteht das Buch aus zwei Hauptteilen. Der erste Teil versucht, die Bestandesaufnahme und Analyse der gegenwärtigen Situation der Weltkirche zu machen, wobei in den ersten vier Beiträgen ihre neuen geopolitischen Strukturen dargestellt, in den folgenden vier Arbeiten neue kerygmatische Akzente gesetzt werden: Gerechtigkeit, Friede,

Hoffnung, universale Brüderschaft. Der zweite Teil entwirft dann eine utopische Antwort auf Grund der Analyse, ein Kirchenmodell für die nahe Zukunft, das – hoffentlich – unseren Einsatz in der Gegenwart zu beflügeln vermag. Es konnte nicht ganz vermieden werden, daß einzelne Fakten und Überlegungen sowohl im ersten wie im zweiten Teil im entsprechenden Zusammenhang erwähnt werden mußten. Sie werden dafür umso tiefer sitzen.

Vor zehn Jahren kam mein Buch auf den Markt: „Wo der Glaube lebt. Einblicke in die Lage der Weltkirche." Von ihm sagte damals Karl Rahner, es sei „das beste katholische Buch des Jahres". Jetzt werden gewisse Themen daraus wieder aufgenommen, auf den heutigen Stand gebracht, ausgeweitet und zum Kirchenmodell aufgebaut, nicht für das Jahr 2000, den Abschluß dieses Jahrtausends, der schon in Reichweite steht, sondern für 2001, den Beginn des kommenden Jahrtausends, für das wir bereits die Weichen stellen sollen.

Rom, am Weltmissionstag 1983

P. Walbert Bühlmann O. F. M. Cap.

I. Teil

Neue Dimensionen

1. Von der Westkirche zur Weltkirche

Am Ende der Bischofssynode 1974 in Rom über „Evangelisierung in der Welt von heute“ hat Papst Paul VI. allen Teilnehmern beim Abschied eine Sonderausgabe der Apostelgeschichte in die Hand gedrückt. Er wollte damit sagen, daß jener kirchliche Lagebericht heute noch von Bedeutung sei und daß derselbe Heilige Geist heute noch seine Kirche leite. Ich würde noch weitergehen und meinen, daß man für jedes Jahrhundert eine Art Apostelgeschichte schreiben könnte, daß aber die „Apostelgeschichte des 20. Jahrhunderts“ jener des ersten Jahrhunderts wohl am meisten ähneln würde, sowohl was die rapide Ausbreitung des Christentums betrifft wie bezüglich der Spannungen in der Kirche; damals beim Übergang von der Judenkirche zur Heidenkirche, heute beim Übergang von der Westkirche zur Weltkirche.

Wenn wir über die gegenwärtige Lage von Kirche und Mission nachdenken, können wir vor allem zwei neue und wichtige Feststellungen machen: Es gibt heute Kirche in sechs Kontinenten, aber auch Mission in sechs Kontinenten.[1] Es lohnt sich, über diese zwei Aussagen etwas nachzudenken. Wir werden nicht sosehr eine Beschreibung von Kirche und Mission in sechs Kontinenten vornehmen, sondern vor allem die Tatsache selbst, daß es Kirche und Mission in sechs Kontinenten gibt, und die Folgen daraus uns ins Bewußtsein rufen.[2]

1.1. Kirche in sechs Kontinenten

1.1.1. Die Kirche des Abendlandes

Heute, wo wir am Ende einer geschichtlichen Phase stehen, wird es uns erst voll bewußt, wie lange die Kirche auf das christliche Abendland konzentriert war. Von jenem Augenblick an, da Paulus, der in Troas eigentlich nach Kleinasien zurückkehren wollte und vielleicht bis nach Indien gekommen wäre und die Geschichte der Kirche sich in Asien entfaltet hätte, was aber „der Geist verhinderte ... nicht erlaubte" (Apg 16), statt dessen nach Westen, nach Mazedonien, Korinth, Rom ging, ist die Kirche faktisch ihre ganze Geschichte hindurch eine Kirche des Westens gewesen. Sogar die sogenannten Ost-Kirchen leben doch weitgehend auch in europäischen Ländern.

Infolgedessen finden wir in den neuen großen Kirchengeschichten wohl 95 Prozent des Stoffes über die Kirche der westlichen Welt. Ferner sind die ganze Theologie, die ganze Liturgie, die ganze Kirchendisziplin Frucht des 2000jährigen Lebens der westlichen Kirche. Statistisch sah es so aus, daß noch zu Beginn dieses Jahrhunderts 85 Prozent aller Christen in der westlichen Welt lebten und also nur ein kleiner Restbestand auf die übrige Welt fiel.

Das war die Zeit der europäischen Hegemonie in Welt und Kirche. In Europa liefen alle Fäden der Weltpolitik, der Weltwirtschaft, der Weltkirche zusammen. Wir waren die reiche, gebende, lehrende Kirche, die andern die armen, empfangenden, lernenden, ganz von uns abhängigen Missionen. Die Missionare zogen als Kinder ihrer Zeit in jene Länder der „Wilden" und „Heiden", legten dort gewiß unter gewaltigen Opfern die Grundlagen für das, was später das neue Afrika und die Kirche Afrikas werden sollte, aber sie taten das in einer Art, die man heute „Bemutterung", mit dem Fremdwort eigenartigerweise nicht Maternalismus, sondern Paternalismus nennt.

Diese Zeit der europäischen Hegemonie hat im Zweiten Weltkrieg ihren Höhepunkt und zugleich ihr Ende gefunden. Damals ließen sich die Afrikaner und Asiaten noch von und für Europa mobilisieren, aber sehr rasch nachher fiel das Kolonialreich von Gibraltar übers Kap der Guten Hoffnung bis nach Singapore wie ein Kartenhaus zusammen. Bei Ende des Krieges gab es 57 Nationen, die Herren der damaligen Welt, die Gründerstaaten der UNO. Heute gibt es dort 170 Mitglieder, also 110 neue Staaten, die in dieser kurzen, aber historisch dichten Spanne das Licht der Welt erblickt haben.

Erst jetzt kann man im vollen Sinn von Weltgeschichte reden. Was man bisher Weltgeschichte nannte, waren die drei Etappen der europäischen Geschichte: Altertum, Mittelalter, Neuzeit. Jetzt hat die erste Phase der eigentlichen Weltgeschichte begonnen.

1.1.2. *Die Kirche der Welt*

In den letzten Jahrzehnten haben sich Dinge zugetragen, die auch für die Kirche eine ganz neue Situation schufen. Das eindeutige Schwergewicht der Christenheit im Abendland hat sich mehr und mehr abgebaut, und 1970 ist es zur Kippe gekommen: jetzt lebten bereits 51,86 Prozent der Katholiken in den südlichen Kontinenten, Lateinamerika, Afrika, Asien-Ozeanien. Bis zum Jahr 1980 steigerte sich die Proportion schon auf 57,56 Prozent. Im famosen Jahr 2000 werden wohl 70 Prozent der Katholiken in der südlichen Hemisphäre leben (Genaueres siehe II. Teil).

Damit wandert die Kirche ab zu kulturell sehr alten Völkern. Man weiß heute, daß die Kultur begonnen hat im Indus- und Gangestal, im Tal des Gelben Flusses, in Indonesien, in Afrika, in Amerika, und schließlich sich auch im östlichen Mittelmeer entwickelte. Sie wandert ab zu demographisch sehr jungen Völkern. Wir im Westen werden mehr und mehr eine überalterte Gesellschaft und Kirche. In der gesamten Dritten Welt aber stehen 42 Prozent der Bevölkerung unter 15 Jahren. Also ist die Kirche dort eine Kirche der Jungen, der Zukunft, der Hoffnung. Sie wandert ab zu wirtschaftlich noch sehr armen Völkern. Aber wenn die Armen die „Seligen" des Evangeliums sind, muß die Kirche dort ungeheure Chancen haben, nicht bloß in Dokumenten, sondern in Tat und Wahrheit, Kirche für die Armen und mit den Armen zu werden.

In der Rückblende sehen wir klar ein, daß das Pontifikat Pauls VI. durch die Schaffung dieser neuen Situation gekennzeichnet war. Für mich wird Paul VI. in die Geschichte eingehen als der Papst, unter dessen Pontifikat die Westkirche zur Weltkirche geworden ist. In diesen 15 Jahren ist die Verlagerung des statistischen Schwergewichtes geschehen, sind systematisch einheimische Bischöfe ernannt worden, so daß heute in Asien rund 95 Prozent, in Afrika rund 75 Prozent der Bischöfe Landesgeborene sind. Noch etwas ist bezeichnend: Seit der erste Papst, Petrus, nach Rom kam, hatte kein Papst je Europa verlassen. Paul VI. aber hat gleich auf Anhieb hin alle sechs Kontinente besucht, um ein Zeichen dafür zu setzen, daß nun die Kirche wirklich eine Kirche der sechs Kontinente geworden ist. Papst Johannes Paul II. führt diese zeichenhaften Reisen auf noch intensivere Weise weiter.

Diese religionssoziologische Realität der Kirche in sechs Kontinenten ist gleichzeitig vom Vatikanum II theologisch unterbaut worden. Wir wissen nun, daß die eine universale Kirche mit der starken Zentralgewalt (Vatikanum I) konkret in ungezählten Ortskirchen lebt, die alle Recht und Pflicht haben, nicht mehr „bloß“ Missionen zu sein, Kopien der europäischen Kirche, sondern auf eigenen Füßen zu stehen, und ihr vollwertiges Wort im Rahmen der Gesamtkirche mitreden dürfen.

Im Blick auf dieses neue Phänomen habe ich gesagt, es komme die „Dritte Kirche“, Kirche der Dritten Welt, aber auch Kirche des 3. Jahrtausends. Ganz grob können wir doch sagen, daß das 1. christliche Jahrtausend, mit den ersten acht Konzilien alle im Osten, vorwiegend unter der Führung der Ersten Kirche, der Ost-Kirche, stand; das 2. Jahrtausend stand ebenso eindeutig unter der Führung der Zweiten Kirche, der West-Kirche, die das Mittelalter gestaltete und seit der Entdeckung der Neuen Welt alle missionarischen Initiativen unternahm. Das kommende 3. Jahrtausend wird nun offenbar unter der Führung der Dritten Kirche, der Süd-Kirche, stehen. Ich bin überzeugt, daß die wichtigsten Impulse und Inspirationen für die Gesamtkirche in Zukunft von der Dritten Kirche herkommen werden.

Diese Voraussage ist bereits durch die Erfahrung bestätigt worden, nämlich auf der Bischofssynode 1974 über Evangelisierung in der Welt von heute. So eindeutig das Vatikanum II und die ersten drei Bischofssynoden von den Theologen und Bischöfen der Zweiten Kirche gemacht wurden, ebenso eindeutig haben in der Synode 1974 die Bischöfe und Theologen der Dritten Welt die Führung übernommen. Sie haben die heißen Fragen vorgelegt, die dann schließlich in „Evangelii nuntiandi“ eingegangen sind. Nicht umsonst erwähnt Paul VI. zweimal in „Evangelii nuntiandi“ diesen besonderen Beitrag der Bischöfe der Dritten Welt (Nr. 30 und 31). Es ist gut, uns diese neue Lage ins Bewußtsein einzusenken. Die Amerikaner sprechen von „cultural lag“, der darin besteht, daß viele Leute die neuen Strömungen der Theologie, der Philosophie, der Ideologien, nicht verfolgen und so im Bewußtsein 20 Jahre hinter der Wirklichkeit zurück leben. Sie leben noch, als ob . . . Das kann auch im kirchlichen Bereich geschehen. Eine der wichtigsten neuen Tatsachen, die wir unserem Volk zur Kenntnis bringen müssen, ist also die, daß wir nicht mehr *die* Kirche sind, sondern ein Teil einer größeren Kirche geworden sind.

1.1.3. Die in den Kulturen inkarnierte Kirche

Diese zahlen- und bedeutungsmäßige Verlagerung der Kirche in die Dritte Welt hat ihre Folgen für die gesamte Gestalt der Kirche. Bis zum Vatikanum II herrschte in der Kirche absolute Uniformität vor: überall die gleichen Katechismen, überall die gleiche lateinische Liturgie, überall die gleiche zentral gesteuerte Kirchendisziplin. Man sprach zwar schon von Akkommodation, aber das betraf nur rein äußere Dinge, wie Kleidung, Kirchengesang usw.

Solange die Kirche in einem europäischen Kulturraum lebte, konnte das mehr oder weniger recht sein. Aber heute, wo die Kirche in sechs Kontinenten lebt, von denen jeder sein eigenes politisches, kulturelles, somit auch kirchliches Selbstbewußtsein hat, muß auch die Kirche dort nicht bloß in äußerlichen Dingen „angepaßt", sondern radikal in jene Kulturen „inkarniert" werden. Deshalb hat man im Vatikanum II noch recht behutsam, weil das erste Mal, in „Evangelii nuntiandi" schon viel selbstverständlicher und mutiger, von Inkarnation der Kirche in die Kulturen und damit von echter, legitimer Pluriformität gesprochen, nicht als Bedrohung der Einheit, sondern als Bereicherung, als gottgewollten Ausdruck der Einheit in der Vielfalt.[3] Der geographisch-quantitativen Katholizität muß notwendig die qualitative Katholizität folgen. Nur das kann dem Plan des Schöpfergeistes entsprechen, dem jeder kulturelle Hegemonismus abhold sein muß.

Das alles ist theoretisch klar und wurde in den Konzilstexten und seither in Büchern und einer Unzahl von Artikeln dargestellt und vertieft. Sobald es aber in die Praxis umgesetzt werden soll, beginnen die Probleme. Sobald eine Ortskirche einige konkrete Schritte tun will, um wirklich Ortskirche zu werden, nicht bloß Kopie der Römischen Kirche zu sein, wird ihr mit Autorität gesagt: im Namen und im Interesse der Einheit gehe das nicht. Diese Spannung zwischen Dokumenten und Taten macht die Prüfung und Belastung des gegenwärtigen Kirchenmomentes aus. Wie der Übergang von der Juden- zur Heidenkirche nur unter Spannungen und Schmerzen verlief – der große Paulus ist ihr Opfer geworden –, so wird auch der Übergang von der Westkirche zur Weltkirche, von der Uniformität zur Pluriformität, nur unter Spannungen geschehen. Daß der eine Pol der Kirche, die zentrale Verwaltung, vor allem auf Einheit bedacht ist, ist ihr Recht und ihre Pflicht. Umso mehr muß aber der andere Pol, die Bischöfe, die Bischofskonferenzen, in einen engagierten Dialog treten, nicht sofort nachgeben, seine Interessen und seinen ergänzenden Standpunkt bis zum letzten verteidigen, damit es so zu einem echten Ausgleich und Gleichgewicht zwischen den beiden Polen komme. Einheit gewiß, aber Einheit in der Vielfalt!

1.2. Mission in sechs Kontinenten

1.2.1. Die Frage der Terminologie

Soeben haben wir gesagt, daß die „Missionen" zu Ende gingen, weil sie sich zu eigenständigen, wenn auch noch für längere Zeit hilfsbedürftigen Ortskirchen entwickelt hätten. Jetzt reden wir wieder von Mission in sechs Kontinenten. Es scheint da eine gewisse Verwirrung vorzuliegen. Die wird bald geklärt durch die Unterscheidung zwischen den Missionen und der Mission.

Die „Missionen" waren Verwaltungsterritorien, die der Kongregation De Propaganda Fide unterstellt waren (AG 6) und die auch durch das „jus commissionis" bestimmten Missionsinstituten übertragen waren. Diese Missionsinstitute trugen die volle Verantwortung für diese „ihre Missionen". Inzwischen aber ist das „jus commissionis" für die Diözesen abgeschafft worden durch eine Instruktion der Propaganda Fide von 1969, und sind die Ortskirchen die eigentlich Verantwortlichen der Evangelisierung in ihrem Gebiet geworden. Während vorher die missionarische Tätigkeit nur durch ausländische Missionare ausgeführt wurde und jene Christenheiten Objekt, Gegenstand der Missionstätigkeit waren, sind sie im Konzil zum Subjekt und Träger der Missionstätigkeit erklärt worden (AG 20). Es ist also anachronistisch geworden, noch von „unseren Missionen" zu reden, und es muß für jene Christen geradezu beleidigend wirken, wenn einzelne traditionelle Kircheninstanzen noch aufrufen, „für die Missionen zu beten, für die Missionen Almosen zu geben". Solches Reden verlängert das historisch-koloniale Denken: hier Metropole, dort Peripherie; hier Kirche, dort Missionen. Es geht heute nicht mehr um „Missionshilfe" an einen Bettler, sondern um den zwischenkirchlichen Dienst, den alle Kirchen einander zu leisten haben.

Es war auffallend, daß sowohl Paul VI. in „Evangelii nuntiandi" wie Johannes Paul II. in seinen vielen Reden in Afrika nur noch ganz beiläufig, wie aus Gewohnheit, von den „Missionen" sprachen, sonst aber immer von der Ära der Evangelisierung, von der missionarischen Aufgabe, von der missionarischen Kirche redeten. Die Ausdrücke Mission (in Einzahl), Missionare, missionarisch können ohne Schwierigkeiten weiterhin gebraucht werden. Damit meint man die Erstverkündigung an Menschengruppen, die noch fern sind von Christus. Diese Erstverkündigung muß weiterhin Priorität haben im Aufgabenkatalog der Kirche, wie aus „Evangelii nuntiandi" klar hervorgeht (Nr. 51 und passim). Dasselbe Dokument aber hatte nicht bloß die vorchristliche, sondern auch die nachchristliche Menschheit im Auge, nicht nur die „Noch-nicht-Christen", sondern auch die „Nicht-mehr-Christen", die nicht mehr Praktizierenden, nicht mehr Glaubenden, die wiederum die Erstverkündigung nötig haben. Diese missionarische Situation, die Gegenwart von „Noch-nicht-Christen" und von „Nicht-mehr-Christen", findet sich heute in allen sechs Kontinenten vor. Darum redet man heute von Mission in sechs Kontinenten. Die Missionen gingen zu Ende, die Mission geht weiter.

1.2.2. Erstverkündigung in der Dritten Kirche

Wenn man weiß, daß es 1965 gut zwei Milliarden Nicht-Christen gab (2272 Millionen), und daß es im Jahr 2000 gut vier Milliarden sein werden, kann niemand sagen, die Missionsära sei zu Ende gegangen. Freilich brauchen wir heute nicht mehr einen so ängstlich besorgten Seeleneifer, als ob jene Millionen von Seelen ohne unseren Eifer, ohne die Taufe, allesamt in die Hölle wandern würden. Wir dürfen heute annehmen, daß Gott seinen festen väterlichen Willen und auch die nötigen Mittel hat, „seine" Menschen zu retten. Missionsarbeit geschieht heute nicht mehr aus Angst vor der Hölle, sondern aus Liebe zu Gott, dessen Huld und Liebe wir der ganzen Menschheit verkünden möchten! Ob jene Menschen dann in die Kirche eintreten oder nicht, liegt nicht in unserer Macht, sondern in der Hand Gottes. Man kann das eine Evangelisierung, das andere Christianisierung nennen.

Im Sinn der Evangelisierung aller Menschen durch das persönliche Zeugnis und durch die Massenmedien geschieht missionarische Tätigkeit heute wohl viel mehr als je. Man muß also das Reden von Missionskrise sehr relativieren. Bisher hat nur ein Kontinent missioniert. Weil aber jetzt alle Ortskirchen in allen sechs Kontinenten missionarisch aktiv geworden sind, ist also die missionarische Tätigkeit versechsfacht worden. Die Missionskrise ist ein ausgesprochen westliches Phänomen, das sich im radikalen Rückgang der Missionsberufe äußert. Aber vielleicht war das notwendig, also providentiell, damit wir von unserer fast monopolartigen Führungsrolle zurücktreten und allen Kirchen Raum und Anstoß geben, missionarisch tätig zu werden. Es steht also nicht die Mission an sich in Frage, sondern nur die fast ausschließlich durch fremde Missionare ausgeübte Mission. Die missionarische Tätigkeit ist heute auch insofern anders geschichtet, als wir früher das organisierte, hierarchische Apostolat hatten: der Bischof – der Priester – der Katechist als verlängerter Arm des Priesters, von ihm oder vom Bischof bezahlt. Inzwischen haben sich überall in Afrika, Asien und Lateinamerika die Gemeinden entwickelt, mit einem gewählten Rat von Menschen, welche die verschiedenen Dienste darstellen (Lesung und Deutung des Evangeliums im priesterlosen Gottesdienst, Leitung des Gesanges, Unterricht der Täuflinge, Hausbesuche für Kranke oder für Familien in Streit usw.), und die nun ganz spontan als Gemeinde, wie in den ersten Zeiten der Kirche, das Christentum ausbreiten.

Es stellt sich die Frage, welches nun die Aufgabe der Missionsinstitute sei angesichts dieser selbständig geleiteten Ortskirchen. Man kann wohl so antworten: Die Missionsinstitute haben ihre historische Aufgabe, um derentwillen sie vor rund 100 Jahren gegründet wurden, im kirchlichen Niemandsland die Kirche aufzubauen, mehr oder weniger erfüllt. Wenn sie heute für einzelne Länder kein Visum mehr erhalten oder gar aus ihnen ausgewiesen werden, lassen sie kein Vakuum zurück, sondern eine mehr oder weniger entwickelte und lebensfähige Ortskirche.

Sie müssen weiterhin mit den jungen Ortskirchen zusammenarbeiten, solange ihre Mitarbeit noch nötig und möglich ist. An nicht wenigen Orten gibt es noch eigentliche Engpässe. Es brauchte noch junge Missionare, um die Brücke bis zum einheimischen Klerus zu schlagen.

Die klassischen Missionare, die wie Abraham ihr Land verlassen, haben eine Impulsfunktion und werden zu einem gewissen Grad in den jungen Kirchen wohl immer nützlich sein, damit diese nicht „verpfarrern“, der Gefahr erliegen, nur an jene zu denken, die schon in der Kirche sind.

Die Missionare werden nicht bloß Lückenbüßer sein, sondern eine Art Botschafter zwischen den Kirchen, um die theologischen Einsichten und pastoralen Erfahrungen hin und her zu tragen und die Kirchen gegenseitig zu bereichern. Nicht in Abhängigkeit, sondern im gegenseitigen Geben und Nehmen, Lehren und Lernen kommt die echte Koinonia, die Gemeinschaft der Kirchen, zustande.

Sie werden auch den alten Kirchen stets den Horizont öffnen und ihnen Anschluß an die Weltkirche geben. Sosehr wir die Bedeutung der Ortskirche betonen, hat doch keine Kirche das Recht, „nur“ Ortskirche zu sein. Sie muß sich immer im Zusammenhang mit der Universalkirche sehen.

Sie müssen schließlich und vor allem den alten Kirchen von der Mission her den missionarischen Impuls zurückgeben. Wir haben bisher jahrhundertelang Missionare in die anderen Kontinente gesandt und dabei übersehen, daß sich auch bei uns wiederum missionarische Situationen gebildet haben, um die sich niemand kümmert. Das darf nicht länger so der Fall sein.

1.2.3. Erstverkündigung in der Zweiten Kirche

Seit wenigen Jahren ist uns bewußt geworden, daß in unserem christlichen Abendland wieder „missionarische Situationen“ entstanden sind, d. h. kompakte Gruppen von Menschen (einzelne Individuen machen keine kirchliche Situation aus), die außerhalb der Kirche stehen, die fern von Christus leben, die man die nachchristliche Menschheit nennen könnte, die also wiederum Erstverkündigung nötig hat und darum nach „Missionaren“ ruft, nach Menschen, die systematisch die Grenzen der christlichen Gemeinschaft überschreiten und jenen Christusfernen wiederum mit neuen Mitteln und mit einer neuen Sprache Christus verkünden (EN 55–56).

Zum erstenmal wurde eine Analyse dieser neuen Situation gemacht im Buch von H. Godin und Y. Daniel, La France pays de Mission? (Lyon 1943). Das Buch erregte damals großes Erstaunen, aber außerhalb Frankreichs auch große Opposition. Man wollte es nicht wahrhaben. 20 Jahre später hat der Ökumenische Rat der Kirchen in Mexico City 1963 den Ausdruck geprägt: Mission in sechs Kontinenten. Auch jetzt ging man in der katholischen Kirche noch nicht mit.

Aber mehr und mehr mußte man sich mit den Tatsachen abfinden, daß in Deutschland der Kirchenbesuch der jungen Katholiken 1963 bis 1973 von 52 auf 19 Prozent gefallen ist; daß man im katholischen Wien von 10 Prozent Kirchengängern redet, in den Peripherien der französischen Städte von 3 bis 5 Prozent; daß es in den USA 80 Millionen „unbekirchter Menschen" gibt (unchurched people). Seit einigen Jahren wird uns diese Situation in Büchern und Artikeln beschrieben,[4] und kein Geringerer als Johannes Paul II. hat diese Analyse bestätigt, wenn er dem Rat der europäischen Bischofskonferenzen sagte: „Europa ist daran, wieder ein Missionskontinent zu werden; das soll nicht ein Motiv zum Pessimismus sein, sondern als große Herausforderung verstanden werden".[5]

Die ausländischen Missionen gehen also, wie oben gezeigt wurde, in gewissem Sinn ihrem Ende entgegen, die Inland-Mission aber geht uns als neue Aufgabe auf und ruft nach neuen prophetischen Initiativen.[6] Man muß die menschlichen Werte in jenen Menschen entdecken und anerkennen, mit ihnen auf der gemeinsamen Grundlage des Menschseins Kontakte halten, ihr geheimes Heimweh nach letzter Erfüllung erspüren und deuten und so beitragen, daß die Kirche, Sakrament des Heiles für alle, auch ihnen nicht ein Wort der Verdammung, sondern des Heiles und der Hoffnung sage.

Man kann wohl ohne Übertreibung sagen, daß das „christliche Abendland" zum „schwierigsten Missionsgebiet" geworden ist. Diese neue Evangelisierung der Kirchendistanzierten kann man nicht den ohnehin zu wenigen Priestern zumuten. Diese können höchstens die Animatoren sein und die Laien dazu ermuntern und befähigen. Es sollte wieder selbstverständlich werden, was damals von allen Jüngern Jesu galt: „Jeder Christ ein Missionar." Jene, die das ernst nehmen und entsprechend handeln wollen, brauchen neuen Mut, eine neue Sprache, neue Inspirationen, die der Heilige Geist ohne Zweifel denen geben wird, die offen sind für Ihn.

2. Kontinentalkirche Lateinamerika

Wir beobachten heute auf politisch-wirtschaftlicher Ebene die – wenn auch mühsame – Bildung von Großregionen, z. B. die NATO-Länder, die Warschaupakt-Länder, den arabischen Block, die lateinamerikanischen Länder usw. Man nennt das Makroregionalisierung.

Auch auf kirchlicher Ebene geschieht etwas Ähnliches. Die katholische Kirche ist nicht bloß zusammengesetzt aus der Vielfalt von 2452 Diözesen (1983) oder ähnlichen kirchlichen Sprengeln, sondern auch aus den einigenden Gremien der nationalen Bischofskonferenzen und den Symposien der kontinentalen Bischofskonferenzen, die ebenfalls mühsam, aber doch mehr und mehr inneren Zusammenhang bekommen. Wir wollen nun den drei südlichen kontinentalen Kirchen unser Augenmerk zuwenden und beginnen mit Lateinamerika.

Lateinamerika zählte 1980 323 Millionen Katholiken, also bereits mehr als Europa mit 271 Millionen. Lateinamerika beherbergt somit 41,4 Prozent der katholischen Kirche, Europa hingegen 34,6 Prozent. Aber es geht uns hier nicht um Statistiken und Machtverschiebungen. Ich möchte jeden der drei südlichen Kontinente unter einem bezeichnenden Gesichtspunkt betrachten. Für Lateinamerika legt sich spontan das Thema *Armut* nahe.

Westliche Welt
42% Katholiken

Dritte Welt
58% Katholiken

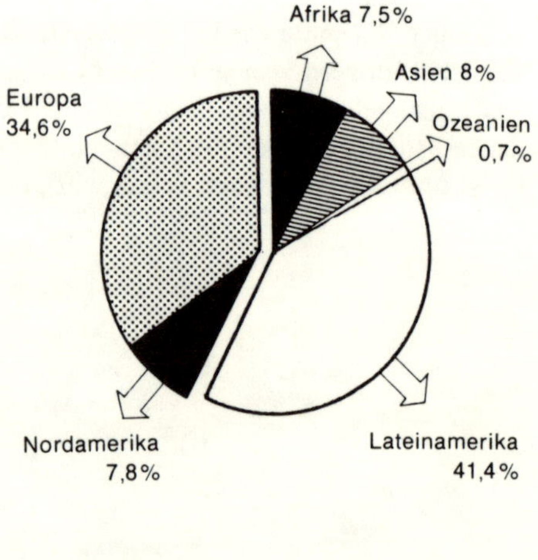

Tabelle aus: Entschluß (Wien 1973), Heft 7–8, S. 15.

Wenn wir von Dritter Welt reden, fällt uns sofort ein Stichwort ein, das wie ein schwarzes Verhängnis über der Dritten Welt hängt: das Stichwort *Armut*. Die Dritte Welt, dieser Tropengürtel um den Erdkreis, ist in der Tat ein Reich, wo die Armut uneingeschränkt das Szepter führt; wo heute noch 800 Millionen Menschen, zweimal mehr als die Bevölkerung von Westeuropa, unter dem absoluten Existenzminimum leben; wo Stammeskriege und Naturkatastrophen immer wieder ganze Bevölkerungsschichten hinwegraffen; wo die Führungsschicht das arme Volk durch Korruption und Ausbeutung am Narrenseil herumführt; wo die ungünstigen Welthandelsbedingungen den Graben zwischen den reichen und den armen Völkern noch immer mehr verbreitern; wo es meistens nur die extreme Alternative eines Kommunismus ohne Freiheit oder eines Kapitalismus ohne Gerechtigkeit gibt.

Das alles kennzeichnet – leider – die gesamte Dritte Welt. Wir werden uns jetzt aber auf den Schwerpunkt Lateinamerika konzentrieren, weil in diesem Kontinent mehr als anderswo himmelschreiende Verbrechen gegen das arme Volk ausgeübt wurden und werden; weil hier mehr als anderswo diese Verbrechen im Namen der Gerechtigkeit ausgeübt werden, indem sie in den offiziellen Strukturen der Macht einzementiert und damit scheinbar legitimiert sind; weil hier mehr als anderswo Kirche und Volk sich dieser Situation bewußt geworden sind und Befreiung und Gerechtigkeit fordern.

2.1. Ein reicher Kontinent

Lateinamerika war keineswegs vom Schicksal dazu verurteilt, als armer Kontinent durch die Geschichte zu wandern. Wenn es heute als Symbol der Armut und Ausbeutung dasteht, war es früher ein reicher, ein glücklicher, fast möchte man sagen, ein paradiesischer Kontinent. Soweit wir heute wissen, sind die Bewohner der beiden Amerika zirka zwischen 50.000 und 30.000 vor Christus über die im Winter vereiste Beringstraße in verschiedenen Wellen aus Asien, als Zweigstämme der mongolischen Rasse, eingewandert.[7] Sie fanden hier ein ideales Gelände vor, Land in Hülle und Fülle mit Wald für die Jagd und Flüssen für den Fischfang. Im Lauf der Jahrhunderte drangen sie nach Süden vor, ins wärmere Klima, das den Menschen froher macht als die Kälte. Zur Zeit der Entdeckung durch Kolumbus mag die gesamte Bevölkerung 35–40 Millionen betragen haben, davon zwei Drittel in Südamerika.

Viele dieser nomadisierenden Stämme sind mit der Zeit seßhaft geworden und haben den Ackerbau entwickelt. Sie haben später die Welt mit Mais, Kartoffeln, Tabak, Kakao, Gummi, Maniok beliefert. Religiös verehrten sie über den verschiedenen Geistern einen Hochgott und kannten viele Schöpfungsmythen mit einem glücklichen Urzustand, einer Ursünde und einer Sintflut. Die heute noch überlebenden Stämme, ob Christen oder nicht, zeichnen sich immer noch durch ein sehr starkes religiöses Empfinden aus.

Vor allem drei Stämme, die Maya, die Inka und die Azteken, haben aus eigenen Impulsen eine staunenswerte Hochkultur hervorgebracht. Illustrieren wir das anhand der *Azteken* von Mexiko: Sie praktizierten eine blühende Landwirtschaft, sogar mit Terrassierung und Bewässerungsanlagen, und eine Stadtkultur mit straffer militärischer Verwaltung. Ihre Leistungen auf dem Gebiet des Straßen- und Brückenbaues übertrafen an Schwierigkeitsgrad die der Römer. Die *Inka* in Peru z. B., deren Herrschaft sich weiter erstreckte als die Ausdehnung des Römerreiches, hatten eine 5000 Kilometer lange Andenstraße vom heutigen Quito bis nach Talca in Chile gebaut. An Keramik, Weberei, Gold- und Silberbearbeitung brachten sie wahre Meisterwerke hervor. Die Goldmuseen von Bogotà und Lima vermitteln heute noch eine Ahnung davon. Die Azteken kannten eine Art Opfer-Kommunion, eine Art Beichte, die auch von gerichtlichen Strafen freisprach, eine Art Taufe, durch die einem neugeborenen Kind die Ursünde weggewaschen wurde. Eine gut organisierte Priesterhierarchie führte die verschiedenen Riten aus, wozu man psalmenähnliche Lieder sang. Mord, Ehebruch, Sakrilegien wurden mit dem Tode bestraft. Man glaubte auch an ein ewiges Leben mit Himmel und Hölle. Man war überzeugt, das Land auf Weisung Gottes erobert und gewonnen zu haben. Man bewahrte deshalb ein Zeichen Gottes in einer Bundeslade und faßte keine Beschlüsse, ohne Gott befragt zu haben. Schließlich erwartete man, daß der mythologische Gott Quetzalcoatl eines Tages wiederkehren werde, um die goldenen Tage der Urzeit wiederherzustellen. Als dann die Spanier mit Cortès ankamen, glaubte man, in ihnen Söhne und Brüder dieses Gottes zu sehen. Deshalb wurden sie sehr freundlich aufgenommen.

Eine traumhafte Chance bot sich den Spaniern an, mit diesen Völkern Freundschaft zu schließen und Handels-, Kultur- und Religionsaustausch zu pflegen. Ein glorreiches Kapitel der Geschichte hätte damit beginnen können. Aber das ganze Denkschema von damals mit dem fraglosen Überlegenheitskomplex ließ eine solche Vision leider nicht Wirklichkeit werden. Man sah in jenen Stämmen nur Heiden und Götzendiener, Wilde, die durch Unterjochung und Bekehrung der westlichen Christenheit eingegliedert werden und ihr dienen mußten. Statt die evangelische Frohbotschaft auszukünden, breiteten diese spanischen Christen eine Schreckensherrschaft aus. So begann in verschiedenen sukzessiven Phasen eine Unterjochung, die z. T. bis heute anhält.

2.2. Ein unterdrückter Kontinent

2.2.1. Die Phase der Conquista[8]

Die spanisch-portugiesischen Entdecker und Eroberer werden beschrieben als glaubensstarke Männer. Sie wollten die Welt für Christus und die Kirche erobern. Fernando Cortès, der Held oder das Scheusal von Mexiko, der hervorragendste aller Conquistadoren, war sehr fromm, trug immer das Bild der Gottesmutter auf sich, wohnte jeden Tag der Messe bei. Im übrigen aber frönte er seinen Leidenschaften und kannte als Politiker keine Skrupeln. Ähnliches wäre zu sagen von Francisco Pizarro, dem Eroberer des Inka-Reiches im heutigen Peru. Er ließ dem König Atahualpa die offizielle Proklamation verlesen, wonach er sich mit seinem Volk dem Papst und dem Kaiser Karl V. unterwerfen sollte, ansonst man sie mit Gewalt unterjochen und mitsamt den Frauen und Kindern zu Sklaven machen werde. Atahualpa erklärte sich bereit, Karl V. als Bruder anzuerkennen, aber nicht als tributpflichtiger Untertan. Er betonte auch, bei seinem Glauben bleiben zu wollen, denn sein Gott lebe und sei nicht wie Jesus von den eigenen Leuten getötet worden. Darauf schickte Pizarro seine Truppen zur Beichte und Kommunion, hielt selber eine Predigt, gab das Zeichen zum Angriff und ließ zuerst 2000 unbewaffnete Indianer niedermetzeln und dann das ganze Land erobern.

Nach der gewaltsamen Besetzung schritt man rasch zur „Befriedigung“, d. h. zur systematischen Ausbeutung des Landes, dessen

Reichtümer man entdeckt hatte. Im Gegensatz zu Nordamerika, wo das Klima für die Europäer günstiger war, das deshalb zur Siedlungskolonie ausgebaut wurde mit fast totaler Ausrottung der Indianer, entstand aus Südamerika eine Ausbeutungskolonie. Zu diesem Zweck „brauchte" man die Indianer, die aber rücksichtslos versklavt und in die Zucker- und Kaffeeplantagen transportiert wurden, dann in die Bergwerke, um Kupfer, Silber und Gold auszubeuten.

Ein konkretes Beispiel: Zwischen 1528 und 1540 sind an die 200.000 Indianer von Nicaragua gefangengenommen und nach Panama und Peru gebracht worden. 1535 wurde wie eine „gute Nachricht" nach Spanien gemeldet, ein Drittel der Indianer von Nicaragua seien versklavt und abgeführt worden.[9] Die Indianer aber starben unter diesem Regime an Seuchen und an den Grausamkeiten wie Fliegen dahin. Im ganzen südlichen Kontinent war ihr Bestand nach 100 Jahren um ein Drittel reduziert. Da unternahm der Dominikaner Bartolomeo de Las Casas seinen Kreuzzug zugunsten der Indianer. Er erreichte, daß 1542 die Indianer-Sklaverei aufgehoben wurde. Dafür sollten schwarze Sklaven aus Afrika eingeführt werden. Mit ihnen begann ein neues Schreckenskapitel. Die Schätzung der nach Lateinamerika deportierten Negersklaven schwankt zwischen 7 und 15 Millionen. Wohl ebensoviele sind schon bei der Jagd in Afrika und bei der allen hygienischen Forderungen Hohn sprechenden Überfahrt ums Leben gekommen. Von Skrupeln im Namen des Christentums war damals nicht die Rede.

Die geheime Triebfeder hinter dem ganzen Unternehmen war die Gier nach Besitz. Man hat berechnet, daß zwischen 1503 und 1660 185.000 Kilo Gold und 16 Millionen Kilo Silber nach Spanien befördert wurden, wobei man auch in Lateinamerika selber großzügig mit Gold umging, wie die verschiedenen Goldkirchen, z. B. die Kirche des hl. Franziskus in Salvador (Bahia), bezeugen.

Über all diese Verbrechen schritt man leichten Gewissens hinweg, weil man weithin glaubte, die Indianer seien keine vollen Menschen und hätten überhaupt keine Vernunft. Sogar Missionare bestätigten das, wie etwa Fr. Tomàs Ortiz OP, der 1529 von den kolumbianischen Indianern schrieb: „Sie kennen keine Gerechtigkeit, gehen nackt umher, empfinden weder Liebe noch Scham, sie sind Esel, dumm, toll, geisteskrank; zu töten oder getötet zu werden ist für sie dasselbe, sie sind bestialisch in ihren Lastern, feige wie Kaninchen, dreckig wie Schweine ..." Petrus Martyr, der in seinem damals weit verbreiteten Buch „De orbe novo" diese Briefstelle übernahm, fügte noch bei: „Sie sind richtige wilde Tiere. Nie hat Gott eine Rasse erschaffen, die so voller Laster und Bestialitäten war, ohne jeden Schimmer von Güte und Kultur ..."[10]

Diese unglaubliche Vorstellung scheint in gewissen Köpfen bis heute unterschwellig weiterzuwirken, so daß noch im Dezember 1967 sieben kolumbianische Kolonisten 16 Indianer, Männer, Frauen und Kinder, zum Essen einluden und dann kaltblütig mit Macheten zerhackten, weil diese angeblich Vieh gestohlen hätten. Die Mörder wurden sogar in der ersten Instanz vor Gericht freigesprochen, weil sie behaupteten, sie hätten nicht gewußt, daß „Indianer umzubringen ein Delikt sei".

Man muß fairerweise darauf hinweisen, daß später die spanische Krone viel tat, um im Interesse der Indianer das Missionswerk zu fördern und z. B. strikte wünschte, daß es neben jeder Kirche auch eine Schule für die Indianerkinder gäbe.[11] Aber als Ganzes bleibt doch bestehen, daß die Conquista das des Christentums unwürdigste Kapitel der Weltgeschichte darstellt.

Hat die Kirche zu alldem bloß geschwiegen? Gegenüber der Meinung, die Indianer seien wegen ihrer Wildheit bestenfalls zur Taufe, aber nicht zur heiligen Eucharistie fähig, betonte Papst Paul III. in der Bulle „Veritas ipsa" von 1537, die Indianer seien „wahre Menschen" und darum zum Glauben und zu den Sakramenten wohl geeignet. Die Religion der Indianer hingegen wurde meistens nur als Götzendienst und teuflische „Nachäffung" betrachtet. Die Missionare kamen ja aus dem Land der Inquisition! Man wollte keine falschen Kompromisse eingehen und glaubte, Gott zu gefallen, wenn man die Götzen vernichtete und die Kirche aus den Steinen der zerstörten Tempel, auf die Ruinen der „Teufelsreligion" aufbaute.

Für die Menschenrechte freilich haben sich nicht nur einzelne Propheten eingesetzt, sondern wiederholt auch die Bischöfe. Erwähnung verdient in diesem Zusammenhang die Dritte Mexikanische Synode von 1585, wo die Bischöfe, gestützt auf die Informationen der Missionare, eine Sprache führten, die auch heute nicht klarer und kräftiger sein könnte. Sie erklärten: „Wir sind informiert, daß von hundert Indianern, die während einer Woche in die

Minen gehen, der größere Teil stirbt, und jene, die überleben, nicht in ihre Häuser zu Frau und Kindern zurückkehren dürfen, da sie in einer Art Sklaverei leben. Sie werden schlecht ernährt, behandelt wie Wilde, wie Tiere in feuchten Lokalen eingeschlossen mit einer grauenhaften Unmenschlichkeit, wie es nicht einmal unter Barbaren und Ungläubigen je vorgekommen ist." Solche Ungerechtigkeit könne man nie rechtfertigen, sie schreie zum Himmel nach Recht und müsse abgeschafft werden. Sie fordern darum von den Verantwortlichen ein öffentliches Dekret, das für gerechte Behandlung der Indianer sorge. An derselben Synode wurde freilich auch gewünscht, daß man schärfer gegen die Idolatrie vorgehe und auch die Todesstrafe gegen jene anwende, die sie fördern.[12] Typischer Ausdruck eines Zeitdenkens, einer Ideologie, die eigentlich schlimmer war als die sogenannte Idolatrie! Später ist die Kirche leider immer mehr auch dem Absolutismus verfallen und in der folgenden zweiten Phase Teil des Systems geworden.

2.2.2. Die Phase des Feudalismus

Nach der Phase der grausamen Eroberung baute sich die Phase der patriarchalischen Befriedung im System des Feudalismus auf, der nicht wie im mittelalterlichen Europa von den Erbgesetzen des Adels bestimmt war, sondern vom Recht des Stärkeren. Grundsätzlich galt alles eroberte Land als Besitz der Krone. Praktisch aber wurde es sehr rasch von einzelnen Männern usurpiert, und das ganze Vorgehen wurde von den Behörden stillschweigend toleriert. So hatte sich bis zum Ende des 17. Jahrhunderts eine feste Landaristokratie etabliert. Sie herrschte in den riesigen „hacienda" (spanisch) oder „fazenda" (portugiesisch) über das Land. Leider haben auch die Klöster und Diözesen in diesem System des Großgrundbesitzes mitgespielt.

Die Bevölkerung dieser „Farmen" wie auch der Bergwerke setzte sich zusammen aus der weißen Kernfamilie, aus Indianern und Negern, später mehr und mehr aus den Mischlingen, Mestizen (Weiße und Indianer) und Mulatten (Weiße und Schwarze). Alle diese Mischlinge fallen auch unter den Sammelbegriff der „campesinos". Vor allem in den ersten 100 Jahren, wo noch wenig spanische Frauen im Land waren, praktizierten die weißen Eroberer eine hemmungslose Promiskuität. Die Indianermädchen und -frauen mußten ihnen wehrlos zur Verfügung stehen. Dasselbe rechtlose Vorgehen herrschte, vor allem in Brasilien, auch bezüglich der schwarzen Sklaven. Das wirkt bis heute nach, insofern die verschiedenen Länder Lateinamerikas die ersten 19 Plätze bezüglich unehelicher Kinder besetzen.

Auch später, als genügend weiße Frauen nachgezogen waren, lief jene andere Praxis noch nebenher. Die farbigen Mädchen und Frauen waren dem Willen des Plantagenbesitzers und seiner halbwüchsigen Söhne nicht nur in bezug auf ihre Arbeitskraft, sondern auch auf ihre Intimsphäre rechtlos ausgeliefert. Die sexuelle Ausbeutung gehörte mit zum System. Mit Sklavinnen Kinder zu zeugen galt als die billigste Art, den Sklavenbesitz zu vermehren, wozu freilich auch die Vermehrung der Farbigen unter sich kam.

Diese Großfarm mit der weißen Kernfamilie und den abhängigen farbigen Arbeitskräften bestimmte die ländliche Gesellschaftsstruktur und bestimmt sie dort, wo nicht neuestens die Revolution ihr ein Ende gesetzt hat, bis heute noch. Diese patriarchalische Großfamilie wurde kirchlich bestätigt und gefestigt, indem der Boß automatisch der Taufpate aller auf seiner Farm geborenen Kinder wurde und damit, auch als die Sklaverei abgeschafft war, beinahe so viele Rechte besaß wie ein Vormund. Die Arbeitskräfte hatten zu überleben, aber nicht mehr. Von Landbesitz, von Entwicklung und freier Berufswahl war keine Rede.

Heute schätzt man die Bevölkerung Lateinamerikas auf 48 Prozent Weiße, 32 Prozent Mestizen, 11 Prozent Indios (zirka 16 Millionen), 9 Prozent Schwarze, wobei die Zusammensetzung von Land zu Land sehr schwankt. In Argentinien leben fast nur Weiße, in Peru noch sehr viele Indianer. Allgemein gesprochen scheint in Lateinamerika die „Endlösung“ der Indianerfrage vor der Türe zu stehen, sei es in Form des *Ethnozid,* also des soziokulturellen Auslöschens, indem man sie völlig in die moderne Arbeitswelt integriert; sei es in Form des *Genozid,* des physischen Auslöschens in ihrer Existenz. Das wird besonders deutlich bei der im Augenblick von allen Seiten vorangetriebenen Erschließung des Amazonasbeckens. Straßenvorhaben und Agro-Industrien bringen „Fortschritt“ in die bisher fast unberührten Urwaldregionen und machen so den Generalangriff auf die letzten Zonen der Indianer.[13]

Wer wird sich in acht Jahren, wenn 1992 das 500jährige Jubiläum der Entdeckung Amerikas gefeiert wird, ehrlich freuen können? Müßte man nicht viel mehr von *Invasion* als von Entdeckung reden? Schon 1762 schrieb Abbé G. T. Raynal, es wäre am besten gewesen, wenn Amerika nicht entdeckt worden wäre. Er nennt die Entdeckung ein katastrophales Ereignis,[14] was keineswegs übertrieben ist, wenn man nicht an die weißen Einwanderer, sondern an die damals stolze und glückliche Bevölkerung Amerikas denkt, die durch die Invasion der weißen Christen nicht nur des Landes beraubt, sondern fast völlig ausgerottet wurde. Wird man 1992 im Zeichen der Völkerversöhnung eine große Bußfeier veranstalten, oder legt man diese Grauensgeschichte einfach „ad acta"?

2.2.3. Die Phase der „Nationalen Sicherheit"

In nicht wenigen Ländern Lateinamerikas hat sich in der letzten Zeit unter den drei herrschenden Klassen der Großgrundbesitzer, des Militärs und der Regierung das System der sogenannten „Nationalen Sicherheit" herausgebildet; eine Ideologie, wonach die Grundrechte der Person völlig dem höchsten Wert, den Forderungen der Nation oder besser gesagt den Interessen der genannten privilegierten Gruppen unterstellt werden müssen. Das System steht in engster Verbindung mit dem internationalen Kapitalismus. Diese Staaten wenden auch zu Friedenszeiten die Strategie des Krieges an, um „Recht und Ordnung aufrechtzuerhalten", d. h. praktisch, um jeden Versuch eines Aufstandes gegen diese Ungerechtigkeiten im Keime zu ersticken. Oft nennt sich die herrschende Klasse christlich. Sie kontrolliert auch die Religion, um zu verhindern, daß sie dem Einfluß „gefährlicher, subversiver, kommunistischer Ideen" erliege.[15]

Die in Ostberlin erscheinende Reihe „Lateinamerikanische Analysen und Berichte" gibt im 1. Band eine treffende Analyse der dortigen Situation: „Die allgemeine Entwicklung Lateinamerikas in den letzten Jahren geht in eine eindeutige Richtung. Fast überall setzt sich ein Modell der Kapitalakkumulation durch, dessen wesentliche Kennzeichen der systematische Ausschluß der Massen von gesellschaftlichem Reichtum und politischer Entscheidung sowie die Konzentration der wirtschaftlichen und politischen Macht sind. Gemäß diesem Modell ist wirtschaftliches Wachstum langfristig nur als Ergebnis von Investitionen des in- und ausländischen Großkapitals möglich. Um diese Investitionen zu erreichen, ist es notwendig, Bedingungen zu schaffen, die hohe Profite erlauben. Dazu gehören vor allem eine bewußte Wiedereingliederung der nationalen Ökonomie in die internationale Arbeitsteilung, die Beschränkung des staatlichen Wirtschaftssektors auf eine Dienstfunktion gegenüber dem Privatkapital und eine drastische Senkung der Reallöhne. Diese Bedingungen lassen sich aber nur auf der Grundlage einer Kombination von wirtschaftlichem Liberalismus und politischer Repression herstellen ..." Jetzt erklärten sich das Aufblühen der Militärdiktaturen, die Beseitigung der demokratischen Rechte, die Unterdrückung der unabhängigen Gewerkschaften und politischen Parteien sowie die Folterzentren, die Duldung von Todesschwadronen und Mordkommandos und die systematische Mißachtung der Menschenrechte in diesen Ländern.[16] Es ist nicht zufällig, wenn gleich darauf ein langer Artikel folgt von F. Mires: „Die Unterentwicklung des Marxismus in Lateinamerika."[17] Tatsächlich und leider scheint nur der Marxismus die Kraft zu besitzen, solche Fesseln eines Systems zu zerbrechen. Es gehört zur Tragik der Geschichte, daß sich nur die kommunistischen Staaten mit dieser armen, wehrlosen Masse solidarisieren, während die USA bis zum letzten die kapitalistischen Regime auch militärisch unterstützen. Man müßte den Kommunismus in Lateinamerika mit ganz andern Mitteln bekämpfen!

Freilich, nicht bloß marxistische Kreise bieten sich hier an, die Lage zu verändern. An erster Stelle unter den warnenden Prophetenstimmen stehen Bischöfe und Bischofskonferenzen verschiedener Länder Lateinamerikas, vor allem Brasiliens. Schon zu wiederholten Malen, wiederum auf die Herbstwahlen 1982 hin, haben die Bischöfe Brasiliens in einer Erklärung vom 27. August eine pragmatische Wirtschaftspolitik mit dem Ziel größerer sozialer Gerechtigkeit gefordert. Die Agrarpolitik der Regierung sei falsch, weil sie hauptsächlich auf den Export ausgerichtet sei. Die Bischöfe postulieren eine gerechte Landverteilung an die besitzlosen Bauern und deren genossenschaftliche Organisationen, auch um die katastrophale Landflucht und Verslumung der Städte einzudämmen. Es gehe im ganzen um die Befriedigung der Grundbedürfnisse der Masse und nicht um die Luxusgüter der wenigen Reichen.[18]

2.3. Ein sich befreiender Kontinent

So eindeutige Stellungnahmen der Hierarchie, ein so bewußt vollzogener Standortwechsel der Mehrzahl der Bischöfe an die Seite der armen Bevölkerung verrät, daß in der Kirche dieses Kontinentes ein gewaltiger Prozeß der Veränderung vor sich gegangen ist. Der „Gott der Geschichte" scheint wieder erwacht zu sein, den Schrei seines Volkes gehört und einige Moses berufen zu haben, um das Volk aus der Knechtschaft und Armut zu befreien.[19] Es bleibt ein Geheimnis, warum dieser Gott oft jahrzehnte-, gar jahrhundertelang zu schweigen und zuzuschauen scheint, wie damals in Ägypten, wie jetzt 500 Jahre lang in Lateinamerika.

Was nun beschrieben wird, ist ein Modellfall, wie aus kleinen Anfängen etwas Großes entstehen kann, und gehört mit zum Schönsten und Ermutigendsten der modernen Kirchengeschichte.

Es begann mit einigen Theologen und Laien, die „révision de vie" machten und zur Einsicht kamen, daß diese festgefahrene Situation nicht gottgewollt sein könne: eine privilegierte Minderheit, welche die soziale Ungerechtigkeit der Unterdrückung und Ausbeutung mit allen Mitteln der staatlichen Gewalt aufrechterhalte; eine Kirche, die sich nur um die übernatürlichen Glaubenswahrheiten und die Sakramente kümmere und die Armen lehre, über alles Gott und das ewige Seelenheil zu erwarten; eine Masse des Volkes, die durch die lange faktische Unterjochung derart entmannt und entmenschlicht worden war, daß sie sich mit ihrer Lage einfach abfand. So etwas spreche hohn der evangelischen Lehre, daß alle Menschen Brüder und in der Eucharistie mit Christus und unter sich eine Gemeinschaft seien. Tatsächlich sah man nur die reichen Bedrücker mit ihren schönen Roben im Gottesdienst, während die Armen sich schämten, in ihren zerlumpten Kleidern zur Kirche zu kommen.

Diese Theologen bekamen dann Kenntnis von der wirtschaftlichen Dependenztheorie, wonach die Armut der Masse nicht einfach eine gegebene Situation sei, die man mit Almosen etwas lindern könne, sondern ein Nebenprodukt des wirtschaftlichen Systems selbst, wie es oben geschildert wurde. Man müsse sich deshalb auch als Theologe um die nationalen und internationalen Wirtschaftsfragen kümmern und dann auch das Volk einer religiös-wirtschaftlichen Bewußtseinsbildung unterziehen, damit es die

Zusammenhänge einsehe und selber allmählich seine Lage und das System verändere.

Diese Ideen wurden zunächst nur in Vorträgen und in kleinen Gruppen entwickelt. Dann wollte es der Glücksfall, daß einige einflußreiche Bischöfe dahinterkamen und sich mutig dazu stellten. Sie versuchten dann, im Zuge der „Kirche der Armen" des II. Vatikanischen Konzils – die Pioniere waren die Kardinäle Suenens, Lercaro, Montini, Erzbischof Helder Camara usw. – eine radikale Besinnung vorzunehmen. Sie erreichten daraufhin, daß die lateinamerikanische *Bischofsversammlung von Medellin* 1968 eigentlich fast überraschenderweise auf die neue Linie einschwenkte und mutig erklärte: „Gott hat seinen Sohn gesandt und er wurde Mensch, um alle Menschen aus jedweder Knechtschaft zu befreien, in der sie die Sünde, die Unwissenheit, der Hunger, das Elend und die Unterdrückung, mit einem Wort die Ungerechtigkeit und der Haß gefangenhalten, die ihrerseits im menschlichen Egoismus ihren Ursprung haben" (Dokument 1, 3). Hauptprogrammpunkt ihrer Pastoral wurde nun die „Option für die Armen".

In Medellin wurde auch die offizielle Losung der *Basisgemeinden* ausgegeben, die sich dann rasch von Land zu Land bildeten und seither das Angesicht der Kirche Lateinamerikas weitgehend erneuerten. Fortan gab es nicht mehr bloß Seelsorge von oben, der hierarchischen Kirche, indem der Priester zweimal im Jahr auf dem Außenposten erschien, gleichsam wie ein Meteor, die Sakramente spendete und wieder wie der Meteor verschwand, wobei dann weitere sechs Monate auf diesem Posten kirchlicherweise nichts mehr geschah. Jetzt entwickelte sich Seelsorge von unten, der Kirche als Volk Gottes, das sich nun selber versammelt, betet, singt, das Evangelium liest und deutet und auf Grund dieser Besinnung das konkrete Alltagsleben schrittweise verändert.

Diese Option Lateinamerikas für Gerechtigkeit, für integrales Heil, für Basisgemeinden hat bereits einen großen Einfluß auf die Gesamtkirche ausgeübt; nämlich auf der Bischofssynode 1971 über Gerechtigkeit, wo der klassische Satz formuliert wurde, daß Einsatz für Gerechtigkeit, für Entwicklung, für integrales Heil nicht bloß Präevangelisierung sei, nicht Mittel zum Zweck, sondern „ein wesentlicher Teil der Evangelisierung selbst"; ebenfalls auf der Bischofssynode 1974 über Evangelisierung in der Welt von heute, in dessen Schlußdokument „Evangelii nuntiandi" mit dessen starken

Stellungnahmen für integrales Heil Papst Paul VI. zweimal den wichtigen Beitrag der Bischöfe der Dritten Welt eigens hervorhob (N. 30 und 31). Die Bischofsversammlung von Puebla 1979 hat den bisherigen Weg bestätigt, so daß es kein Zurück mehr geben kann.

Eigentlich erst nachträglich ist dann das erste klassische Werk über *Befreiungstheologie* von *Gustavo Gutierrez* erschienen (Lima 1971, deutsch München 1973), was der eigentlichen Zielsetzung dieser Theologie völlig entspricht, die nicht Theorien aufstellen, sondern ganz von der Praxis ausgehen und ihr dienen will. Diese Theologie versteht sich nicht als Erklärung von Dogmen, gar als Streit um Dogmen, sondern als Glaubensreflexion über die Praxis des Volkes.

Die Befreiungstheologie macht also nicht in erster Linie eine Erhebung über die religiöse Praxis des Volkes, sondern eine Analyse über dessen konkrete Alltagssituation, über dessen Hoffnungen und Freuden, Sorgen und Leiden. Im zweiten Schritt sucht man diese Situation prophetisch zu deuten und zu fragen, wie der Gott der Geschichte und des Lebens dieses Volk aus dieser Situation, sowohl von seiner persönlichen Sünde und Herzensenge wie von der sozialen Not befreien wolle. Im dritten Schritt geht es um die pastoralen Schlußfolgerungen: Man will dem Volk aus der Botschaft des Evangeliums Mut und Kraft geben, seine Situation zu verändern und in diesem Tun den Exodus, die Befreiung aus der Knechtschaft, die Heilsgeschichte heute zu erleben als Vorgabe der eschatologischen Befreiung. Das fünfbändige Werk von J. L. Segundo, „Theologie für Handwerker einer neuen Menschheit" (spanisch und englisch veröffentlicht), das ganz aus der Praxis herausgewachsen ist, gibt eine Ahnung, wie Glaubenslehre heute lebensnahe und damit auch bedeutungsvoll werden kann.

Man kann nicht ableugnen, daß mehrere Theologen sich beim Studium der konkreten Lage der marxistischen Situationsanalyse bedienen. Sie brauchen deshalb keineswegs Marxisten zu werden, wie man es ihnen allzu schnell nachsagt. Sie haben einfach zu wählen zwischen drei verschiedenen Entwicklungsmodellen, die von drei verschiedenen politischen Kreisen auf ihre Fahne geschrieben sind. Die rechtsextremen Großgrundbesitzer reden zwar auch von Entwicklung, aber sie verstehen das im Sinn eines Organismus, der sich stets erneuert und dabei derselbe bleibt, also Aufrechterhaltung ihres Kapitaldenkens und ihrer hierarchisch-autoritären

Struktur. Die liberale Mitte weiß um die Notwendigkeit einer radikalen Evolution, einer gerechteren Verteilung des Einkommens, einer stärkeren Teilnahme des Volkes an der Verantwortung. Aber im Grund bleiben es doch die Manager, die alles steuern und in den Händen behalten. Die Linke hingegen sieht nur einen Ausweg aus dieser stagnierten Lage in einer alternativen Wirtschaftsstruktur, in einer schöpferischen Transformation, in einer totalen Einbeziehung des Volkes in die Verantwortung.[20] Das deckt sich in der Tat mit marxistischen Parolen, die überzeugend und faszinierend wirken, wenn auch deren konkrete Verwirklichung in den kommunistischen Staaten keineswegs als Modellfall gelten kann. In dem Maß die Theologen dieses marxistische Konzept mehr oder weniger ausdrücklich in ihre Analyse einbauen und wie sie sich zur Frage der Gewalt als Notwehr und als Gegengewalt gegen die bereits brutal applizierte Gewalt des Regimes einstellen, gibt es heute verschiedene Modelle und redet man von einer Vielfalt von „Befreiungstheologien".

Die *Befreiungstheologie* unterscheidet sich in vielen Belangen von der bisher üblichen Schultheologie. Diese ging aus von den ewigen Wahrheiten, war deduktiv, sollte universal und überall gültig sein und mußte eben deshalb abstrakt und lebensfremd bleiben. Die Befreiungstheologie hingegen beginnt, wie gesagt, mit der Analyse der konkreten Situation, ist induktiv, kontextuell und bezweckt, das Leben handgreiflich zu verändern. Die Schultheologie war ferner eine Katheder-Theologie, von einzelnen Theologen in ihren Studierzimmern geschrieben und in Hörsälen, die von der Welt schön abgeschirmt waren, vorgetragen. Die Befreiungstheologie hingegen hat ihren Ort inmitten der Fronten des Lebens, wird zunächst vom Volk in Basisgemeinschaften als spontane Reaktion auf das Evangelium geschaffen und praktiziert und erst nachträglich vielleicht niedergeschrieben. Noch einmal, die Schultheologie blieb uniform, dieselbe in der ganzen Welt, und insofern recht arm. Die Befreiungstheologie schillert so vielfältig wie das Leben selbst, wie die Schöpfung, und gibt eine Ahnung von den unbegrenzten Einfällen des Geistes Gottes.

Was sich in Lateinamerika artikuliert hat, wird seit einigen Jahren nachgedoppelt in der EATWOT (Ecumenical Association of Third World Theologians). 1976 kam eine Gruppe von Theologen der südlichen drei Kontinente in Dar-es-Salaam zusammen mit dem Zweck, ihre gemeinsamen Anliegen und Interessen theologisch aufzugreifen und zu formulieren und sich insofern in einem gewissen Sinn von der westlichen Theologie zu befreien. Sie hielten dann in den folgenden Jahren kontinentale Treffen ab, 1977 in Accra für Afrika, 1979 in Wennapuwa für Asien, 1980 in São Paulo für Lateinamerika, und 1981 wiederum einen gemeinsamen Kongreß in New Delhi zur Evaluation des bisherigen Weges. Hier sprach man mit Leidenschaft vom „Aufstand der Dritten Welt als Herausforderung an die Theologie". Wenn Theologie nicht ein Luxusartikel für eine Clique von gut bezahlten Professoren werden wolle, müsse man angesichts der grauenhaften Welt der Armut deren Ursachen aufdecken und sie in der Kraft des Wortes Gottes mit allen legitimen Mitteln beseitigen. Glaube an Gott und an die Auferstehung Jesu Christi heiße, an Liebe, an Gerechtigkeit, an Frieden, an die Möglichkeit der Verwandlung der Welt[21] glauben. Im Januar 1983 fand schließlich das erste Treffen in Genf als Begegnung von Dritte-Welt-Theologen mit westlichen Theologen statt.

Wenn man die verschiedenen Berichte dieser Tagungen liest, gewinnt man den Eindruck, es geschehe hier mehr Wirtschaftsanalyse und Politik als Theologie. Aber genau das ist die Weise, Exodus-Theologie und Pascha-Theologie im Kontext von heute zu betreiben. Es scheint also, daß die lateinamerikanische Befreiungstheologie über die EATWOT zur Welttheologie aller Unterdrückten werde. Man kann die Auswirkungen einer solchen theologischen Ausrichtung noch gar nicht abschätzen. Die einen nennen es kopfschüttelnd eine Profanation der Theologie, die andern sehen darin die Rückkehr der Prophetie, die eine schal gewordene Theologie wieder salzig macht. Tatsächlich wollen diese Theologen, die oft bewußt und freiwillig in armen Milieus wohnen, nicht bloß etwas „für" die Armen tun, sondern „mit" den und „wie" die Armen leben und gemeinsam gegen die Armut im Sinn von Verelendung kämpfen, um sie als nicht von Gott gewollt und als Schandfleck für die wohlhabende Menschheit endlich zu überwinden.

Niemand wird behaupten, dieser Prozeß sei schon zum Abschluß gekommen. Man steht erst am Anfang eines neuen und harten Weges. Vielleicht wird man nie ans Ziel gelangen. Die Strukturen der Ungerechtigkeit und des internationalen Kapitalismus stehen da wie eine fast uneinnehmbare Festung. Immerhin, in den Zentren der Entscheidungsgremien der „Multinationals" und der Regierungen der „Nationalen Sicherheit" weiß man um die wachsende Gefahr. Man verschreit deshalb die Theologen und Bischöfe, die sich mit den Armen identifizieren, als „kommunistisch" und glaubt, sie auf diese Weise erledigen zu können, während die Kirche gerade dadurch beim Volk wieder glaubwürdig geworden ist. Das apathische Volk aber hat wenn nicht schon einen gebührenden Wohlstand, so doch wenigstens sein Selbstbewußtsein zurückgewonnen, eine vollere menschliche Existenz, eine österlich-eschatologische Hoffnung, so daß es sich nicht mehr entmutigen läßt, selbst wenn einzelne Unschuldige als Opfer der Gewalt umkommen. Es ist geradezu auffallend, wie beim Begräbnis solcher „Martyrer der Gerechtigkeit" nicht Niedergedrücktheit herrscht, sondern vielmehr Aufbruchsstimmung, ausgedrückt in Osterliedern. Es sollte ja für Christen keine Schande sein, ihr Leben weiterhin von den alt- und neutestamentlichen Utopien von Gerechtigkeit und Frieden bestimmen zu lassen, selbst wenn die Verwirklichung auf sich warten läßt und unterdessen viele Propheten für ihre Sache sterben.

Was so an der Basis gewachsen ist und sich dann in einzelnen theologischen Werken niedergeschlagen hat, soll nun in Lateinamerika als Gesamtwurf von 40 Bändchen, unter Mitarbeit von 150 Theologen, auf den Markt kommen, wahrscheinlich unter dem Titel „Mysterium Liberationis". Als die fünf Bände „Mysterium Salutis" zwischen 1965 und 1976 herauskamen, glaubte man, die nachkonziliare Theologie für alle Welt eingefangen und ausgedrückt zu haben. Gewiß bleiben diese Bände unentbehrlich. Aber „Mysterium Liberationis" könnte als erste nichtwestliche Theologie mit seinen inhaltlich neuen Akzenten und methodisch neuen Ansätzen eine große Ergänzung und Bereicherung bedeuten und zum Bewußtsein bringen, daß Theologie nie ausgeschöpft ist. Langsam wird die Kirche nicht nur demographisch und geographisch, sondern auch theologisch eine Kirche der sechs Kontinente.

Zuletzt bleibt noch eine Frage zu beantworten: Was geht das alles uns an? Zunächst steht heute Lateinamerika da als großes Zeichen der Hoffnung. Wenn eine so hierarchische, sakramentalistische, statische Kirche sich in so kurzer Zeit in solchem Ausmaß erneuern konnte, sollte auch die europäische Kirche mit ihrem historischen Klerikalismus den Mut nicht verlieren, von der Basis her das Heil zu erwarten und nicht wieder in eine Angstreaktion zu verfallen, als ob die Konzilsdefinition der Kirche als Volk Gottes ein gefährlicher Fehlgriff gewesen sei.

Ferner dürfen wir nicht bloß wie neutrale Beobachter dastehen und zuschauen, was in Lateinamerika vor sich geht. Wir müssen es mit unserem „Inter-esse", mit unserem „Dabei-sein" als unsere Kirche, als Teil unserer Menschheit betrachten, auch mit unserem Engagement „dabei-sein" und irgendwie die schwere Schuld abtragen, die die westliche Welt Lateinamerika gegenüber hat. Im Vatikan besteht die Päpstliche Kommission „Justitia et Pax". In den Generalaten der männlichen und fraulichen Orden und Institute regt man sich sehr um diese Idee. Im kapitalistischen Amerika vermehren sich die Organisationen und Bewegungen für verantwortbare Investitionen und Entscheidungen bezüglich Gerechtigkeit in der Dritten Welt. Ob wir in unseren europäischen Landen nicht eher noch spießbürgerlich leben und die Forderungen zugunsten radikaler Veränderungen den abgestempelten Linksgruppen überlassen? Damit will ich nicht verkennen, was auch bei uns von privaten Kreisen, politischen Parteien und kirchlichen Werken schon geschehen ist. Ich möchte das nur noch mehr ermuntern und bestärken.

Der lateinamerikanische Schriftsteller J. P. Miranda hat ein Buch veröffentlicht mit dem Titel: „Marx gegen die Marxisten."[22] Er weist darin nach, wie Marx es im Grunde gut meinte mit dem Menschen, wie er ehrlich an eine Zukunft in Gerechtigkeit und Frieden glaubte und wie er heute entsetzt wäre zu sehen, wie aus seiner Idee eine Ideologie geworden ist und ein System der Unfreiheit und Unterdrückung. Mir geistert die Versuchung im Kopf herum, einmal ein Buch zu schreiben: „Christus gegen die Christen." Lateinamerika würde ein kräftiges Kapitel dazu liefern. Wenn man unter dem Stichwort „Gerechtigkeit und Armut" auf Lateinamerika schaut, dann stellt man von der Conquista bis auf heute so vieles fest, das Christus erschüttern und die Christen zutiefst beschämen müßte. Wir können nur kleinlaut sagen: „Gott sei uns armen Christen gnädig", und dann zuversichtlich beten: „Gott, hilf dem lateinamerikanischen Volk in seinem Kampf um Gerechtigkeit und Frieden, damit der sich befreiende Kontinent bald ein befreiter Kontinent werde."

3. Kontinentalkirche Afrika

Man müßte mit Blindheit geschlagen sein, wollte man nicht auch in Afrika, wie in Lateinamerika, das schwarze Gespenst der Armut umhergeistern sehen. Armut in Afrika heißt, ungünstige klimatische Verhältnisse, mit bald zuviel, bald zuwenig Regen; infolgedessen der chronische Hunger in der Sahel-Zone; infolgedessen die komische Situation z. B. in Tansania, das 1978, einem Normaljahr, 439.000 Tonnen Mais ausführen konnte, aber 1980, einem Trokkenjahr, 258.000 Tonnen einführen mußte.

Armut in Afrika heißt ungerechte Welthandelsbedingungen, die verursachten, daß wiederum Tansania 1981, trotz starker Kontingentierung, 55 Prozent seiner Devisen für Rohöl ausgeben mußte; daß es 1960 für einen Traktor 5 Tonnen Sisal als Gegenleistung zahlen mußte, 1970 schon 10 Tonnen, 1980 gar 28 Tonnen.[23]

Armut in Afrika heißt Spielball der internationalen Politik sein, so daß Rußland und Amerika in Äthiopien, in Angola und Mosambik auf dem Rücken der armen Bevölkerung ihre grausamen Stellvertreterkriege austragen und um ihre Einflußzonen kämpfen.[24]

Armut in Afrika heißt Knappheit an Lebensmitteln, Medikamenten und Ersatzteilen aller Art, heißt Staatsbürokratie, Schwarzmarkt, Korruption und Ausbeutung der Armen durch die Reichen; eine Situation, die J. Nyerere schon „geistige Slums“ genannt hat. Vor 20 Jahren sind die afrikanischen Nationen mit wehenden Fahnen und klatschenden Händen in die Unabhängigkeit geschritten. Nicht wenige haben damals historisch-nostalgische Namen übernommen, die an die Größe ihres Volkes in der vorkolonialen Zeit erinnerten: Ghana, Mali, Benin, Simbabwe. Heute muß man realistisch feststellen, daß es ihnen unter relativ günstigen Bedingungen nicht gelungen ist, eine tragbare und dauerhafte Infrastruktur aufzubauen, so daß sie es jetzt bei ihrer starken internationalen Verschuldung, bei der sich aggravierenden Weltkrise, bei ihrer inneren Desintegrierung und Verwaltungsineffizienz viel schwerer haben werden und einer eher düsteren Zukunft entgegengehen. Es kann nur als Ausdruck dieser schlimmen Lage und als Verzweiflungstat gedeutet werden, wenn sogar das wohlhabendste Land, Nigeria, sich im Januar 1983 entschloß, die zwei bis drei Millionen Gastarbeiter fast über Nacht vor die Türe zu setzen, was gegen alle afrikanische Tradition verstieß.

Man versteht nun, daß das Symposium der afrikanischen Bischofskonferenzen (SECAM), das sich in den siebziger Jahren vor allem zu Fragen der afrikanischen Kultur geäußert hatte, sich nun in den achtziger Jahren mehr und mehr mit Fragen der Gerechtigkeit und Armut beschäftigt und 1981 beschloß, eine Dauerkonferenz von sechs Jahren über Gerechtigkeit und Frieden zu eröffnen, d. h. in dieser Zeit die Basis über diese Fragen zu informieren und dann 1987 eine große abschließende Konferenz über dieses Thema abzuhalten.

Die Bischöfe tun ohne Zweifel gut daran, nicht bloß in den Wolken eines afrikanischen Kulturhimmels zu schweben, sondern sich diesen konkreten Alltagsproblemen zuzuwenden. Aber sie können deshalb nicht die Problematik der afrikanischen Kultur „ad acta" legen. Diese bleibt das unterschwellige Grundanliegen, das in der Literatur und in panafrikanischen Kongressen immer wieder vehement durchbricht. Afrika klagt bitter darüber, daß man es im Zeitalter des Kolonialismus nicht bloß dessen beraubt habe, was es besaß, sondern auch dessen, was es war: Man habe ihm seine kulturelle Identität zerstört, ihm den Stolz auf seine eigene Kultur vergällt. Darum verspürt es heute ein ungestümes kompensatorisches Bedürfnis, die eigene Kultur wieder aufzuwerten. Die afrikanische Gruppe der Theologen der Dritten Welt (EATWOT) hat bei der Konferenz von New Delhi 1981 mit Recht betont, Armut sei nicht ein univoker Begriff; man solle nicht, wie die Marxisten, alles nur unter der Optik der Ökonomie betrachten, sondern auch den anthropologisch-kulturellen Aspekt der Armut miteinbeziehen.

Deshalb wollen wir nun das Thema „Kirche in Afrika" in seiner kulturellen Dimension beleuchten. Ich möchte dabei von den afrikanischen Namen ausgehen. In Afrika drückt der Name, wie in der Bibel, das Wesen der Person aus. Der Name wird dem Kleinkind in einem eigenen Ritus der Namengebung verliehen, wird bei der Initiationsfeier gewechselt, um anzudeuten, daß nun das Kind ein erwachsenes und vollwertiges Mitglied des Stammes geworden sei; und wehe, wenn man dann einen solchen Menschen noch mit dem Kindernamen rufen würde! Das gleiche galt für den Taufnamen: Wehe, wenn man einem Getauften wieder den vorherigen Namen sagen würde! In vielen Stämmen kannte man sehr sinnvolle religiöse Eigennamen, z. B. „Gott ist groß – Gott weiß es – Gott hat es gefügt – Geschenk Gottes“ ... So wollen wir nun unsere Problematik anhand von drei historischen Kollektivnamen abwandeln und den mühsamen Weg Afrikas aus der Vergangenheit in die Gegenwart und Zukunft verfolgen.

3.1. Neger

Dieser Name steht da als Symbol des uns geographisch am nächsten liegenden, aber kulturell am längsten verkannt gebliebenen Kontinentes. „Neger“, „Schwarze“ sagte gleichviel wie „Heiden, Wilde, Buschneger, unzivilisierte Menschen“, die gerade gut genug waren, den weißen Kolonisten zu dienen und von ihnen allmählich zivilisiert zu werden. Mehreren Stämmen gab man bis vor kurzem ostentativ und offiziell Namen, die nichts anderes bedeuteten als „Buschneger“, z. B. „Galla“ in Äthiopien, „Kaffern“ in Südafrika, „Kirdi“ in Kamerun; Namen, die man heute nicht mehr zu wiederholen wagt. Wir müssen heute beschämt bekennen, daß wir in der kolonialen und missionarischen Vergangenheit die afrikanischen Menschen nicht ernst genommen haben. Wir haben ihnen bestenfalls mitleidig Gutes getan. Aber wir haben sie nicht geliebt. Deshalb blieben wir blind für ihre kulturellen und religiösen Werte. Man kann für diese Tatsache nur aus dem damaligen Denken heraus gewisse mildernde Umstände anführen.

Als sich um die Wende vom 15. zum 16. Jahrhundert die Weltbühne unerhört weitete und plötzlich neue Kontinente in Sicht- und Reichweite traten, hatte man über jene farbigen Menschen, die neuen Nachbarn, von der bisherigen Theologie her bereits seine feste Vorstellung. Der Mechanismus, die Wechselwirkung zwischen Vorurteil und Bestätigung wirkte wie gewünscht. Die Zweiteilung der Welt wurde nun ausprobiert: hier Christenheit, dort die andern; hier Heil und Himmel, dort Unheil und Hölle; hier Wahrheit, dort Lüge; hier Kulturmenschen, dort Barbaren und Wilde. Und wie man in den Wald hineinrief, so tönte es zurück. Durch vier Jahrhunderte hindurch bestätigten Reisende und Missionare in ihren Berichten, daß es sich genau so verhalte, wie man es schon wußte. Das Wissen wurde durch die neuen Informationen nur etwas farbiger und konkreter. Wir wollen das anhand von Afrika aufzeigen und uns dabei vor allem auf den religiösen Aspekt beschränken.

Duarte Lopez, ein Seefahrer, der Afrika 1578 bis 1587 bereiste, teilte seine vielen Erlebnisse und Eindrücke an Pigafetta mit. Dieser veröffentlichte sie 1591 in einem Buch, das für damalige Verhältnisse zu einem Bestseller wurde. Es kam in mehreren Ausgaben in Latein, Holländisch, Englisch, Französisch, Deutsch heraus und trug wesentlich dazu bei, im Abendland das Bild vom schwarzen Afrika zu formen. Wir lesen darin u. a.: „Ein jeder ehrt und nimmt zu seinem Gott dasjenige, was ihm gefällt, ohne Maß und Regel und Ordnung.“ So sah Lopez „einen großen Haufen geschnitzter Teufelsbilder von vielerlei und erschreckender Gestalt: viele beteten geflügelte Drachen an, die sie in ihren Häusern halten und ihnen das Allerbeste und Köstlichste zu essen geben. Andere halten Schlangen von seltsamer Form und Gestalt als Götter, andere Widder, andere Tiger oder sonst greuliche und abscheuliche Tiere. Je unförmiger, häßlicher, scheußlicher diese sind, desto höher werden sie von ihnen gehalten und geachtet . . .“

Knapp hundert Jahre später trug der niederländische Geograph O. Dapper durch seine dicken Bände über die drei neuen Kontinente viel dazu bei, das Wissen über die neue Welt zu verbreiten. In seinem Buch über Afrika fällt er kurzerhand das Urteil: „Die Kaffern halten sich an keinen Gottes- noch Götzendienst; sie wissen von Gott überhaupt nichts und leben wie das Vieh.“ Von den Leuten in Benin weiß er zu berichten: „Was ihren Gottes- oder vielmehr Götzendienst anbelangt, der besteht im Ehren und Anbeten des Teufels, dem sie Menschen und Vieh opfern.“ Über die Leute von Zenega sagt er: „Sie sind alle geil, diebisch, betrügerisch, lügenhaft, auch überaus freßhaft, so daß sie nicht essen, sondern fressen wie das Vieh.“ Besser kommen die Leute am Oberen Niger weg: „Sie hatten früher einen Gott, Guighime, verehrt, den Herrn des Himmels. Später sind sie Christen und dann Muslime geworden.“

Aus dem gleichen 17. Jahrhundert drückt ein anderer Reisender seine Afrika-Erfahrung so aus: „Keiner, mag er auch noch so sorgfältig nachgeforscht haben, ist je imstande gewesen, unter all den Kaffern, Hottentotten oder Küstenbewohnern irgendeine Spur von Religion oder irgendeine Ehrerweisung gegen Gott oder den Teufel zu entdecken."

Im Jahre 1645 begann die bekannte Mission der italienischen Kapuziner im Kongo. Jene armen und asketischen Missionare haben eine erstaunliche Fülle von Berichten nach Europa gesandt, aber auch im Stile ihrer Zeit. Neulich verfaßte ein afrikanischer Laie, Professor Mudimbe, eine Studie über jene Berichte. Er hebt hervor, wie man darin von den Afrikanern redet „mit ihren bizarren Gebräuchen, ihren satanischen Sitten, ihrer blockierten Intelligenz, die sie den Tieren ähnlich macht". Man müsse dieser Welt „in Unordnung, in Verrücktheit, mit ihren teuflischen Illusionen die Ordnung, die Wahrheit, die ewigem Normen bringen" und diese Menschen „von der tierischen zur menschlichen Haltung, von der Barbarei zur Gesittung, von den Lügen der Zauberei und des Götzendienstes zum Licht der Vernunft und des Glaubens führen".

Vom 18. Jahrhundert an verbreitete sich dann noch die freilich schon von Martin Luther im Genesis-Kommentar dargestellte Idee, daß die Neger Nachkommen Hams seien, unter dem Fluche Hams ständen. Das sei die Erklärung für ihre Lasterhaftigkeit und auch für ihren Zustand der Unterwürfigkeit unter den weißen Mann. Mit christlichem Mitleid ließen sich die alten Missionare zu diesen „verfluchten Kindern Hams" herab. Der große Pionierbischof Augouard von Brazzaville († 1921) bat in seinen Briefen wiederholt um das Gebet „für die schwarze Rasse, damit der Fluch Hams bald von ihnen genommen werde". Er behauptet kühn und keck: „Die schwarze Rasse ist die Rasse Hams, die von Gott verfluchte Rasse. Das spürt man: die schwarzen sind faul, gefräßig, allen Lastern ergeben." Am Ersten Vatikanischen Konzil wurde von 70 Bischöfen eine Petition unterschrieben, damit man Priester nach Zentralafrika sende, denn „immer noch bedrückt der älteste aller Flüche jene mühseligen Nacken der Hamiten ... Trotz der Bemühungen der Mutter Kirche untersteht das unglückliche Nigrizien immer noch dem schrecklichen Reiche Satans."

Diese teuflische Deutung des ganzen Heidentums drang auch in den Religionsunterricht in Afrika ein. Ein typisches Beispiel dafür ist der Erwachsenenkatechismus von P. Willibald Wanger von 1912. Der Autor hat sich zwar alle Mühe gegeben, die Zulu-

Gebräuche gut zu studieren und die christliche Lehre konkret in diese Umwelt zu integrieren. Statt einen „kleinen Katechismus" schreibt er ein Lehrbuch von 534 Seiten. Aber auch ihm gelingt es nicht, über das Vorurteil aller Missionare hinauszukommen. Er schreibt über das Heidentum: „Was für ein Irrtum! Wie kann sich der Mensch nur derart verlieren, den wahren Gott verlassen und etwas verehren, das nicht Gott ist... Dieser schreckliche Irrtum, welcher Heidentum genannt wird, ist vom Teufel gekommen, der sein will wie Gott, und von der Dummheit der Menschen, die, vom Teufel getäuscht, die Lügen der Vorfahren ihren Söhnen weitergeben."

Gewiß gab es auch andere Stimmen. Die Gründer der Spiritaner und der Weißen Väter, Pater François-Marie-Paul Libermann und Kardinal Charles-Martial-Allemand Lavigerie z. B., ermahnten ihre Missionare, die afrikanische Kultur und Religion zu studieren und zu schätzen. Das hinderte nicht, daß die eben erwähnten Vorstellungen in den Köpfen der meisten Missionare und in der Missionsliteratur noch bis tief in unser Jahrhundert hinein nachwirkten. Je niedriger, erbärmlicher, unglücklicher die Schwarzen geschildert wurden, desto mehr wurden die guten Missionswohltäter gerührt und gaben Geld, um die armen „Heidenkinder loszukaufen".

Die Afrikaner wurden also durch die bloße Gegenwart der überlegenen Weißen derart verdemütigt und sich selbst entfremdet, daß sie darunter litten, schwarz zu sein, und nur einen Wunsch hatten, so zu werden wie die Weißen. Als ich in den fünfziger Jahren Missionar in Tansania war, strichen mir schwarze Knaben über die Hand und meinten: „Wir möchten auch weiß sein wie du." Mehr als die materielle Armut, die man in Kauf nahm, schmerzte die psychologische Unterentwicklung, in die wir die Afrikaner gedrängt hatten. In ihrer eigenen Haut, in ihrem eigenen Geburtsland fühlten sie sich als Fremde, als Geächtete, der eigenen Kultur und Würde beraubt.[25] „Vater, verzeih jenen Weißen, denn sie wußten nicht, was sie taten."

3.2. Afrikaner

Der Name „Neger“ sollte heute nicht mehr erklingen. Mit dem neuen Namen „Afrikaner“ wird nicht mehr diffamierend der Rassenunterschied herausgestrichen, sondern einfach ausgesagt, daß die Afrikaner (wie die Europäer) ihren eigenen Kontinent bewohnen und ihre eigene Kultur besitzen.

Sehr mühsam, aber auch ungestüm hat Afrika vor rund 30 Jahren begonnen, sein Kulturbewußtsein wieder zurückzugewinnen. Man muß eigentlich staunen über seine Lebenskraft und sein Durchhaltevermögen, daß es die Sklaverei und den Kolonialismus überstanden und seine Lebensfreude erhalten hat. Als nach dem Zweiten Weltkrieg die Nationale Bewegung erwachte, hat man vor allem im frankophonen Afrika, in den Kreisen um die Zeitschrift „Présence Africaine“, die politische Frage immer mit der kulturellen verquickt: Ein Kolonisierter sei ein Minderjähriger, der keine Verantwortung habe, ein Krüppel, der nichts für sich selber tun könne; die Kolonisation sei ihrem Wesen nach der Tod für jede Kultur, die politische Befreiung müsse erkämpft werden als Basis und Voraussetzung für die kulturelle Entfaltung ...

1956 erschien nicht bloß das Buch „Schwarze Priester fragen sich“, sondern organisierte „Présence Africaine“ auch den Ersten Internationalen Kongreß schwarzer Schriftsteller und Künstler in Paris.[26] Man nannte diesen Kongreß das wichtigste Ereignis nach Bandung für die farbigen Völker, das Rendez-vous des Empfangens und Gebens, des Hörens und Redens. Bisher sei die Welt in zwei Lager gespalten gewesen, das Lager der Lautsprecher und jenes der geschlossenen Mäuler. Während Jahrhunderten habe das europäische Solo mit seinem Befehlston die Welt erfüllt. Jetzt aber habe sich die schwarze Welt Zugang zum internationalen Auditorium verschafft.

In jener Zeit entstand, wiederum vor allem im frankophonen Afrika, die Dichtung der „négritude“: Man stand nun dazu, schwarz zu sein. Man wollte nicht mehr darunter leiden. Man bejahte es psychotherapeutisch, idealisierte es und schrie nun in die Welt hinaus: „Schwarz ist schön! Schwarz wie die Unschuld! Weiß ist wie der Teufel!“ Heute ist diese Phase irgendwie überholt, da man nicht länger für die Rehabilitierung kämpfen muß. Man redet heute mehr von „africanité“ und weist, bei aller Verschiedenheit innerhalb Afrikas, auf die gemeinsamen kulturellen Werte hin, auf den Glauben an die sichtbare und unsichtbare Welt mit ihrer hierarchischen Struktur, auf den Glauben an ein höchstes Wesen, Schöpfer, Vater von allem, was existiert, auf den Glauben an die Gemeinschaft, die sich in der gemeinsamen Lebenskraft und Lebensfreude entfalten soll.[27]

Man bemüht sich auch, die afrikanische Geschichte zu erforschen und zu schreiben und neben den modernen afrikanischen Dichtungen auch die traditionelle mündliche Literatur zu sammeln und herauszugeben.[28] Afrika hat guten Grund, sich mit seiner Vergangenheit zu versöhnen, sonst hätte es keine Zukunft und bliebe immer ein Nebenprodukt der europäischen Kultur. Wir Europäer ließen uns inzwischen die Augen öffnen und anerkennen heute gerne die Geschlossenheit des afrikanischen Weltbildes so sehr, daß Papst Johannes Paul II., der „weiße Mann aus Rom", bei seiner Reise nach Afrika 1980, gleichsam als Sprecher Europas, nicht nur wiederholt die afrikanische Kulturwerte betonte, sondern noch weiter ging und zweimal erklärte, daß „Afrika der Weltgemeinschaft viel mehr anzubieten habe als bloß seine Rohstoffe...", daß „Afrika berufen sei, einer Welt, die Zeichen der Müdigkeit und enger Selbstsüchtigkeit zeige, frische Ideale und Einsichten zu vermitteln..." Jetzt wird also der Spieß umgekehrt.

Man versteht jedoch, daß manche Afrikaner das Trauma des Kolonialismus noch nicht überwunden haben und sich in ihren Kongressen immer noch abreagieren mit Ausdrücken wie „Entfremdung, Entpersönlichung, Kopie der Weißen, kulturell-politische Beherrschung, koloniale Vernichtung, imperialistische Metropole..." Vor allem in Südafrika startet man zum Gegenangriff und sieht nun im Weiß-Sein das Symbol des Rassismus, der Unkultur, der Sünde. In Südafrika herrscht mit der Apartheid-Politik in der Tat noch ein System, das sehr schlecht zur Welt von heute und zu einem sich christlich nennenden Staat paßt. Die schwarze Mehrheit genießt hier nur sehr reduzierte politische Rechte, läßt sich aber heute, im Gegensatz zu früher, nicht mehr kleinkriegen. Es kommt nicht von ungefähr, daß Südafrika, als kulturelle Reaktion, mehr schwarze Schriftsteller hervorgebracht hat als die andern Länder Afrikas. Hören wir als Illustration einige Stellen aus den Reden von Stephe Biko, dem Begründer der Bewegung für „Black People's Consciousness" (Bewußtsein des schwarzen Volkes):

„Die unnötigen Belästigungen der Schwarzen durch die Polizei, die rücksichtslose Anwendung der Paß-Gesetze, die laufenden Demütigungen aller Art erinnern uns ständig daran, daß der weiße Mann obenan steht und der Schwarze nur geduldet wird. Jener ist der volle Mensch, die Mischlinge, Inder und Bantu werden mit dem Begriff ‚Nicht-Weiße' zu einer Gruppe von Minderwertigen zusammengefaßt, denen es auf der Haut geschrieben steht, daß ihre Menschenwürde nicht anerkannt ist. Wir müssen gegen diese Unterdrückung und Beleidigung reagieren. Das wird ein Beweis sein, daß wir noch nicht ganz gestorben, daß wir noch zur Reaktion fähig sind ... Inzwischen hat sich bei uns der Haß zum Siegesbewußtsein gewandelt. Das schwarze Bewußtsein ist wach geworden. Das ist der positivste Ruf, der je von der schwarzen Welt ausgegangen ist. Es ist die Erkenntnis, daß nun wir Schwarze im Spiel der Machtpolitik mitspielen können. Wir haben keine Angst mehr. Denn wer Angst hat, ist beherrschbar. Wer keine Angst hat, kann nie besiegt werden. Wir sind bereit, lieber aufrecht zu sterben als auf den Knien zu leben. Jetzt wissen wir, daß der wahre Mensch aus dem Schwarzen zu leuchten beginnt ... Jetzt sind wir soweit, daß wir uns bei Gott nicht mehr entschuldigen, schwarz zu sein, sondern daß wir ihm dafür danken. Jetzt sind wir soweit, daß wir die Weißen nicht mehr hassen, sondern daß wir über sie lachen. Denn wir wissen, daß sie mit ihrem Zynismus nicht uns, sondern sich selbst zugrunde richten, daß ihre Politik nichts anderes ist als ein Versuch erschrockener Leute, sich gegenseitig davon zu überzeugen, daß sie die Schwarzen auf ewige Zeiten beherrschen könnten. Aber jetzt fallen ihre Papierschlösser zusammen, und wir alle singen dazu: Amen! Alleluja!"

Es verwundert nicht, daß die Weißen eine solche Stimme mundtot zu machen suchten und daß ein solcher Mann das Schicksal der Propheten erleiden mußte. Biko wurde mehrmals in Haft gesetzt und am 24. September 1977 im Gefängnis zu Tode geprügelt.[29]

Auch außerhalb Südafrikas gibt es Stimmen, die nun zum Gegenschlag aufrufen, die Rückkehr zu den alten afrikanischen Kulten fordern und die schwarzen Christen geradezu bemitleiden, weil sie mit der individualistischen, naturfremden, legalistischen Religion der Europäer gegenüber dem traditionellen afrikanischen Weltbild mit seiner Naturverbundenheit, seinen kosmischen Mysterien, seinem Gemeinschaftssinn einen schlechten Tausch gemacht hätten. V. Y. Mudimbe aus Zaire glaubt, daß in der ganzen Kolonialzeit und bis heute Christwerden bedeutete, Christus in der westlichen Verpackung anzunehmen. Er meint: „Eine echt afrikanische Theologie wäre ein afrikanisches Reden über Gott, das nichts zu tun hätte mit der Kirche, mit der apostolischen Tradition, mit Rom. Der Missionar hat dem Heiden wirklich nichts zu sagen."[30] Damit aber haben wir bereits zum Thema Christentum in Afrika übergeleitet.

3.3. Afrikanische Christen

Auf dem profanen Feld hat also Afrika mit der Unabhängigkeit grünes Licht bekommen. Es kann jetzt afrikanisch sein, soviel es will. Die Europäer haben ihm nichts mehr dreinzureden. Das Problem der Kultur verlagert sich nun in die Kirche, in welcher Universalismus und Afrikanisierung in einem gewissen Konflikt stehen. In nicht wenigen Ländern Afrikas machen die Christen bereits mehr als die Hälfte der Bevölkerung aus. 1980 zählte Afrika 59 Millionen Katholiken, 7,53 Prozent der katholischen Kirche. Im Jahr 2000 wird Schwarz-Afrika mit 57 Prozent eine christliche Mehrheit haben. Afrika ist daran, christianisiert zu werden. Schlägt auch die Stunde, daß das Christentum in diesem Kontinent afrikanisiert werden kann?

Geschichtlich gesehen stehen wir vor der Tatsache, daß zwar einzelne Missionare schon seit langem die afrikanischen Sitten und Gebräuche, die Sprachen und die Religion erforscht und in Büchern bekanntgemacht haben, daß aber trotzdem dort einfach das europäische Modell von Christentum eingeführt wurde mit europäischem Katechismus, europäischem Kirchengesangbuch, europäischen theologischen Handbüchern, europäisch-lateinischer Liturgie. Die Mehrzahl der Missionare kannte die afrikanische Kultur gar nicht und verurteilte sie mit der alten Voreingenommenheit in Bausch und Boden. In der Vorkonzilszeit mit dem stark entwickelten Zentralismus galt zudem Einheit der Kirche soviel wie Einförmigkeit. Wehe dem, der es gewagt hätte, seinen eigenen Weg zu gehen!

Erst im Vatikanum II fing man noch recht vorsichtig an, von

„legitimer Pluriformität" zu reden (LG 13, 23; SC 37–40). Man hat sogar auf die Inkarnation Jesu als Modell der Inkulturation der Kirche hingewiesen (AG 10). Zehn Jahre später spricht Paul VI. in „Evangelii nuntiandi" schon viel kräftiger davon: Das Evangelium müsse nicht bloß in die vielen Sprachen, sondern in die vielen Kulturen übersetzt werden, damit es jene Völker, die heute eine große Empfindlichkeit für ihre Kultur hätten, auch wirklich verstehen können; das „müsse" geschehen in der Theologie, in der Liturgie, in den zweitrangigen kirchlichen Strukturen (EN 63). Diesem Dokument war die Bischofssynode 1974 vorausgegangen, wo die Bischöfe Afrikas ebenso vehement für die Idee der Inkulturation gesprochen haben wie die Bischöfe von Lateinamerika für die Idee des integralen Heiles. Nach dieser Synode haben die in Rom anwesenden afrikanischen Bischöfe noch nachgedoppelt und in einer gemeinsamen Erklärung gesagt: „Im neuen Kontext der Mission halten die Bischöfe Afrikas und Madagaskars die Theologie der Akkommodation als völlig überholt und ersetzen sie mit der *Theologie der Inkarnation.* Die jungen Kirchen können diese fundamentale Forderung nicht verkennen. Indem die Bischöfe konkret den theologischen Pluralismus in der Einheit des Glaubens anerkennen, ermuntern sie mit allen Mitteln die Forschungsarbeit für eine afrikanische Theologie. Eine solche Theologie, die offen ist für die grundlegenden Aspirationen der afrikanischen Völker, wird das Christentum dazu bringen, sich wirksam zu inkarnieren im Leben der Völker des schwarzen Kontinentes ..."

Die gleiche Zusicherung, daß die Afrikaner nun volle Christen seien und dabei volle Afrikaner bleiben können und sollen, hatte schon Papst Paul VI. in seinem Schreiben „Africae terrarum" von 1967 und bei seinem ersten Besuch in Afrika, in Uganda (1969), abgegeben. Das wurde auch von Papst Johannes Paul II. in seinen vielen Reden in Afrika ohne Ermüden wiederholt.

Theoretisch liegt also die Phase der Diskussion hinter uns. Es sollte heute möglich sein, daß man nicht mehr bloß „Akkommodation" betreibt, d. h. in äußeren Dingen, z. B. in Kleidung und Gesang, den Block des vorfabrizierten westlichen Christentums irgendwie abschleift und „anpaßt", sondern daß man nach dem viel radikaleren Vorgehen Gottes in der Menschwerdung den wesentlichen Kern des Evangeliums als Ferment nach Afrika bringt und ihm dort die Chance gibt, Fleisch und Blut aus der afrikanischen

Kultur anzunehmen und seine neue Geschichte in Afrika zu beginnen.

Praktisch stößt diese Vision freilich noch auf große Schwierigkeiten bei den afrikanischen Bischöfen selbst, weil es ihnen an Mut und an schöpferischen Einfällen fehlt, wie auf Widerstand in den römischen Kreisen reagiert werden kann, wo man sich noch nicht genügend vom alten Kirchenmodell der westlichen Christenheit mit der absoluten Einheit und Einförmigkeit freigemacht hat. Nachdem man das vorherige Symbol der Einheit, das Latein, schon geopfert hat, möchte man wenigstens in den andern Belangen die Einförmigkeit aufrechterhalten. Das geschieht auch aus einer fast panischen Angst heraus, man könnte sonst in den Zustand der vielen Sekten verfallen, die tatsächlich überall, vor allem in der Dritten Welt, ins Kraut schießen. Nach D. Barretts neuester christlicher Welt-Enzyklopädie soll es gegenwärtig 20.800 Denominationen, Kirchen und Freikirchen, geben, viermal mehr, als man gemeinhin meinte.[31] Die Frage ist nur, ob man zwischen diesen zwei Extremen nicht Vertrauen auf einen gesunden Mittelweg haben sollte. Es könnte auch sein, daß man in Zukunft auch in der katholischen Kirche vielleicht eher eine Spaltung hervorruft, indem man im Römischen Zentrum stur auf Einförmigkeit beharrt, als wenn man jenen Völkern großzügig entgegenkommt und die Kontrolle weitgehend den örtlichen Bischöfen und Bischofskonferenzen überläßt.

Die Spannung zwischen den offenen Dokumenten und der engen Praxis kennzeichnet die gegenwärtige Kirchenphase und das gegenwärtige Leiden an der Kirche. Es kann nur in einem echten, engagierten Dialog zur guten Lösung kommen. Rom hat zwar Recht und Pflicht, für die Einheit zu sorgen. Aber die Ortsbischöfe haben ebenso Recht und Pflicht, ihre Sonderinteressen zu vertreten und für echte legitime Pluriformität einzustehen. Sonst wird die Kirche ihrer geschichtlichen Stunde nicht gerecht, daß sie nicht mehr eine Kirche des Westens ist, sondern eine Kirche in sechs Kontinenten mit der Mehrheit ihrer Mitglieder in der südlichen Hemisphäre. Sonst wird der anormale, aber bezeichnende Zustand weiterdauern, daß Afrika, das sich inzwischen auf dem Gebiet der Literatur, der Kunst, des Kinos seinen Platz in der Welt erobert hat, auf dem Gebiet der kirchlichen Schöpfungen – außer in den unabhängigen Kirchen – noch wenig Originelles aufzuweisen hat.

Mehr als anderswo gibt es darum in Afrika sehr heftige Reaktionen gegen den immer noch herrschenden Europäismus in der Kirche. Einzelne Proben von Theologen oder panafrikanischen Kongressen: „Wir sind immer noch ein Nebenprodukt des christlichen Westens. Wir Junge Kirchen sind geboren mit den Symptomen einer vorzeitigen Alterung, mit allen Anzeichen der alten Kirchen Europas ... Wir müssen eine kopernikanische Revolution vollziehen und endlich um uns selber kreisen können ... Trotz der Einführung der afrikanischen Sprachen und der afrikanischen Musikinstrumente in der Kirche bleibt die Liturgiereform ein Schlag ins Wasser, weil sie an den römischen Ritus gebunden ist. Was nützt uns die Übersetzung von Gebeten, die anderswo von Nichtafrikanern verfaßt wurden? Müßte man nicht einen afrikanischen Stil des christlichen Gebetes erfinden? ... Es geht darum, die Botschaft Christi ihres westlichen Gewandes zu entkleiden, das sie während 2000 Jahren an sich getragen hat, damit die eigentliche Religion Christi in ihrer ursprünglichen Schönheit erstrahlen könne ... Das Problem des Kolonialismus und Neokolonialismus auf dem religiösen Sektor, der immer noch von den Kirchen des Westens abhängt, wird nie gelöst werden, solange die Kirchen Afrikas nur nach London oder Rom schauen, statt durch Afrika hindurch nach dem Himmel zu schauen ... Wir haben es satt, das Evangelium nur durch das Prisma der europäischen Kultur zu bekommen. Laßt uns endlich einmal allein mit unserem Evangelium und mit unserem Gott. Laßt uns endlich von der Bevormundung frei werden und unser Erbe antreten ...[32]

Es wäre zu billig, solche Stimmen einfach zu ignorieren oder zu kritisieren. Im Grunde bedeutet Inkulturation nichts anderes als Achtung vor den Kulturen, die ein Werk der Schöpfung, ein Werk Gottes sind. Ein Mensch kann sich nur im Rahmen einer bestimmten Kultur verstehen und sich verständlich machen. Deshalb hat sich auch Gott für seine Selbstmitteilung in Jesu einer bestimmten Kultur bedient. Es gibt nie Religion in Reinkultur, in abstracto, sondern immer nur als inkulturierte in eine konkrete menschliche Geschichte. Wie die Kirche gemäß ihrer bisherigen Geschichte eine westliche Kulturform angenommen hat, sollte es nun auch möglich werden, daß sie heute in Afrika ein afrikanisches, in Asien ein asiatisches Kleid anziehe und auf diese Weise nicht bloß geographisch und demographisch, sondern auch kulturell „katholische“, allumfassende Kirche werde. Was könnte das für Afrika konkret bedeuten?

3.3.1. Bereich der Theologie

Hier sind die afrikanischen Theologen herausgefordert, nicht bloß Postulate nach einer afrikanischen Theologie zu stellen, sondern konkrete Werke afrikanischer Theologie zu schaffen. Wir haben Ansätze dazu, aber noch weniger große Würfe wie etwa in Lateinamerika und Asien.[33] Die Afrikaner sind vielleicht nicht so sehr spekulative Geister und Grübler als vielmehr intuitive Lebenskünstler. Sie werden, wenn einmal die Luft der Freiheit weht, im Handumdrehen ihr afrikanisches Christentum gestalten und ihre afrikanische Theologie vortragen. Ich möchte die Idee ausstreuen, daß nach dem „*Mysterium Salutis*" für Europa und dem „*Mysterium Liberationis*" für Lateinamerika Afrika einmal seine Theologie anlege um das Thema der Menschwerdung Christi und mit dem Titel „*Mysterium Incarnationis*" herausgebe. Dieses Zentralgeheimnis unseres Glaubens böte in der Tat Stoff und Anlaß zu einer spezifischen Theologie, aus der man die radikalen Schlüsse für eine inkarnierte afrikanische Kirche ziehen könnte. Im Lauf der Geschichte hat man dieses Geheimnis vielfach mißdeutet. Man meinte, weil Jesus z. B. Brot und Wein genommen habe, um ein verständliches Zeichen seiner Gegenwart unter uns zu setzen, müsse man immer und überall Brot und Wein dazu verwenden, auch dort, wo diese zwei Stoffe gänzlich unbekannt sind, keine symbolische Bedeutung haben und zu teurem Preis importiert werden müssen. Der richtige inkarnatorische Schluß wäre: Wie Jesus in seinem kulturellen Kontext wie selbstverständlich Brot und Wein brauchte, so könnte und müßte man ebenso selbstverständlich in Afrika z. B. Palmwein und Maniok verwenden.

3.3.2. Bereich der Liturgie

Liturgie meint nicht bloß die Wiederholung von Riten, die Erfüllung von Pflichten (Sonntagsgebot, Osterkommunion), sondern stellte in der alten Kirche den Weg dar, auf dem die Christen in die Botschaft Jesu eingeführt wurden und die Katechumenen die Gemeinschaft der Jünger Jesu erfuhren. Wie nun Jesus nicht kam, um das Gesetz, die Religion des Alten Testamentes, zu zerstören, sondern um sie zu erfüllen und zu überhöhen (Mt 5,17), so müßte heute die Kirche die traditionelle afrikanische Religion nicht zerstören, sondern erfüllen und die Einheit des Heilshandelns Gottes zu allen Zeiten und in allen Religionen zur Erfahrung bringen. Das geschieht nicht, indem man europäische Riten nach Afrika verpflanzt und bloß in afrikanische Sprachen übersetzt, sondern indem man afrikanische, vorschristliche Riten als Grunderfahrung für das christliche Sakramentenverständnis ausnützt. Auch die Afrikaner kannten sakramentenähnliche Geburtsriten mit Namengebung (eine Art Taufe), Initiationsriten (eine Art Firmung), Opfer und Opfermahl (eine Art Eucharistie), einen Moralkodex mit Sündenbekenntnis (eine Art Beichte), einen Eheritus und einen Ritus der Einführung ins „Zaubereramt" (Priesteramt). Solche Riten sollten nicht bloß anthropologisch interessante Museumsstücke sein, sondern als theologisch interessante Symbole für die Vermittlung der christlichen Gnade studiert werden.[34] Wir stehen hier erst noch vor kommenden Aufgaben.

Als Paradepferd für die liturgische Afrikanisierung dient die zairesische Liturgie, wo das römische Hochgebet nicht bloß übersetzt, sondern mit Einbeziehung der afrikanischen Natur und Tradition und Symbolik angereichert wurde und das ganze Volk in einem Melodrama von zwei Stunden singend und tanzend miteinbezogen wird. Hier wird Eucharistie wirklich zu einer „Feier", die der ganzen Woche wieder Sinn und Kraft gibt. Rom hat sich bis jetzt geweigert, diese Liturgie anzuerkennen, aber sie wird mit Erlaubnis der Bischöfe praktiziert. Das zeigt, wie in der ganzen Geschichte und auch heute das wahre Leben in der Kirche nicht von oben herab beschlossen und erlaubt wird, sondern von der Basis her keimt und wächst und die schöpferische Vielfalt der Kirche ausmacht.

3.3.3. Bereich der Disziplin

Ich kann hier nur Andeutungen machen. In der Frage der eucharistischen Materie, der Dienste für die priesterlosen Gemeinden, des afrikanischen Weges zur Ehe usw. stehen noch viele Punkte auf der Warteliste. Die Kirche hat von Christus viel mehr Macht erhalten, als sie gemeinhin meint. Sie hat ihre „Tradition" nicht bloß retrospektiv-statisch zu verstehen, sondern auch prospektiv-dynamisch: Sie darf und soll in geschichtlich neuen Situationen den Mut haben, schöpferisch neue Traditionen zu schaffen. Das aber tut nur, wer an der Basis, nahe beim Leben lebt.

In diesem Zusammenhang wird gegenwärtig stark die Möglichkeit und Dringlichkeit eines *afrikanischen Konzils* diskutiert. Hier würde man nicht bloß wiederholen, was in Rom gesagt wurde, sondern spezifisch afrikanische Fragen aufgreifen und sie aus der Situation heraus, gemäß den Zeichen der Zeit, lösen. Wer nur ein wenig die Konzilsgeschichte kennt, weiß, daß es häufig regionale Synoden und Konzile gab, die für ihre konkrete Situation echte Entscheidungen für doktrinäre und disziplinäre Belange fällten, die nachträglich oft das Leben der Gesamtkirche inspirierten.[35] Warum sollte das nicht auch heute geschehen können, wo ein Gesamtkonzil mit den 3500 Bischöfen – beim II. Vatikanum waren es erst 2500 – fast nicht mehr machbar ist und wo die Kirche sich mehr und mehr nicht mehr mit universalen und darum lebensfernen Fragen beschäftigen sollte, sondern mit den konkreten Problemen der verschiedenen Kontinente, in denen sie nun heimisch werden sollte?

Das mag einem als Zukunftsmusik erscheinen. Gegenwärtig sehen wir eher einen Trend zur Zentralisierung und Etablierung am Werk. Aber das Pendel wird zur rechten Zeit wieder auf die andere Seite ausschlagen. Wenn darum meine Überlegungen noch nicht aktuell sind für heute und morgen, so können sie immerhin das Kirchenvolk sensibilisieren für das bald beginnende dritte Jahrtausend, in dem die Kirchengeschichte nicht stillestehen, sondern die vollen Konsequenzen aus der neuen Situation der Kirche in sechs Kontinenten ziehen wird.

Man mag auch einwenden, die Zeit der vielen Kulturen sei abgelaufen, gegenwärtig breite sich unwiderstehlich eine planetarische „Weltkultur" über die Erde aus. Wenn das wie eine Walze verstanden werden sollte, die alle lokalen Kolorite niederstampft, könnte man nur sagen: „Arme Menschheit!" In einer solchen neuen Weltkultur, in einer solchen kulturellen Eiszeit müßte es einen frösteln. Ich gebe zu, daß die Gesetze der Wissenschaft und der Technik planetarischen Charakter haben. Ich hoffe auch, daß gewisse Errungenschaften, wie die Charta der Menschenrechte, die Regeln der Hygiene und Medizin usw., sich über die ganze Menschheit ausdehnen. Aber ich wünsche ebenso sehr mit allen Afrikanern, daß Afrika seine kulturelle Identität wiederfinde und zur vollen Blüte bringe, denn Afrika wird sich nur in Afrika, nicht in der „Welt" voll heimisch fühlen können. Das heißt nicht Isolierung und Verkümmerung, wohl aber Assimilierung und

Entfaltung. Wie damals die Kultur des christlichen Abendlandes entstand auf der Basis der griechisch-römischen und der germanischen Kultur unter der Inspiration des christlichen Glaubens, so wird Afrika die westliche Kultur in ihren besten Elementen übernehmen, sie mit der afrikanischen Tradition und Art kreuzen, sie so zur euro-afrikanischen Kultur entwickeln und auf diese Weise den spezifischen Beitrag zur Weltkultur entrichten.

An uns liegt es, zu diesem Prozeß mit Sympathie zu ermuntern und ihn mit Interesse zu verfolgen. Es galt damals als humanistische Aufgabe, die Ursprünge der eigenen Kultur zu erforschen und deren Werte zu pflegen. Humanismus im Kontext der heutigen Welt würde heißen, nicht nur dem Strom unserer Kultur nachzugehen, sondern sich auf den Ozean aller Kulturen zu wagen. Man müßte also im Literaturunterricht auch wenigstens einen Blick auf die Literatur Afrikas, Asiens, Lateinamerikas werfen, wofür es eine ganze Anzahl Bücher in deutscher Sprache gibt. Man müßte im Theologieunterricht auch das praktizieren, was man schon „vergleichende Theologie“ genannt hat (A. Exeler).

So wird es geschehen, daß wir bei aller Verschiedenheit die echte *Koinonia* leben, die dann vor allem meint Sym-Biose, gegenseitiger Austausch an Theologie, an pastoralen Erfahrungen, an glaubwürdigen Modellen christlichen Lebens, so daß wir in Freiheit und Verbundenheit, in Gerechtigkeit und Frieden immer mehr die eine Kirche und die eine Menschheit werden. So würde die afrikanische Kultur, die wir durch unseren Überlegenheitskomplex getötet hatten, zu unserer und ihrer Überraschung und Freude afrikanische Urständ und christliche Ostern feiern.

4. Kontinentalkirche Asien

Wer über Asien zu schreiben hat, wird von einem Gefühl überwältigender Größe befallen. Man fürchtet förmlich, in den Menschenmassen der asiatischen Städte zu ertrinken, sich in den unendlichen Weiten des Landes zu verlieren. Man muß Hemmungen überwinden, über „Asien“ zu reden. So sehr sind der Nahe Osten, der Mittlere Osten, der Ferne Osten, das Dach der Welt (Tibet) und die vielen Inseln voneinander verschieden, nicht nur geographisch, geschichtlich, politisch, kulturell, sondern auch religiös. D. Barrett redet in seiner „World Christian Encyclopedia“ von acht Kontinenten, da er nicht nur, was inzwischen allgemein geschieht, die beiden Amerika als zwei Kontinente zählt, sondern auch Asien in drei Kontinente aufteilt. Wenn wir also diesen Koloß beschreiben, kann es nur mit Verkürzungen und Verallgemeinerungen geschehen.

Asien hat selbstverständlich auch mit Armut zu tun wie Lateinamerika, ebenso mit Kultur wie Afrika. Aber das große spezifische Thema für Asien bilden die Religionen. Wenn wir die Welt ekklesiozentrisch betrachten, machen wir die eigenartige Feststellung, daß es fünf mehr oder weniger christliche Kontinente gibt, Europa, die beiden Amerika, Australien, Afrika, das in absehbarer Zeit südlich der Sahara eine christliche Mehrheit haben wird. Bleibt einzig Asien, der größte Kontinent, der 57 Prozent der Weltbevölkerung ausmacht, der aber nach 500 Jahren missionarisch-christlicher Präsenz nur minimal verchristlicht ist. Die 63 Millionen Katholiken machen 2,42 Prozent der Bevölkerung aus. Wenn man jedoch die 40 Millionen Katholiken der Philippinen abzählt, bleiben es nur 0,88 Prozent, zusammen mit den 17 Millionen Protestanten und 5 Millionen Orthodoxen 1,73 Prozent. Die Missionierung steht hier noch ganz in den Anfängen; und es ist wohl Zeit, sich nach der langen negativen Erfahrung einmal grundsätzlich neue Überlegungen zu machen. Der Grund dieses Widerstandes gegen das Christentum ist nicht in mangelnder Religiosität zu suchen, sondern gerade im Gegenteil.

4.1. Der religiöseste Kontinent

Das nichtchristliche Asien darf wohl beanspruchen, der religiöseste Kontinent der Welt zu sein. Alle großen Weltreligionen hatten hier ihre Wiege: die drei monotheistischen Religionen, Judentum, Christentum, Islam, im westlichen Asien, die mehr moralischen Religionen mit der zyklischen Wiederkehr und Wiedergeburt, Hinduismus, Buddhismus und Konfuzianismus, im östlichen Asien. Wer vom Westen in den Osten reist, wird überrascht von der Dichte der religiösen Atmosphäre, die ihm dort auf Schritt und Tritt entgegenweht, sei es in der Vielzahl von Moscheen, Tempeln und Pagoden, sei es in den Pilgermassen, die mit Blumen und Lichtern, mit erhobenen Händen oder versunken kniend ihren Glauben ausdrücken. Im Zug, im Flugzeug, auf den Straßen hat man es sehr leicht, mit den Menschen in ein religiöses Gespräch zu kommen.

Als ich 1962 in Benares aus dem Flugzeug stieg – damals im Kapuzinerkleid – und auf den Bus wartete, kam ein Techniker des Flugplatzes, ein Hindu, auf mich zu und überfiel mich mit der Frage: „Können Sie mir den Seelenfrieden geben?" Auf meine erstaunte Gegenfrage, warum er mir, einem Fremden, diese Frage stelle, erwiderte er: „Solche Menschen in solchem Kleid haben doch den Seelenfrieden." – In Kalkutta, auf derselben Reise, stellte mich auf der Straße ein Mann mit der Bitte: „Können Sie mir die Wahrheit zeigen? Seit Jahren suche ich die Wahrheit." Ich gab ihm die Adresse der „Offenen Tür" von Poona an, wo man an Suchende kleine Schriften mit der christlichen Wahrheit verschickt. Seine Reaktion: „Ich habe schon so viele Bücher gelesen, ich möchte nicht noch mehr Bücher lesen, ich möchte einen Menschen finden, der in der Wahrheit lebt." So etwas begegnet einem im Westen wohl kaum.

Asien ist der typische Kontinent der „Buchreligionen". Die andern Kontinente kannten gar keine Schrift und gaben ihre religiöse Tradition nur mündlich weiter. Griechenland und Rom kannten zwar die Schrift, aber brachten keine religiösen Bücher hervor, die etwa mit den Veden und Vedanta des Hinduismus, dem Dhammapada des Buddhismus, dem Koran des Islam vergleichbar wären. Man muß es erleben, mit welcher Ehrfurcht diese heiligen Bücher gehalten und gelesen werden. Wenn bei uns Christen

Christus in der Eucharistie im Zentrum steht, so im Islam der Koran, und ähnlich in den andern Religionen.

Eigenartigerweise muß um die Wende vom 6. zum 5. Jahrhundert vor Christus eine besonders reiche Ausgießung des Heiligen Geistes geschehen sein. In jener Zeit lebten Zoroaster (570–500), Buddha (560–480), Konfuzius (551–479), Laotse und der Deutero-Jesaia (Lebenszeit nicht genau bekannt), die alle ihre religiösen Bewegungen gründeten und den Menschen ein verschärftes Bewußtsein um die letzten Fragen und die letzte Hoffnung vermittelten.

Bezeichnend für Asien ist die religiöse Toleranz, die aus der Überzeugung stammt, daß keine geschichtliche Religion die volle, ewige Wahrheit ausschöpfen kann, daß in allen Religionen Bruchstücke der Wahrheit vorliegen, die man anerkennen und gegenseitig annehmen und sich so bereichern soll. In Indien reagiert man nur gegen eines intolerant: gegen religiöse Intoleranz. Man kann die Gewalttätigkeiten zwischen Hindus und Muslimen in Indien nach der Erlangung der Unabhängigkeit nicht als Gegenbeweis anführen. Hier ging es nicht um einen Religionskrieg, sondern um eine politische Abrechnung. Die Art und Weise jedoch, wie die Christen in der Geschichte sich in Asien religiös intolerant betrugen, konnte dort – mit Recht – nie geschluckt werden und war mit ein Grund, warum Asien sich nicht zum Christentum bekehrt hat.[36]

4.2. Der Kontinent europäischer Überheblichkeit

Wir Europäer kommen wiederum schlecht weg und müssen noch einmal zugeben, daß, wie für Lateinamerika und Afrika, so auch für Asien unsere Gegenwart alles eher denn „Frieden und Heil" verbreitete. In Überheblichkeit und krasser Unkenntnis haben wir die Kulturen und Religionen Asiens einfach verurteilt und Indien, Indonesien, China, wo längst vor Griechenland und Rom schon Hochkulturen existierten, große Schmach angetan.

Der große heilige Franz Xaver war nur Sprecher seiner Zeit, wenn er aus Indien schrieb: „Die Inder haben überhaupt keine Kultur. Es ist schwer, unter einem Volk zu leben, das Gott nicht kennt, das seiner Vernunft nicht gehorcht, weil es so tief in der Sünde dahinlebt." Eigenartig, wie ein so heiliger Mensch nicht merken konnte, daß er im religiösesten Land der Welt lebte. Auf seinen vielen Reisen hatte er einen treu ergebenen Begleiter, einen Nichtchristen. Eines Tages starb er plötzlich weg, und Franz Xaver schrieb: „Ich kann ihm nicht mehr all das Gute vergelten, das er mir getan hat, ich kann nicht einmal mehr für ihn beten, denn er ist ja jetzt in der Hölle." Weitere Urteile: „Gott, der getreue, kann nicht unter den Ungläubigen wohnen noch ihre Gebete erhören ... Die Götzenbilder der Heiden sind des Teufels und man muß sie bei der ersten Gelegenheit zerstören ..." Bevor er nach China gehen wollte, meldete er dem portugiesischen König: „Ich habe eine sehr große Mission von Gott erhalten. Ich gehe nach China, um den Teufeln und den Menschen, die sie anbeten, den Krieg zu erklären. Die Chinesen sollen nicht länger den Götzen und den Dämonen dienen."

Drei Jahrhunderte später tönte es noch gleich. Bischof Anastasius Hartmann († 1868) aus Indien: „Das Volk ist auf der untersten Stufe der Bildung, in der rohesten Abgötterei. Ihm mangeln die primitivsten Eigenschaften des gesellschaftlichen Lebens, nämlich Treue, Wahrhaftigkeit, Arbeitssinn. So sagte man uns von einem Ende Indiens zum andern." Dieser Bischof war sonst ein großer Pionier, gründete die katholische Zeitung in Bombay, baute dort das Priesterseminar, legte die Grundlage zu dem, was heute das berühmte S. Xavier's College ist, übersetzte das Neue Testament ins Hindustani. Aber im Urteil über die Inder blieb er leider ein Kind seiner Zeit und redete, wie alle redeten.

Ein China-Missionar um 1870: „Die Religionen Chinas sind häßlich, absurd, die lächerlichsten der Welt. Keine Regel der Kunst, keine Ästhetik, satanische Musik, keine Idee des Schönen. Die Literatur ist dumm, kindisch, ohne Gedanken, ohne Gefühle, gemachte Sätze, die einen zum Erbrechen reizen." Solches Reden wiederholte sich noch im umfangreichen Werk von L. Kervyn über das Apostolat im modernen China von 1911. Ein Kenner wie J. Beckmann bemerkte dazu: „Werke wie dieses sind weder typisch für diesen belgischen Missionar noch für die Missionsgesellschaft, der er angehörte, ja überhaupt nicht für die katholische Kirche, sondern für den gesamten Durchschnitt der Europäer."

Es stimmt einen zum Lächeln, wenn man heute herausfindet, daß sich damals die Chinesen und Japaner ihrerseits über die Weißen lustig machten, sie „Barbaren aus dem Süden" nannten (weil sie vom Süden her kamen), sie bemitleideten, nicht in ihrem Land geboren zu sein, und daß die damaligen Künstler jene exotischen Menschen mit dem bleichen Gesicht und der langen Nase auf entsprechende Weise karikierten.

Die einzigen, die ernstlich versuchten, sich in jene Religionen einzuleben und dem Christentum ein einheimisches Kleid zu geben, wie Matteo Ricci (1552–1610) in China und Roberto de Nobili (1577–1656) in Indien, wurden nach langem Hin und Her in ihrem Experiment schließlich verurteilt. Und alle katholischen Missionare mußten seither den „Riteneid“ ablegen, daß sie ja nicht ähnliche Experimente unternähmen. Dieser Ritenstreit wurde erst 1936 für Japan, 1939 für China, 1940 für Indien als aufgehoben erklärt; d. h. es wurde nun den Katholiken erlaubt, an nationalen Feiern teilzunehmen, auch wenn diese mit einer gewissen Ehrung der Ahnen verbunden waren. Diese unglückliche, ablehnende Haltung während Jahrhunderten war ein weiterer Grund, warum Hindus, Buddhisten, Shintoisten nicht Christen werden konnten: Sie konnten es – mit Recht, müssen wir heute sagen – nicht über sich bringen, ihre Vorfahren zu vergessen und ihre Vergangenheit zu verleugnen. Das Christentum galt so einfach als die Religion der Europäer, aber nicht der Asiaten.

Es ist endlich an der Zeit, unseren Nachbarn nicht mehr bloß Steine in den Garten zu werfen, sondern einmal unsere Augen zu öffnen für die Vielfalt und Schönheit ihrer Blumen.

4.3. Der Kontinent des interreligiösen Dialoges

4.3.1. Die Entdeckung der Religionen

Asien entdecken, besetzen, ausbeuten war eine Sache; die Menschen Asiens entdecken und sich mit ihnen anfreunden ist eine andere Sache. Solange man mit den Menschen nur über Wetter und Sport, über Wirtschaft und Politik redet, bleibt man ein Fremder. Man wird erst voll mit ihnen verbunden, wenn man sie als religiöse Wesen entdeckt und mit ihnen religiöse Erfahrung austauscht. Die Entdeckung der Religionen gehört ebenfalls mit zum Schönsten und Ermutigendsten der modernen Kirchengeschichte.

In verschiedenen Schüben ist uns das religiöse Gut Asiens nahegebracht worden. Zuerst haben Religionswissenschaftler wie M. Müller, R. C. Zaehner, H. von Glasenapp, W. Fuchs, W. Gundert die Bresche geschlagen und die Texte der heiligen Bücher Asiens übersetzt und im Westen bekanntgemacht. Dann bekam man Kenntnis von asiatischen Weisen, die wirklich unsere Hochachtung verdienten: Ramakrishna, Sri Aurobinda, Vivekananda, R. Tagore. Dann kamen Missionare zur Einsicht, daß sie sich nicht nur theoretisch mit jenen Religionen beschäftigen, sondern ein Mönchsleben im indischen Kontext leben sollten, worüber sie verschiedene Bücher schrieben, wie J. Monchanin, H. Le Saux, B. Griffith, F. Acharia. Heute nun haben wir eine schöne Anzahl asiatischer christlicher Theologen, die zu den besten Kennern der asiatischen Religionen zählen: R. Panikkar, Lynn De Silva, D. S. Amalorpavadass, M. Dhavamony, Arevalo, M. M. Thomas, St. Samartha, Chandran (die letzten drei sind protestantisch).

Diese Menschen gingen mit Sympathie an diese Religionen heran und fühlten vieles heraus, was Außenstehenden fremd bleibt und komisch vorkommt. Nur die Liebe öffnet den Weg zur Wahrheit. R. Panikkar bestätigt das in der Einführung zur fast 1000seitigen Anthologie von Veda-Texten: Die einen würden in ihnen nur Ausdruck eines primitiven Geistes sehen; wer sich aber in Gebet und Betrachtung in sie vertieft habe, entdecke in ihnen eine der großartigsten Manifestationen des Geistes. Er hofft, daß solche Texte nicht bloß gelesen, sondern gesungen, gefeiert werden, auch in paraliturgischen Feiern von Christen.[37]

Das gleiche Anliegen verfolgte der theologische Kongreß von Bangalore 1974, wo 32 der besten indischen Theologen über die Bedeutung der heiligen Bücher des Hinduismus nachdachten und zum Schluß kamen, daß man auch in ihnen die Stimme des Heiligen Geistes hören könne und daß man folglich die schönsten Texte – nach entsprechender Vorbereitung des Volkes – auch in der Liturgie verwerten dürfte, nicht als Ersatz für das Alte Testament, sondern zur Ergänzung, um den indischen Christen bewußtzumachen, daß der Geist Gottes auch dieses Volk seit alten Zeiten geliebt und geführt habe.[38] Die römische Autorität hat damals mit einem kühlen Nein reagiert. Solche neuen Ideen brauchen ihre Zeit und werden zuerst nur in kleinen Gruppen ausprobiert und geschätzt werden.

Die Grundaussage, daß der Heilige Geist auch in diesen

Religionen gegenwärtig und wirksam sei, sollte inzwischen keine Schwierigkeiten mehr machen. Papst Johannes Paul II. betonte in „Redemptor hominis" zweimal, daß auch diese Religionen Wirkung des Heiligen Geistes seien, der wehe, wo er wolle (Nr. 6 und Nr. 12). Derselbe Papst erklärte auf seiner Japan-Reise 1981 vor Vertretern der japanischen Religionen: „Ich finde in den Tugenden der Freundlichkeit und Güte, des Taktes und der Tapferkeit, die von euren religiösen Traditionen so empfohlen werden, die Früchte jenes göttlichen Geistes, der nach unserem Glauben ‚Freund des Menschen' ist, ‚die Erde erfüllt', ‚alles zusammenhält' (Sap 1,6–7). Vor allem bewirkt derselbe Geist in allen Menschen und allen Religionen diese Öffnung zur Transzendenz, dieses unermüdliche Suchen nach Gott, das nur als Antwort auf das Suchen Gottes nach dem Menschen gedeutet werden kann." Neuestens haben auch zwei Mitglieder des Römischen Sekretariates für die Nichtchristen bedeutende Artikel geschrieben über die Gegenwart und das Wirken des Heiligen Geistes in den Religionen.[39]

Von diesen theologischen Voraussetzungen ist es nur ein kleiner Schritt, die Schlußfolgerung für konkrete Einzelfälle zu ziehen und einzelne hervorragende Nichtchristen als „heilig" zu erklären. Deshalb habe ich am 13. April 1983 in der internationalen Presse die Idee lanciert, Mahatma Gandhi, der durch den großartigen Film von R. Attenborough auch im Westen wieder aufgelebt ist, offiziell durch die Kirche heiligzusprechen. Er war eine so tiefreligiöse Gestalt, hatte so große Achtung vor jeder Religion, war derart ergriffen von Jesus und seinem Evangelium, kämpfte andererseits so ungebrochen nach dem Grundsatz der Gewaltlosigkeit für die Menschenwürde, die Menschenrechte, die Gleichheit aller Menschen, daß der Papst durch die Heiligsprechung erklären könnte, auch dieser Mensch sei in seinem Leben durch denselben Heiligen Geist inspiriert und geleitet gewesen wie unsere Heiligen und könne nicht nur im Hinduismus, wo er bereits öffentliche Verehrung genießt, sondern auch für Christen als gültiges Lebensmodell vor Augen gestellt werden. Ein solches erstmaliges Vorgehen würde zunächst einen gesunden Schock, dann aber wohl in der ganzen Welt große Freude auslösen und könnte als stillschweigende Wiedergutmachung für unsere belastete Vergangenheit betrachtet werden.

4.3.2. Der Weg des Dialoges

Nach dieser Vergangenheit hat das II. Vatikanische Konzil mit der „Erklärung über die Beziehungen der Kirche zu den nichtchristlichen Religionen“ („Nostra aetate“) einen großen Sprung nach vorne getan. Eine solche Erklärung war nicht im voraus programmiert. Papst Johannes XXIII. hatte lediglich im Sinn, eine Erklärung zur Judenfrage herauszugeben, um dem unseligen Antisemitismus ein Ende zu setzen. Als ein solcher Entwurf zur Diskussion vorlag, bemerkten einige Bischöfe Asiens: „Gut und recht. Aber wenn das Konzil etwas über die Juden sagt, muß es sich ebenfalls zu den nichtchristlichen Religionen äußern, die zwei Drittel der Menschheit ausmachen.“ So kam diese Öffnung zustande und die endliche Brücke zur Mehrheit der Menschheit.

Bis zu Johannes XXIII. konnte man auch in päpstlichen Erlässen die gewohnten Ausdrücke von „Heiden, Ungläubigen, Götzendienern“ finden. Der jüngere Roncalli brauchte ebenfalls diese Terminologie, als Papst aber nie mehr. Wem fällt das Verdienst zu, ihn aufgeklärt und bekehrt zu haben? Sein damaliger Privatsekretär Mgr. L. Capovilla hatte sofort die Antwort auf diese meine Frage bereit: „Seit er als Apostolischer Delegat in der Türkei war und die Muslime im Gebet beobachtete und mit ihnen sprach, konnte er nicht mehr von ‚Heiden‘ reden, sondern nur noch von ‚Brüdern und Schwestern im einen Gott und Vater im Himmel‘.“

Die Erklärung „Nostra aetate“ redet gut von den religiösen Werten in den nichtchristlichen Religionen, aber sagt nicht das letzte Wort. Es bestätigte zusammen mit „Lumen gentium“ die Heilsmöglichkeit der einzelnen Menschen außerhalb der Kirche, die nach ihrem Gewissen leben. Aber es stellte sich nicht die Frage nach dem Heilswert der Religionen an sich, mit andern Worten, ob jene Menschen in und durch oder trotz dieser Religionen gerettet werden können. Diese Frage wurde der nachkonziliaren Theologie zur weitern Abklärung überlassen. Also hier wie in andern Bereichen bedeutete das Konzil nicht den Schlußpunkt, sondern den Ausgangspunkt für einen neuen Weg.

Immerhin, es hat den Startschuß gegeben, und plötzlich sind im Westen und Osten die Kongresse über die nichtchristlichen Religionen wie Pilze aus dem Boden gewachsen. Die gleichzeitige Entwicklung der innerchristlichen Ökumene ermöglichte es, daß eine ganze Anzahl solcher Kongresse gemeinsam von Rom und von Genf organisiert und durchgeführt wurden, wo Spitzenvertreter der christlichen Kirchen mit Spitzenvertretern der nichtchristlichen Religionen zusammenkamen, gemeinsam beteten, sich gegenseitig aussprachen und plötzlich einander näherkamen.[40]

Plötzlich sind die christlichen Minderheitsgruppen in Asien, die sich vorher ängstlich in ihren Kirchen mit ihrer lateinischen Liturgie absonderten, dynamisch geworden, sind mit den Mehrheitsreligionen in Dialog getreten und haben auch diese Religionen unter sich zum Gespräch gebracht. Gleichzeitig mußte man aber auch feststellen, daß die innerchristliche Ökumene in dieser heutigen Weltsituation nicht mehr ein Luxusartikel für einige Schwärmer ist, sondern ein heilsgeschichtliches Muß. Man kann es sich nicht länger leisten, Christus zu spalten und der nichtchristlichen Welt als gespaltene und zerstrittene Kirche zu begegnen.

Was hier auf höchster Ebene angebahnt wurde, wirkte an vielen Orten auf Lokalebene weiter. In vielen Städten Asiens gibt es nun regelmäßige Zusammenkünfte der Vertreter der verschiedenen Religionen und Kirchen zum gemeinsamen Gebet und Studium, auch „Live-in-seminars", wo Jugendliche sich über ein Wochenende versammeln und gemeinsam beten, miteinander essen, voneinander lernen und dabei entdecken, daß man sich im Grunde viel nähersteht, als man meinte.

Das alles erfaßt natürlich erst einen relativ bescheidenen Teil der drei Milliarden Menschen Asiens. Aber es ist ein neuer Weg erschlossen. Es ist an der Spitze ein neuer Ton angeschlagen. Das wird seine Auswirkungen haben.

4.3.3. Die Idee der Welt-Einheitsreligion

Wenn dem so ist, darf man da die Hoffnung hegen, daß nach der unseligen Epoche der religiösen Kriege einmal der Zeitpunkt komme, wo man sich nicht nur innerchristlich als die eine Kirche in der Vielfalt der Kirchen anerkennt, sondern auch interreligiös als die eine Religion in der Vielfalt der Religionen erklärt?[41] Man kann da mit Ja und mit Nein antworten. Wir haben in der Tat sehr viele gemeinsame Elemente, sehr viel gemeinsamen Boden; und mit Recht betonen wir heute, auch gegenüber den Protestanten, nicht mehr vor allem das, was uns trennt, sondern das, was uns eint.

Vor allem dürfen wir heute annehmen, daß wir alle den einen und selben Gott verehren. Denn wo und wann immer Menschen ihr

Herz zu Gott erhoben und „ihrem“ Gott Gebete und Opfer darbrachten, erreichten sie tatsächlich, bei allem praktischen Polytheismus, den einen und wahren Gott; denn es kann nur eine Transzendenz und nur einen Gott geben. Ob dieser Gott nun Mungu oder Nzambi oder Lesa heißt (in Afrika), oder Allah oder Brahman oder Kame (in Asien), hinter all diesen Namen stand schon immer geheimnisvoll der eine und wahre Gott und schaute mit Liebe auf seine Kinder, wie er ihnen auch schon immer und überall seinen Geist, seine Inspirationen, seine Propheten sandte. Das Phänomen der alt- und neutestamentlichen Offenbarung steht also nicht wie ein erratischer Block im Feld der Religionen, nicht wie ein Monopolfall, sondern vielmehr als ein Modellfall im Interesse aller andern Fälle. Denn Gott macht keine Diskrimination. Wir dürfen darum mit Recht beeindruckt und erfreut sein an der religiösen Glut der Hindus in Benares, der Buddhisten in Bangkok, der Shintoisten in Kyoto. In allen Religionen geht es um die letzten Fragen auf Leben und Tod, um den Sinn des Lebens; und da läßt der eine und wahre Gott seine Menschen nicht einfach im Stich. Wir sind also tatsächlich eine Menschenfamilie von Kindern Gottes und dürfen uns nicht bloß die Hände reichen zum Aufbau einer besseren Welt, sondern können auch gemeinsam die Hände erheben zum gleichen Gott und Vater. Dieses gemeinsame Lebensgefühl kann nicht durch nachträgliche Verschiedenheiten zerrüttet werden.

Wir können noch weitergehen und sagen: Auch der historische Jesus, wie er als „Menschensohn“ lebte und lehrte, trennt uns nicht, sondern eint uns. Seine Botschaft und sein Leben kommen überall an. Nach den USA sind Japan und Indien die Länder, wo am meisten Bibeln jährlich verkauft werden. Millionen von nichtchristlichen Asiaten lieben Jesus und lesen das Evangelium. In ihren Häusern findet man häufig Bilder von ihm. Jesus kam nicht, um zu trennen, sondern um zu einen. Er verkündete das Reich Gottes, das universal ist wie Gott selbst, das die sichtbare Kirche keineswegs monopolisieren, sondern als dessen Keim und Zeichen darstellen und ausrufen soll.

Was uns dann aber trennt, ist der Christus des Glaubens, der Dogmen, des Anspruchs auf Einzigartigkeit und Ausschließlichkeit. Das können wir Christen, solange wir Christen sind, nicht preisgeben, wenn wir auch unsere Dogmen immer nach dem richtigeren Verständnis hinterfragen müssen. Ist der Logos einfach die Öffnung Gottes zu allen Religionen, wie viele Asiaten sagen, oder ist er voll und exklusiv identisch mit Jesus von Nazaret, wie wir Christen glauben? Nachdem wir in der Vergangenheit mit unserem christlichen Exklusivismus sehr unglücklich vorgegangen sind, dürfen wir nun eher etwas zurückhaltender sein und sagen: „Abwarten und schauen: Es wird sich einmal zeigen."

Ich habe von einem befreundeten und sehr engagierten Hindu-Arzt in Indien einen Brief erhalten, der sagt: „Meine persönliche Philosophie ist begründet auf der Universalität aller Religionen. Ich glaube, daß Christus, Krishna, Zoroaster, Buddha, Mohammed die eine und selbe Person waren, die in verschiedenen Zeiten Fleisch angenommen und die eine und gleiche Botschaft verkündet hat mit Verschiedenheiten, die von den verschiedenen Kulturen und Zeiten abhingen. Es mag noch viele andere solche Manifestationen des ‚Einen Alten' geben, über die wir nichts Näheres wissen. Ich wäre glücklich, ein Christ oder ein Zoroaster oder ein Muslim oder ein Hindu genannt zu werden, oder einfach einer, der Gott sucht und liebt. Das ist die Wahrheit, soweit ich sie sehen kann. Gott kann nicht durch ein beschränktes menschliches Wesen erfaßt werden, er kann nie in seiner Wirklichkeit erfahren werden . . ." Es scheint mir, daß auch nicht wenige christliche Theologen in Asien in dieser Linie denken.

Ferner trennt uns die Kirche als Institution, die sich in der Geschichte zu sehr mit Christus und mit dem Reich Gottes identifiziert hatte. Diese Phase der übertriebenen Ekklesiologie kann heute als überholt betrachtet werden. Sogar die Christologie droht heute verdrängt zu werden. Das macht das Kernproblem der gegenwärtigen theologischen Forschung aus. Im Zentrum des Interesses steht jedoch die Theo-Logie kurzerhand oder die Pneumatologie, nämlich die letzte Frage, was Gott mit seiner Menschheit in der Geschichte vorhat.

Nachdem ich das gemeinsame Fundament aller Religionen betont habe, möchte ich jedoch warnen, nun einem falschen Universalismus nachzuträumen. Wir müssen auch sehen, was uns je spezifisch unterscheidet und charakterisiert. Der Reichtum der Menschheit besteht nicht bloß darin, daß alle Menschen in der Grundanlage gleich sind, sondern auch darin, daß ein jeder ein unverwischbares Individuum ist mit seinen je eigenen Eigenschaften und Charismen. Der Heilige Geist liebt keine Kopien, sondern Originale. Nicht nur für die einzelnen Christen, sondern auch für die verschiedenen Religionen gilt das Wort des heiligen Paulus von den vielen und verschiedenen Charismen, die jedoch alle vom selben Geist kommen (1 Kor 12). Keine Religion, auch die christliche nicht, schöpft den vollen Reichtum der Welt Gottes aus. Wir brauchen einander und sollen uns ergänzen. Jeder soll seine Religion lieben und in ihr leben, aber auch die andern Religionen kennen und schätzen, und das übrige der Führung des Geistes Gottes überlassen.

In dieser Konfrontation mit den Religionen machen wir heute, gewollt oder ungewollt, einen großen Sprung nach vorne in der Dogmenentwicklung. Im Lauf der ganzen Geschichte gab es immer eine organische Entwicklung, hie und da auch Sprünge; z. B. als Thomas von Aquin die Philosophie des „heidnischen“ Aristoteles übernahm und in den Dienst der Theologie stellte – für viele ein wahres „scandalum“. Heute ereignet sich ein noch viel größerer Sprung, aber nur, um die kosmische Dimension des Logos in besseres Licht zu stellen. Wenn es möglich und zweckdienlich war, mit Hilfe der griechischen Philosophie eine Christologie zu schaffen, so müßte es grundsätzlich auch möglich und zweckdienlich sein, das mit Hilfe der Hindu-Philosophie zu tun.

Ich habe schon gesagt, daß wir nach dem „Mysterium Salutis“ ein „Mysterium Liberationis“ und hoffentlich auch ein „Mysterium Incarnationis“ erhalten werden. Ich möchte diese Idee weiterspinnen und der Hoffnung Ausdruck geben, daß Asien einmal seine Theologie um das Thema „Mysterium Revelationis“ kreisen lasse, um zu zeigen, wie der ewige und geheimnisvolle Gott schon immer und überall den Menschen seine Offenbarung schenkte, wie er schon immer und überall Mystiker und Seher berief, wie heute die Sphäre der Offenbarung wie ein neuer Weltraum aufgeht und durch mutige Astronauten erforscht werden soll. Alle diese Theologien zusammen würden dann eine schwache Ahnung geben vom Reichtum der theologischen Welt, in deren Erforschung wir immer erst am Anfang des Weges stehen.

Es mag da kleinen Geistern schwindeln vor solchen Aussichten. Wer nur die westliche traditionelle Schultheologie kennt und anerkennt, sieht die gegenwärtige Theologie voller Häresien. Es bleibt unvermeidlich, daß Bücher asiatischer Theologen mit der römischen Zensur in Konflikt kommen. S. Kappen, der in diese Lage geraten ist, stellt die grundsätzliche Frage, ob westliche Theologen überhaupt in der Lage seien, indische Theologie zu begutachten. Er erklärte, er lasse sich nur von Theologen zensurieren, die den Hinduismus von innen kennen und wie er unter den Armen leben.[42] Ganz unrecht hat er nicht.

4.3.4. Der Dialog mit den Armen

Nun müssen wir doch noch, und zwar im Rahmen der Religionen, vom Thema der Armut in Asien reden. Wenn man in den 800.000 Dörfern Indiens, die immer noch 80 Prozent der indischen Bevölkerung beherbergen, umhergeht oder in den asiatischen Städten neben den Paradestraßen mit Hotels und Banken und Supermarkets einen Blick in die Slums wirft, dann weht einem wie ein heißer Wüstenwind die beschämende Armut der Massen ins Gesicht, die umso unmenschlicher ist, als in all diesen Ländern eine kleine Schicht von schlauen, mächtigen, superreichen Menschen lebt. *Kontextuelle Theologie* besteht genau darin, diese Situation zu entlarven, anzuprangern und in der Kraft des Evangeliums zu verändern.

Dies ist umso mehr nötig, als die asiatischen Religionen mit ihrer Idee der Kasten und der Annahme der göttlichen Fügung sowie das westliche „christliche“ System des Kapitalismus nicht wenig dazu beigetragen haben, diese Situation zu schaffen und zu zementieren. Heute müssen diese Religionen gemeinsam alles unternehmen, damit die profane Geschichte, das Streben der Völker nach Freiheit, nach Würde, nach Entwicklung, als Teil der Heilsgeschichte verstanden werde. Wie beim Exodus des Volkes Israel aus Ägypten der religiöse Anruf Gottes an sein Volk und die profane Befreiung aus der Knechtschaft eine einzige Sache war, so darf und muß heute Religion nicht bloß als tröstliche und vertröstende Lehre erfahren werden, sondern als machtvolle Kraft im Streben, um Armut, Krankheit, Unwissenheit, Unterdrückung und Ausbeutung zu überwinden.

Beim ersten gesamtasiatischen Bischofstreffen in Manila 1970 haben sich die verantwortlichen Leiter der katholischen Kirche Asiens über diese Situation und Herausforderung Rechenschaft gegeben. Sie haben erstmals erkannt, daß man nicht bloß Caritas üben und in den vielen Schulen und Spitälern der eher reichen

Gesellschaftsschicht dienen solle, sondern daß es darum gehe, den zahllosen Armen ein menschenwürdiges Leben zu ermöglichen. Es wurde klar, daß eine solche Hoffnung nur durch Zusammenarbeit mit allen Menschen guten Willens verwirklicht werden könne. Deshalb verpflichteten sich die Bischöfe in Resolution 12 „zu einem offenen, ehrlichen, dauernden Dialog mit unsern Brüdern der andern großen Religionen Asiens“, zum Zweck einer wirksameren Zusammenarbeit für die Entwicklung, aber auch, „damit wir voneinander lernen können, wie wir bessere Menschen werden“.

Im gleichen Jahr 1970 fand in Kyoto, Japan, die „Weltkonferenz der Religionen für Frieden“ statt, wo 250 Personen aus 39 Ländern und 10 Religionen unter großem Aufwand der Massenmedien sich bemühten, gemeinsam für Gerechtigkeit und Frieden zu wirken. Daraus ist eine bleibende Organisation entstanden mit dem Internationalen Sekretariat am Sitz der UNO in New York und mit kontinentalen Sekretariaten.

Nach dem Dialog mit den Mitchristen und mit den Nichtchristen muß man heute auch die Türe öffnen für den Dialog mit dem Menschen schlechthin, ob er nun religiös oder säkularisiert sei; ein Dialog, der nicht bloß in Worten besteht, sondern im gemeinsamen Leben mit den Armen und wie die Armen, mit ihnen kämpfen gegen eine menschenwürdige Armut, die Elend genannt werden muß. Auf diesem Feld können sich sowohl die religiöse wie der säkularisierte Mensch die Hände reichen und gemeinsam vorgehen. Und Jesus wird es einmal am Gerichtstag zeigen, daß auch dieses profane Handeln „religiöses“ Handeln war, da alles, was man den Armen Gottes getan hat, Jesus selber getan war.

4.3.5. Die Aufgabe des Christentums

Nachdem wir uns zu lange in der Geschichte durch unsern „Exodus“ aus dem Rest der Menschheit in die Isolierung begeben, zu einem exklusiven Club entwickelt und alle andern verurteilt hatten, müssen wir heute den Weg zurück zu einem „Eisodus“ unternehmen und uns wieder eingliedern ins Gesamt der Menschheit und der Religionen.[43] Das Christentum, aber auch die andern Religionen als organisierte Systeme haben durch Exklusivismus gefehlt und dadurch der Religion als solcher Schaden angetan, so daß Radhakrishna sagen konnte: „Die Welt wäre viel mehr ein religiöser Ort, wenn alle Religionen daraus entfernt würden.“ Bei diesem Eingehen in die Menschheit, in die „erste Liebe Gottes", brauchen wir keineswegs unsere eigene Identität zu opfern. Im Gegenteil, unsere christliche Aufgabe und Mission kann fortan so umschrieben werden:

Die Welt interpretieren: Wir sollen im persönlichen Zeugnis, aber auch mit allen Mitteln der sozialen Kommunikation die Welt interpretieren im Sinn der allumfassenden Liebe Gottes zu allen Völkern, zu allen Menschen, in allen Religionen und Ideologien. Wir Christen wissen es dank Jesus besser, daß der Vater der Gute Hirt ist, der jedes verlorene Schäfchen sucht und es mit Freude heimträgt; daß er seine Sonne aufgehen läßt über Gute und Böse und regnen läßt über Sünder und Gerechte, daß er gleicherweise die Pforten seines Reiches öffnet für alle Menschen, die einen Glimmer guten Willens haben. Das heißt, die Welt „evangelisieren", mit guter Botschaft berieseln, „shalomisieren", mit Heil und Frieden beschenken. Die Kirche muß sich dann verstehen nicht so sehr als machtvolle Institution, sondern als lautstarke Interpretation, als die Gruppe jener Menschen, die gläubig und freudig, ohne viele Wenn und Aber, der ganzen Welt das Heil Gottes verkünden.

Die Welt transformieren: Gott begnügt sich in seiner Liebe nicht bloß mit Worten, er bezeugt sie in Tat und Wahrheit. Die Kirche soll von dieser wirksamen Liebe Gottes Zeugnis ablegen und sich mehr als jede andere Gruppe engagieren im „Dialog mit den Armen". Unser einziges Privileg ist dies, unsere Auserwählung geschah einzig dazu, daß wir eine Mission ausführen und die Bannerträger werden im Bemühen um eine gerechte und menschlichere Welt als Vorgabe der eschatologischen Vollendung.

Die Welt christianisieren: In der Vergangenheit zogen wir „in die Missionen", auch nach Asien, um möglichst rasch möglichst viele „Heiden" zu taufen und zu Christen zu machen. Dies ist uns, wenigstens in Asien, gründlich mißlungen. In Zukunft werden wir uns bemühen, die ersten zwei erwähnten Aufgaben engagiert und glaubwürdig zu verrichten. Wenn es uns dann zugleich noch gelingt, das durch unser geschichtliches Verhalten begründete antiwestliche Gefühl durch echte Brüderlichkeit abzubauen, die Spaltung der christlichen Kirchen zu überwinden, das mystische Element stärker zu entwickeln, das Stigma einer importierten Religion durch radikalere Inkulturation auszulöschen,[44] dann wird es immer Sympathisanten geben, Menschen, die von dieser Gruppe von Christen und ihrem Jesus mehr wissen möchten, die vielleicht Katechumenen werden, die vielleicht getauft werden, aber nun nicht mehr, um dadurch „ihre Seele zu retten", als ob sie vorher verdammt gewesen wäre, sondern um volles Mitglied dieser Jesus-Bewegung zu werden und sich an ihrer Mission voll mitzuengagieren. Und es beginnt wieder von vorne: interpretieren – transformieren – christianisieren.

Auf diese Weise wird endlich sowohl dem Christentum wie den Religionen Gerechtigkeit geschehen, und Gott der Vater wird sich freuen über den Einzug dieser seiner Menschheit in das Gelobte Land, das von Milch und Honig fließt, in dem Gerechtigkeit und Friede mehr herrschen, als das jetzt der Fall ist.

5. Gerechtigkeit und Geschichtsschreibung

Die stets gleichbleibende Botschaft Jesu kann im Lauf der Jahrhunderte mit verschiedenen Akzenten artikuliert werden. Wer gegenwärtig den Puls der Zeit fühlt, spürt, daß die Themen Gerechtigkeit, Friede, Hoffnung, Brüderschaft im Vordergrund des Interesses stehen. Wer von ihnen redet, kann im allgemeinen mit offenen Ohren rechnen. So will ich versuchen, das Evangelium etwas unter diesen vier Gesichtspunkten zu deuten. Ich beginne mit dem Thema Gerechtigkeit.

Ich habe schon bei der Beschreibung der drei Kontinentalkirchen Lateinamerika, Afrika, Asien stark den Gesichtspunkt Gerechtigkeit herausgehoben, und wir mußten feststellen, daß wir in der Vergangenheit diesbezüglich viel gefehlt haben. Damit wollen wir nicht den Stab über unsere Vorfahren und über die tapfern Missionare der vergangenen Zeiten brechen. Sie waren Kinder ihrer Zeit. Wir hätten an ihrer Stelle gleich gehandelt. Wir wollen aber froh sein, daß wir heute eine andere Denkweise und ein verschärftes Empfinden für Gerechtigkeit haben. Ich möchte jenen Gruppen nicht recht geben, die die „guten, alten Zeiten" über alles Maß rühmen und heute nur Zerfall sehen! Man darf nun aber nicht allzu rasch über die belastete Vergangenheit hinwegschreiten. Man soll jene Fehler ehrlich anerkennen, sie demütig bekennen und sie dadurch gutmachen.

Wir wollen nun diesen Gesichtspunkt Gerechtigkeit ausdrücklich aufgreifen und ihn in einen neuen, zuerst vielleicht befremdenden, aber recht interessanten Zusammenhang stellen, ihn am Thema der Geschichtsschreibung untersuchen. Wir müssen gleich das Ergebnis unserer Darlegungen vorwegnehmen und zugeben, daß wir auch in Sachen Geschichtsschreibung bezüglich der Dritten Welt sehr viel Unrecht verübt haben. Wir haben eine Kolonial- und Missionsgeschichte geschrieben, die nur vom Blickpunkt und den Interessen des Zentrums, der westlichen Welt und Kirche, bestimmt war und die der Peripherie, jenen andern Völkern, um die es ging, nicht gerecht geworden war. Es ist gut, daß diese Periode der Geschichtsschreibung nun von einer neuen Phase abgelöst wird.

5.1. Die eurozentrisch-apologetische Geschichtsschreibung[45]

Sowohl die Nationen wie die Kirche praktizierten in der langen, vorkritischen Epoche eine ausgesprochen triumphalistische Geschichtsschreibung. Man idealisierte die Helden der Vorzeit. Ihre Fehler wurden übertüncht, ihre Leistungen vergrößert. Belastende Dokumente wurden unterschlagen, günstige Aussagen zusätzlich erfunden. Alles diente dem Zweck, den Nachkommen den Staat und die Kirche als etwas ganz Großes hinzustellen, dem man unbedingte Ergebenheit schulde.

In der Kirchengeschichte verfolgte man zusätzlich noch apologetische Zwecke. Man wollte aus der großartigen Ausbreitung der Kirche, aus ihrer Heiligkeit, aus ihren Siegen über die Feinde, ihre göttliche Einsetzung beweisen. Im Hintergrund stand die Idee des Reiches, der Christianitas. Nachdem nämlich die Kirche das Römerreich durch die Kraft des Evangeliums von innen her verchristlicht hatte, selber Staatsreligion geworden war und Privilegien und Ländereien erhalten hatte, wurde aus der freien Jesusbewegung mehr und mehr eine Institution. Aus der offenen Stadt auf dem Berge wurde eine Burg mit Wehren und Wassergraben; aus dem Schifflein Petri auf hoher See wurde der Fels Petri, an dem sich die Wellen brechen; aus dem Kirchen-Mysterium wurde ein Kirchen-Imperium. Innerhalb dieser Christianitas gab es echte Kultur, die einzig wahre Religion, Weg zum Heil und zum Himmel. Außerhalb sah man nur Barbarentum, Götzentum, Wege zu Unheil und Hölle. Was man mit einem starken Korn Wahrheit von den Nationen aussagt, könnte man auch auf die Kirche anwenden: „Eine Nation ist eine Gruppe von Menschen, die geeint sind durch den gemeinsamen Irrtum über ihre Vorväter und durch die gemeinsame Geringschätzung ihrer Nachbarn."

Illustrieren wir diesen Sachverhalt, indem wir von den vielen möglichen Beispielen nur je einen „klassischen" Fall auswählen.

5.1.1. Die klassische Missionsfigur

Das ist ohne Zweifel der heilige Franz Xaver, der Patron der katholischen Missionen, systematisch aufgebaut, wenn man so sagen kann, „hagiographisiert" als das große Ideal des Missionars. Man las von seiner gottverbundenen Heiligkeit, von seiner wunderbaren Sprachengabe, wie er überall predigend von Erfolg zu Erfolg schritt. Inzwischen hat die kritische Ausgabe des Lebens durch Schurhammer das Bild ziemlich ridimensioniert. Der englische Jesuit A. Goodier schrieb sogar einen Traktat mit dem Titel: „Der Fehlschlag des heiligen Franz Xaver.[46] Wir wissen heute, daß Franz Xaver in seinen Briefen klagte, daß er die Sprachen nicht kenne und mit den Leuten nicht reden könne; daß er hie und da als Missionssuperior in Goa psychisch derart bedrückt war, daß er sich tagelang von der Gemeinschaft trennte und sich im Gartenhäuschen aufhielt; daß er im letzten Brief an den heiligen Ignatius, der erst nach seinem Tod ankam, bat, er möchte nach Äthiopien versetzt werden, um vor dem Sterben wenigstens ein Volk zu finden, das für das Evangelium offen wäre. Das hebt nicht auf, daß er einen ungeheuren Eifer hatte, die Missionsunternehmungen in Asien organisiert hat, eine große Gestalt war. Aber er war offenbar nicht derart den Problemen und Belastungen des menschlichen Alltages entrückt, wie uns die apologetische Hagiographie lange Zeit glauben machte.

5.1.2. Die klassische Missionsliteratur

Die Missionare hatten alles Interesse, ihre Freunde in der Heimat über ihre Arbeit zu informieren und sie für Missionshilfe offen zu machen. Die klassische Sammlung solcher „erbaulicher und lesenswerter Briefe" (Lettres édifiantes et curieuses) wurde von den französischen Jesuiten in den Jahren 1714 bis 1782 herausgegeben. Die vielen Bände wurden in fünf verschiedenen Auflagen immer neu gedruckt. Im Vorwort werden sie mit einer bombastischen Erklärung dem französischen König gewidmet: „Ihre Majestät wird darin sehen, wie sehr der Name der Könige von Frankreich bis an die Grenzen der Erde geliebt und geachtet wird" – wohinter man natürlich ein großes Fragezeichen setzen müßte. Man spricht in den Berichten beständig mit großem Eigenlob von „unseren Missionen", vom „Guten, das wir tun können", vom „Eifer für die Seelen, für die Ehre Gottes und für den Ruhm der Gesellschaft", wie wir „nach dem Beispiel Jesu die geistigen und körperlichen Krankheiten heilen und als Entgelt zu leiden haben unter der schlechten Behandlung durch jene Menschen..." Was hätten wohl jene Menschen zu dieser Beurteilung gesagt?

5.1.3. Das klassische Missionsbuch

Als Reaktion auf die Aufklärung des 18. Jahrhunderts, welche die Kirche verachtete und als Feind der Kultur und Literatur hinstellte, beschrieb Chateaubriand in seinem Werk „Le génie du christianisme“ in dichterischer Sprache und idealistischer Schau die Größe und Schönheit des Christentums und seiner Mission in der Welt. Es wurde schon „das bedeutendste Buch des 19. Jahrhunderts“ genannt (Lesourd). In viele Sprachen übersetzt, hat es viel beigetragen zur Wiederbelebung der katholischen Missionen. Er drückte die Überzeugung der Missionare aus, daß die andern Religionen nur götzendienerische Kulte seien, daß es nur in der katholischen Kirche Heil und Rettung gebe, daß jene anderen Menschen nicht nur arme Heiden, sondern auch kulturlose Wilde seien, daß die christlichen Glaubensboten sich total für sie hingäben und sich nicht fürchteten, sogar ihr Blut für das Heil dieser armen Fremden zu vergießen ... Die jungen Missionare, die dann angelockt von solch rührseliger Schilderung in die Missionen zogen, sind bald genug aus den Wolken dieser idealistischen Schau in die harte Wirklichkeit des Missionsalltages gefallen und haben es nicht leicht verziehen, daß man ihnen nicht vorher die Wahrheit sagte.[47]

5.1.4. Die klassischen Missionsgeschichten

Die neu erwachten Missionsunternehmungen des 19. Jahrhunderts fanden rasch ihre Widerspiegelung in den mehrbändigen Missionsgeschichten von Henrion (französisch), Marshall (englisch), Wittmann und Hahn (deutsch). Sie alle zeichneten in durchaus unökumenischer Haltung ein sehr einseitiges Bild, als ob es bei uns Katholiken nur Licht, drüben bei den Protestanten aber nur Finsternis gäbe. Prof. J. Schmidlin, der 1924 die erste kritische Missionsgeschichte schrieb, sagt zu diesen Werken: „Hervorgegangen aus der warmen Sympathie und getragen von der hinreißenden Begeisterung, die dem Zeitalter der Romantik für die katholischen Ideale eigen war, haben sie sich liebevoll in die Darstellung der kirchlichen Großtaten auf dem Gebiet des Weltapostolates versenkt; aber sie waren nicht mit dem ausgerüstet, was zu einem wissenschaftlichen Geschichtsschreiber und namentlich Geschichtsforscher gehört, haben daher zuviel die apologetisch-panegyrische Tendenz, ein altes Erbstück erzählender Missionsliteratur, in ihre Werke hineingetragen, als daß sie in unsere nüchterne und kritische Gegenwart hineinpassen würden, die hierin viel strengere Maßstäbe anlegt."[48]

Diese Beispiele, die man beliebig vermehren könnte, genügen wohl, um die aufgestellte Arbeitshypothese zur These zu erhärten, nämlich, daß wir in den großen Jahrhunderten der Mission einer eurozentrisch-apologetischen Geschichtsschreibung huldigten. Mit den Missionsgeschichten von Schmidlin, Mulders, Latourette ist vieles viel besser geworden. Aber auch von ihnen gilt noch, daß sie vom Standpunkt des Zentrums aus geschrieben wurden. Sie schilderten die Heldentaten der Missionare und das Wachsen der Kirche in den andern Kontinenten, ohne sich auch nur zu fragen, wie jene Völker ihrerseits reagierten auf unsere massive und mächtige Gegenwart und wie sie parallel zur unsrigen Geschichte ihre Geschichte machten und erlebten.

Ähnliches und Schlimmeres wäre zu sagen von den Kolonialgeschichten, in denen alle Grausamkeiten der Conquistadoren zu Großleistungen umgestempelt wurden und man sich gegenüber der grundsätzlichen Frage des Kolonialismus und aller einzelnen Vorkommnisse immer im Recht fühlte. Ein bezeichnendes Detail ist, daß man jene Städte und Länder eigenwillig, ohne die Zustimmung jener Leute zu erfragen, mit europäischen Namen taufte; z. B. Stanleyville, Elisabethville, Léopoldville in Zaire; daß man den neu entdeckten Kontinent nach dem italienischen Seefahrer Americo Vespucci einfach Amerika nannte, dessen Bewohner fälschlich als Indianer bezeichnete (Bewohner Indiens) und dessen südliche Hälfte nach den Einwanderern Latein-Amerika hieß, als ob es dort nie eine einheimische Bevölkerung gegeben hätte.

Man muß dieser Geschichtsschreibung der Weißen heute vorwerfen, daß sie nicht unschuldig war und daß sie immer der rassistischen Versuchung erlegen war und tat, als ob die andern Völker nur Gegenstand unserer Geschichte, aber nicht Subjekt ihrer eigenen Geschichte gewesen wären.[49] G. Gutierrez meint mit Recht, die Kolonisierten seien bisher „die Abwesenden der Geschichte" gewesen. Wer aber ein Volk in seinem Geschichtsbewußtsein ignoriert und unterdrückt, raubt ihm mehr als bloß Land und Rohstoffe.

5.2. Die antipodisch-pathetische Geschichtsschreibung

Es konnte auf die Länge nicht ausbleiben, daß diesbezüglich eine Wende eintreten mußte. Es begann in den fünfziger Jahren, als nun Asiaten, Afrikaner, Lateinamerikaner, also unsere Antipoden, Leute der Peripherie (von uns aus gesehen, denn jedes Volk glaubt, im Zentrum der Welt zu leben), selber zur Feder griffen und anfingen, Geschichte von ihrem Standpunkt aus zu schreiben.

5.2.1. Asien

1953 brachte K. M. Panikkar sein imposantes Werk „Asien und die Herrschaft des Westens" heraus.[50] Der Autor hat sich die Aufgabe nicht leicht gemacht. An die 25 Jahre arbeitete er daran und holte sein Material aus vielen Archiven heraus. In der Zwischenzeit war auch wie ein Symbol, wie Zeichen der Zeit, die Unabhängigkeit Indiens erfolgt (1947) und der Rückzug aller westlichen Mächte aus China (1949). Jetzt begannen die ersten Kapitel der wirklichen Weltgeschichte. Panikkar bleibt sachlich und beschreibt z. B. die Tätigkeit des heiligen Franz Xaver, dieser „größten Gestalt der Geschichte der Christenheit in Asien", mit Sympathie. Aber er hält den Weißen doch wie in einem Spiegel vor, was sie tatsächlich geleistet haben: wie die Kolonisatoren vom Geldhunger, vor allem vom Handel mit Gewürzen, als stärkstem Faktor ihrer Expansion getrieben waren; wie sie in unfairer Rivalität (Genuesen gegen Venezianer, Portugiesen gegen Holländer und Engländer) handelten; wie sie die Spannung zwischen Hindus und Muslimen zu ihrem Vorteil ausnützten und wie z. B. Vizekönig Albuquerque nicht zögerte, um die Gunst der Hindufürsten zu gewinnen, alle Muslime der Stadt in die Moscheen zu locken und dann Feuer anzulegen; wie sie mit dem Angebot von Bibelbildern wenig Erfolg hatten, mehr aber mit dem Verkauf von Bildern nackter Frauen usw. Den Missionaren aber sagt er nach, wie sie 450 Jahre lang ein widerliches Überlegenheitsgefühl an den Tag legten, ganz im Gegensatz zum universalistischen und toleranten Denken Asiens; wie sie Hand in Hand mit dem westlichen Expansionismus vorgingen und darum beim Volk ebenfalls als Feinde betrachtet wurden; wie sie in ihren Berichten und Büchern einen sehr voreingenommenen Standpunkt vertraten und nur negativ über die asiatischen Kulturen und Religionen schrieben. Aus diesen Gründen sei der westliche

Versuch, Asien zu Christus zu führen, nie aussichtsreich gewesen, außer in den Köpfen einiger blinder Fanatiker.

Erstmals wurden den Missionaren auf diese Weise die Leviten verlesen und bekamen sie Anlaß zu einer ernsten Gewissenserforschung. In derselben Zeit wurde auf viel brutalere Weise und mit viel weniger Sachlichkeit die Tätigkeit der Missionare in den Volksgerichten und in der Presse des kommunistischen China an den Pranger gestellt.[51] Jetzt wurden wir die Macht- und Rechtlosen, wie es vorher die andern waren.

5.2.2. Afrika

Der Schwarze Kontinent ließ mit seinem Erwachen nicht warten. 1952, also ein Jahr vor Panikkar, brachte der protestantische Historiker Nosipho Majeke aus Südafrika ein Buch auf den Markt, das mit Missionaren hart zu Gerichte ging.[52] Er fordert als Teil des Befreiungsprozesses, die Verdrehungen der Geschichtsschreibung zu korrigieren. Bisher hätte das weiße Herrenvolk die Schwarzen nicht bloß unterjocht, sondern zur Rechtfertigung seiner Gewalt von den Primarschulen bis zur Universität gelehrt, die Schwarzen seien inferior, so daß sich diese ihrer eigenen Geschichte und Kultur zu schämen begannen. Die Missionen aber hätten sich als willige Magd in den Dienst dieses Manövers gestellt. In den Missionsschulen seien die Kinder bis zum Kotzen mit Inferioritätskomplexen gefüttert worden. Jetzt aber hätten die Afrikaner dieses Spiel durchschaut. Jetzt würden die Helden der bisherigen Geschichtsschreibung entblößt und nackt und beschämt an die Wand gestellt.

Etwas später, 1956, und viel zurückhaltender meldete sich eine Gruppe schwarzer Priester zu Wort.[53] Schon im Vorwort fassen sie ihre Erfahrung so zusammen, daß die Missionare bisher die Probleme „für uns, ohne uns und sogar gegen uns" gedacht und gelöst hätten, d. h., daß man einfach über die Köpfe sogar der afrikanischen Priester hinweg die Sachen entschieden habe. In einem Beitrag mit dem Titel „Propaganda und Wahrheit" wird dagegen Klage eingereicht, daß die Missionare in der gängigen Missionsliteratur ein falsches und entwürdigendes Bild der Afrikaner kolportiert hätten, um Mitleid zu erwecken und die Almosen zu steigern. In mehreren andern Artikeln werden die bisher verkannten afrikanischen Werte zur Geltung gebracht. Im gleichen Jahr 1956 fand in Paris der Erste Kongreß schwarzer Schriftsteller und

Künstler statt, der die „Epiphanie der schwarzen Kultur“ genannt wurde und wo alles darauf ausging, das verlorene afrikanische kulturelle Selbstbewußtsein wieder zu finden und zu entfalten.[54]

Auch seither und bis heute sind immer wieder heftige, pathetische Stimmen aus Afrika laut geworden, die ich in zwei Publikationen gesammelt und kommentiert habe.[55] Denn es gehört doch zur mindesten Pflicht der Wiedergutmachung, daß wir solche Stimmen kennen und für sie Verständnis aufbringen.

5.2.3. Lateinamerika

Hier will ich nicht auf Einzelheiten eingehen, sondern nur auf das monumentale Unternehmen hinweisen, das seit zehn Jahren in Gang ist, auf die zehnbändige lateinamerikanische Kirchengeschichte, zu der sich 100 Geschichtsfachleute aus dem ganzen Kontinent zusammengetan haben. Die ersten drei Bände sind bereits erschienen.[56] Darin wird zwar die Leistung der Conquistadoren und der Missionare gebührend anerkannt. Das Schwergewicht des Interesses verlagert sich aber ganz auf die Reaktion des lateinamerikanischen Volkes. Die beiden Brasilien-Bände tragen ausdrücklich den Titel: „Kirchengeschichte Brasiliens aus der Sicht der Unterdrückten.“ Es wird aufgezeigt, wie die Kirche eine Verbindung einging mit den politischen und soziologischen Machtstrukturen; wie sie ihren Beitrag zur Bildung eines patriarchalischen und sogar kriegerischen Katholizismus leistete; wie sich bei vielen Rathäusern im prächtigen Obergeschoß der Sitzungssaal der Stadtväter befand, im Untergeschoß das Gefängnis und auf dem öffentlichen Platz davor die Tribüne, auf der die inhaftierten Sklaven einmal wöchentlich ausgepeitscht wurden; wie das Volk in seiner Volksfrömmigkeit, in Kunst und Musik und in messianischen Bewegungen auf die Grausamkeiten des Lebens reagierte. Bei aller Sachlichkeit nimmt diese Kirchengeschichte doch einen gewollt einseitigen Standpunkt ein und ist so als Übergangsphase, als „Audiatur et altera pars“ hoch einzuschätzen.

Diese kurze Schilderung der antipodisch-pathetischen Geschichtsschreibung hinterließ uns den Eindruck, daß auch sie nicht jeder Einseitigkeit, in gewissen Fällen nicht jeder rassistischen Ideologie bar ist. Man begreift das, man stellt es fest, ohne daraus einen Vorwurf zu machen. Wir hätten nach unserer Einseitigkeit am wenigsten Grund, den Mahnfinger zu erheben. Wir müssen diese Stimmen kennen, sie auf uns wirken lassen, sie nicht allzu rasch korrigieren wollen. Sie sind Ausdruck eines Volkes, das litt und viel Grund hat, uns die andere Seite der Geschichte vor Augen zu halten. Es stellt sich jedoch die Aufgabe, in einer zukünftigen Phase die universalistisch-synthetische und endgültige Geschichtsschreibung zustande zu bringen.

5.3. Die universalistisch-synthetische Geschichtsschreibung

Sie stellt sich als Aufgabe, sie ergibt sich als Hoffnung, sie ist bereits auf dem Weg. Sie kommt nur im Dialog und in der Freundschaft zustande, indem beide Teile zu Hörenden, Lernenden, Verzeihenden werden; indem man nicht mehr miteinander fechtet und der Stärkere nicht mehr, weder mit der Schuß- noch mit der Federwaffe, über den Schwächeren triumphiert; sondern indem sich beide Teile mit unbedingter Wahrhaftigkeit, aber auch mit Verständnis, sogar mit Sympathie dargestellt sehen und darum zu dieser Darstellung stehen können.

Eine gute Voraussetzung zu diesem Unternehmen ist bereits damit gegeben, daß uns heute nicht mehr bloß die Asiaten, Afrikaner, Lateinamerikaner die andere Seite aufzeigen und unsere Fehler vorhalten müssen, sondern daß wir inzwischen selber gelernt haben, unsere Fehler aufzudecken und in Demut zuzugeben. Man denke etwa an die klassischen Werke, je eines für jeden Kontinent: *Th. Ohm, Asiens Nein und Ja zum westlichen Christentum,*[57] worin der Autor viele Stimmen Asiens sammelt und wo er, indem er sie abdruckt, zugibt, daß viele Asiaten mehr nach der Bergpredigt leben als viele Christen; daß bei den Christen der Sportler mehr gefeiert werde als der Heilige; daß die Europäer keine Zeit hätten zu beten und zu leben, sondern nur zum Arbeiten und zum Rennen ... *H. W. Mobley, The Ghanaian image of the missionary,*[58] worin ausgedrückt wird, wie einheimische Christen nicht erst in der heutigen Zeit, sondern schon seit sieben Jahrzehnten über die Missionare sehr kritisch dachten und redeten, in scharfem Kontrast zu den idyllischen Schilderungen in den Missionszeitschriften ... *J. Höffner, Christentum und Menschenwürde. Das Anliegen der spanischen Kolonialethik im Goldenen Zeitalter,*[59] worin sich der Autor nicht scheut zu schreiben: „Die Neue Welt erlebte eine so grauenhafte Versklavung und Vernichtung des Menschen, daß einem das Blut erstarren könnte."

Wir werfen also nicht mehr gegenseitig Steine aufeinander, sondern werden unsere eigenen Ankläger. Das ist ein gutes Omen für die kommende Geschichtsschreibung. Nun möchte ich anhand einer Fallstudie, nämlich der afrikanischen Kolonialgeschichte, aufzeigen, wie wir in kurzer Zeit große Fortschritte gemacht haben. Afrika war durch die Gegenwart und das Gebaren der Weißen unsagbar gedemütigt worden, aber es erlebt heute seine Rehabilitation. An keiner Geschichte ist seit 15 Jahren soviel wissenschaftliches Interesse gezeigt worden wie an der von Afrika.

1970 brachte *H. Deschamps* eine zweibändige *Geschichte Afrikas* heraus.[60] In der Einführung betont er mit Recht, der Eurozentrismus sei als Anachronismus zu überwinden, die bisherige Kolonialgeschichte habe nur den französischen hagiographischen, heroischen und patriotischen Standpunkt vertreten und habe eben dadurch die antikoloniale Reaktion ausgelöst, die nur von den „weißen Teufeln und Ausbeutern" redete. Schade war nur, daß dann von den 20 Mitarbeitern alle ohne Ausnahme Franzosen, Engländer und Belgier waren. Es mutet wie ein Scherz der Geschichte an, wenn dann zwei Jahre später der Afrikaner *J. Ki-Zerbo* im Alleingang eine 700seitige *Geschichte Afrikas* schrieb, die jeder Kritik standhält,[61] und so den Beweis erbrachte, daß Afrikaner als Mitarbeiter vorhanden gewesen wären. Gegenüber der neuesten, fachmäßig einwandfreien *Geschichte Afrikas* von *Cambridge* in acht Bänden[62] muß wiederum der Einwand erhoben werden, daß in allen acht Bänden nur zwei afrikanische Mitarbeiter figurieren.

Als Muster der Zusammenarbeit hingegen kann die *Geschichte Afrikas* der UNESCO gelten, wo den zwei Dritteln der afrikanischen Verantwortlichen und Sachbearbeitern das Kapital der Weltorganisation und die Kompetenz des einen Drittels westlicher Fachleute zur Verfügung steht. Von den acht Bänden sind bereits zwei erschienen.[63] Man betont in der Einleitung, lange Zeit sei die Geschichte Afrikas durch Mythen und Vorurteile verschüttet geblieben. „Weiß und Schwarz" hätte praktisch als Bezeichnung für Überlegene und Unterlegene gegolten. Man habe geradezu gemeint, Afrika hätte keine Geschichte gehabt. Heute wisse man, daß die Geschichte Afrikas rund drei Millionen Jahre zurückreiche und daß wahrscheinlich die Hominisation in Afrika stattgefunden habe. Man wolle aber jeden Dogmatismus vermeiden, keine „rachsüchtige Geschichte" schreiben, nicht den Bumerang zurückfliegen lassen, wohl aber auch heiße Eisen wie Sklaverei und Kolonialismus kaltblütig anrühren und mit Sachlichkeit und geschichtlicher Strenge behandeln. Man hoffe, daß diese Geschichte, die auch in größere afrikanische Sprachen übersetzt werde, dazu beitrage, Afrika sein Gedächtnis zurückzugeben und Afrika unter sich und mit der Welt zu vereinen. Möge, was hier in Worten formuliert wurde, in der Tat zustande kommen!

Auf kirchengeschichtlichem Gebiet könnte man als ähnliches Großunternehmen nennen die schon erwähnte *Kirchengeschichte Lateinamerikas,* obwohl sie noch mit einem Bein in der antipodisch-pathetischen Geschichtsschreibung steht. Auch die 1300seitige „Geschichte des Christentums in Lateinamerika" von Hans-Jürgen Prien[64] dürfte hier anerkannt werden. Obwohl von einem Deutschen geschrieben, hat der Autor sich doch bewußt und erfolgreich bemüht, die eurozentrische Betrachtungsweise zu überwinden und den Standpunkt Lateinamerikas einzunehmen. So kommt also langsam und mühsam die universale, völkerversöhnende und völkerverbindende Geschichtsschreibung zustande. Erst wenn man die Vergangenheit aufgearbeitet und verarbeitet hat, kann man die Gegenwart und die Zukunft gestalten.

Zum Schluß und gleichsam als Toast zum Anlaß der Geburt dieser universalen Geschichtsschreibung möchte ich ihren Sinn und ihre Sendung in vier Aspekten umschreiben. Zunächst steht sie da als *Sophia,* als Wissenschaft, die mit Ameiseneifer die Elemente zusammenträgt und ein sachgemäßes Bild der wirklichen Geschichte entwirft. Hut ab vor denen, die tage- und jahrelang nach alten Dokumenten schnüffeln und sie entziffern.

Sie erhält aber erst ihren vollen Wert, wenn sie zur *Koinonia* wird, zur gemeinschaftsbildenden Kraft, in der ein Volk und die ganze Menschheit ihre Zukunft aufbaut. Im Grunde gibt nicht die geschehene, sondern die geschehende Geschichte den Ausschlag. An der Geschichte, die tot, begraben und verstaubt in den Archiven liegt, kann man nichts mehr ändern und auch sie ändert nichts an uns. Aber die Geschichte, die Tag für Tag durch unsere Hände läuft, die zu gestalten wir die Chance haben, ist von brennendem Interesse und von existentieller Bedeutung. Hier können wir unsere

Verantwortung vor uns und vor der Gemeinschaft nicht ernst genug nehmen. Hier spüren wir, daß die Geschichte mehr ist als die Summe von vielen Einzelschicksalen, daß sie unteilbar geworden ist, daß mein Interesse zusammenfällt mit dem Interesse der Gemeinschaft, die mich ganz herausfordert. Die Kirche hat kaum eine größere Aufgabe denn als Ferment zur Einheit zu dienen und die Menschen zur Verantwortung für die Gemeinschaft zu motivieren.

Die Geschichtsschreibung muß noch einen Schritt weiter tun und auch *Kerygma* (Botschaft) werden. Die Menschen von heute interessieren sich nicht mehr für die vielen Katechismuswahrheiten. Sie halten jedoch Ausschau nach dem Sinn des Lebens und der Geschichte. Wir merken also plötzlich, daß es um viel mehr geht als um bloße Wissenschaft, die uns kühl läßt. Wenn Geschichtsschreibung nicht etwas vom kerygmatischen Charakter an sich trägt, sich nur versteht als streng wissenschaftliche Darstellung der Abfolge von Ereignissen, dann steht sie hinter ihrer eigentlichen Zielsetzung zurück. Geschichte wird erst dadurch zum spezifischen Humanum, daß sie den Zusammenhang zwischen Ereignissen, Personsein und Gottesbezug durchblicken läßt, so daß sie als Anruf- und Aufrufgeschichte verstanden wird und der Mensch ermuntert wird, an dieser Geschichte Gottes mit seiner Menschheit mit Hand anzulegen. Ohne Wahrheits- und Gottesbezug wäre Geschichte nicht viel mehr als Naturgeschichte.[65]

Das alles bleibt graue Theorie, wenn die Geschichtsschreibung nicht mutig den Sprung wagt in die Wirklichkeit des Lebens hinein und auch *Diakonia* wird: Dienst. Gegenüber den dicken Bänden von Missions- und Kolonialgeschichte überkommt einem leicht ein Lächeln. Soviel Aufwand an Zeit, Geld und Akribie im Dienst der Vergangenheit! Das Schwergewicht des Interesses verlagert sich heute eindeutig auf die Gestaltung der Gegenwart und der Zukunft. Es genügt nicht, den Sinn der Geschichte zu deuten. Man muß sich darüber hinaus bis zum letzten für eine sinnvolle Geschichte im Hier und Heute engagieren. Damit wandelt sich die Fragestellung „Gerechtigkeit und Geschichts*schreibung*“ zur Forderung „Gerechtigkeit und Geschichts*gestaltung*“, womit wir alle angesprochen sind. So gesehen wird das Thema „Gerechtigkeit und Geschichtsschreibung“ nicht mehr bloß zur Anklage, sondern zu einem Zeichen der Hoffnung im Konfliktherd Dritte Welt.

6. Mission als Friedensdienst

Wir leben in einer heillosen Zeit des „Friedens", in der Stille vor dem Sturm. Wir haben nur sehr brüchige Garantien, daß auf Hiroshima nicht ein Euroshima und Mondoshima folgen werde. Der heutige Mensch wittert diese Möglichkeit und geht daher für den Frieden auf die Straße. In den sechziger Jahren tat er das für die Revolution, in den siebziger Jahren für die Ökologie, jetzt für den Frieden. Wer den Puls der Zeit fühlt, spürt, daß Friede bedroht ist und daß ein dritter Weltkrieg das Ende der Welt bedeuten könnte und höchstwahrscheinlich auch bedeuten würde.

Es ist gut, daß Menschengruppen in vielen Ländern gegen eine solche Aussicht protestieren und daß die Welt mit ihren Friedensdemonstrationen auch die Kirche auf ein Thema stößt, das eigentlich den anderen Weg gehen und der Welt von der Kirche aufgedrängt werden müßte. Denn Kirche war von Anfang an gesandt, Frieden zu verkünden und Frieden zu schaffen. Und je mehr der Friede bedroht ist, desto heftiger ist die Kirche herausgefordert, für den Frieden zu sorgen. Es wird sich zeigen, ob die Kirche in der gegenwärtigen Friedensdiskussion die Gelegenheit erfaßt oder einmal mehr die Chance verpaßt.

Ich habe nun nicht im Sinn, die Weltprobleme der SALT- und START-Gespräche abzuwickeln. Ich werde vielmehr versuchen, von meinem spezifischen Standpunkt aus zu fragen: Haben wir vom Evangelium her etwas Besonderes zum Friedensthema zu sagen, und welches sind dessen besondere Aspekte und Anliegen, für die wir von der Dritten Welt her advokatorisch einstehen müßten?

6.1. Die Theologie des Friedens

6.1.1. Frieden als messianische Verheißung

Es ist eine nicht zu beweisende, weil evidente Tatsache, daß beinahe jedermann sich im Tiefsten seines Herzens nach Frieden sehnt. Aber gleichzeitig lehrt uns die ganze Geschichte, daß der Mensch offenbar nicht Frieden schaffen und erhalten kann. So kamen die Völker, und in besonderer Weise Israel zur Einsicht, daß Friede ein Geschenk Gottes ist.[66]

Die Griechen und Römer definierten Frieden als „tranquillitas ordinis“ (Ruhe auf Grund der Ordnung) und sie glaubten, mit Hilfe der Waffen und der Götter durch die Unterwerfung der Feinde diesen Frieden zu schaffen. Israel konnte viel weniger auf seine Waffen vertrauen und erbetete umso mehr den Frieden als Gabe Gottes, erwartete ihn als Frucht seines Bundesverhältnisses mit Jahwe (Jes 48,22; 54,10; 57,20; Num 6,22 f.; 25,12). Frieden wird zum zentralen Begriff der prophetischen Verkündigung und zu einem Stichwort für die Heilserwartung der messianischen Zeit (Jes 57,19; 66,12; Jer 33,6; Ez 34,25; 37,26).

In Jesus von Nazaret wird diese Friedensverheißung erfüllt. Schon bei seiner Geburt wird Friede verkündet für alle Menschen, die Gott liebt (Lk 2,14). Mit einem Friedensgruß heilt Jesus die Kranken und vergibt er die Sünden (Lk 7,50; 8,48). Er preist selig die Friedensstifter, denn sie werden Söhne Gottes genannt werden (Mt 5,9), und er hinterläßt den Jüngern, die ihm gefolgt sind, als teuerstes Erbe seinen Frieden, einen Frieden, den die Welt nicht geben kann (Joh 14,27). Nach der Auferstehung richtet er die geschlagenen Jünger auf mit dem Friedensgruß (Joh 20,19.26), und schließlich sendet er sie aus zur großen Friedensmission, um überall das Reich Gottes auszukünden, Teufel auszutreiben, Kranke zu heilen und allen Häusern, d. h. allen Menschen den Frieden zu bringen (Lk 10,5 f.).

Gewiß gab es auch Konflikte, und Jesus konnte sogar gegenüber den Pharisäern und Schriftgelehrten eine sehr harte Sprache führen. Aber die Exegeten neigen heute zur Ansicht, daß diese Streitreden offenbar nicht vom historischen Jesus so heftig gehalten wurden, sondern von den späteren Evangelisten aus ihrer bitteren Erfahrung mit der Synagoge und dem Hellenismus heraus so formuliert wurden, mit anderen Worten, daß diese Evangelisten ihren Ärger und ihre heftigen Reaktionen auf Jesus zurück projizierten. Jedenfalls machen diese Streitreden nicht den Kern des Evangeliums aus. Dieser bestand in der Ankündigung des Reiches Gottes, des Gnadenjahres des Herrn (Mk 1,15; Lk 4,19), und in den Parabeln vom barmherzigen Samariter, vom verlorenen Schaf, vom verlorenen Sohn (Lk 10,25–37; 15,3–7; 15,11–32), kurz, in der Lehre vom Vater im Himmel, der reich ist an Erbarmen, der den glimmenden Docht nicht auslöscht und das geknickte Rohr nicht bricht, der für die Blumen des Feldes und die Vögel des Himmels sorgt, und wie viel mehr für alle Menschen!

Wenn das Wort Pazifist nicht einen politischen Beigeschmack hätte, müßte man sagen: Jesus war ein reinster Pazifist, der keinen Wurm zertrat, noch viel weniger einem Menschen Gewalt antat; ein Idealist, der im Glauben an die große Güte des Vaters auch an die Güte des Menschen glaubte; ein Utopist, der den Menschen ein alternatives Lebensmodell vor die Augen stellte und es in seinem eigenen Leben verwirklichte.

So haben seine Jünger gemäß ihrem Auftrag den Frieden Christi überall hin gebracht. Sie erklärten ihre Botschaft kurzwegs „Evangelium des Friedens" (Apg 10,36; Eph 6,15); sie eröffneten ihre Briefe mit dem Grußwort: „Gnade und Friede" (Röm 1,7; 1 Kor 1,3 usw.); sie erklärten den Frieden als typische Frucht und Gabe des Geistes Jesu (Röm 8,6; 14,17; 15,13; Gal 5,22).

Das hebräische Wort „schalom" = Friede deckt sich inhaltlich mit dem, was Jesus mit dem Kommen des Reiches Gottes meinte und was Paulus mit den Begriffen Erlösung und Heil ausdrückte. Es ist der Kern der christlichen Botschaft, das spezifische Geschenk Jesu an seine Menschheit.

6.1.2. Die Missionsgeschichte als Zerrbild des Friedens

Jetzt fällt es wie ein Rauhreif auf dieses idealistische Frühlingsbild. Die Kirche ist von Jesus mit einer großartigen Friedensmission in die Geschichte entlassen worden. Sie sollte in allen Zeiten und Zonen Schalom ausrufen, die Welt schalomisieren, die Welt als ganze im Lichte der Liebe und des Friedens Gottes interpretieren.

Aber da können uns die Kirchengegner zurufen: „Schaut euch die Praxis an!" Und wir müssen kleinlaut zugeben, daß die Friedensmission Christi allzu rasch in einen Feldzug für Christus ausartete. Statt Interpretation für alle zu sein, ist die Kirche Institution für die wenigen geworden; statt Zeichen des Heiles für alle zu sein, wie es im Vatikanum II mit Verspätung wieder betont wurde, ist sie im Lauf der Geschichte Arche des Heiles gewesen für die wenigen Privilegierten. Was ich hier sage, ist einseitig, aber leider nicht falsch. Ich weiß, es gab in der Kirche immer auch ein großes Maß von Heiligkeit und Liebe, von Versöhnung und

Erlösung, von Caritas und Kultur. Aber in ihren Beziehungen zu den Außenstehenden, zu den Juden und Heiden, zu den Häretikern und Schismatikern, ist die Kirche absolutistisch und exklusiv geworden, und man muß in der Rückblende, vom kritischen Standpunkt von heute aus gesehen, das harte Urteil fällen, daß die Kirche in dieser Hinsicht fast immer gegen Jesu Botschaft lebte. Ich kann diese harte These nur mit einigen Stichworten belegen. Aber man ahnt, was alles hinter diesen Stichworten steht.

Vom 4. Jahrhundert an ließ sich die Kirche in einen Bund mit der Macht ein und wurde Staatskirche mit Privilegien und Territorien. Sie stellte Christus im Zug des Kaiserkultes dar als Pantokrator, als Imperator, als Triumphator. Sie entwickelte die Idee der Christenheit, eines geschlossenen religiösen, kulturellen, politischen Blockes, innerhalb dessen es echte Religion, echte Kultur, Hoffnung auf den Himmel gab, und außerhalb dessen man nur von Barbarentum und Götzentum und Weg zur Hölle sprach.

Auf Grund dieses Weltbildes hatte man keine Hemmungen, die Sachsen und Wenden mit Gewalt ins Reich einzugliedern; gegen die Sarazenen und Muslime zu den Kreuzzügen aufzurufen, die damals als Ausdruck höchster Gläubigkeit betrachtet, heute als „häretisches Ideal" bezeichnet wurden.[67] Auch Spanien und Portugal, die von Papst Alexander VI. je eine Hälfte der Neuen Welt erhalten hatten, „um die barbarischen Völker zu unterjochen und dort den katholischen Glauben auszubreiten", haben diese Doppelaufgabe allzu sehr vermengt. In der neueren Zeit vom letzten Jahrhundert an blieben zwar Kolonialismus und Missionierung mehr, aber doch nicht ganz getrennt, und bis tief in dieses Jahrhundert hinein hielt sich das Klischeebild von den Heiden und Götzendienern aufrecht, die man nur bekehren oder aber verurteilen mußte.

Eine schwere Hypothek der Geschichte lastet auf uns. Würden die erwähnten Stichworte mit den vielen Archiveinzelheiten ausgeführt werden, wir würden heute noch erschaudern. Wie gesagt, das ist nur die eine Seite, die Schattenseite. Aber sie gehört auch zum Ganzen. Wenn wir weiterhin die Missionsgeschichte apologetisch betreiben und nur die schöne Seite aufzeigen möchten,[68] dann kommen heute die Afrikaner und Asiaten und halten uns die andere Seite der Medaille vor Augen.[69] Wir können diese Geschichte nicht verleugnen, sollen aber dafür sorgen, daß sie nicht verlängert werde, sondern daß wir zur echten Friedensmission Christi zurückkehren. Wir alle haben Grund, im Blick auf die Geschichte „Mea culpa“ zu sagen, uns erneut zu bekehren und an das Evangelium des Friedens zu glauben!

6.1.3. Neu auf den Spuren des Friedens

Menschen, die über die heutige Kirchensituation jammern, möchte ich zurufen: „Was führt ihr da für düstere Gespräche? Seht ihr denn nicht, wie die Kirche, was ihre Außenbeziehungen anbelangt, in einer viel besseren Lage lebt als je seit den ersten Jahrhunderten?“ In der Tat, vor 20 Jahren sind wir dank des Papstes Johannes XXIII. und des von ihm einberufenen Konzils wie aus einem langen Tunnel herausgekommen und mit allen den Gruppen, mit denen wir so lange gestritten haben, mit den Juden, den Heiden, den Ketzern, sind wir heute verbrüdert und haben gemeinsame Dialog- und Gebetsgruppen.

Wir haben nicht bloß neu den Weg des Friedens entdeckt, sondern auch neu den vollen Inhalt des Friedens erschlossen. Schalom meint Frieden, Erfüllung, Segen, Ganz-Sein, Heil-Sein, Intakt-Sein eines Menschen und einer Gemeinschaft, konkret: leibliche Gesundheit, psychologisches Wohlsein, wirtschaftlicher Wohlstand, kurz: eine Art Wiederherstellung paradiesischen Glükkes.

Anstelle dieses umfänglichen biblischen Friedens hatten wir in der Geschichte einen Schalom-Ersatz produziert. Wir bezogen den messianischen Frieden nur noch auf das Jenseits, auf das, was nach dem Tode kommt. Wir sprachen nur von dem „ewigen Frieden“. Weil der Friede im Jetzt so wenig der messianischen Verheißung entsprach, haben wir ihn ins Jenseits verlagert und uns damit für unser Friedensengagement ein Alibi verschafft. Wir verlagerten Frieden auch in die Innerlichkeit und sprachen nur noch vom „Seelenfrieden“, der nicht gestört werden könne, auch wenn die Welt von Unfrieden strotze. Damit will ich nicht sagen, daß die Kirche in der Praxis nicht immer Caritas geübt, Kultur gefördert und gerade in den Missionen das geleistet habe, was man später Entwicklungshilfe nannte. Aber in der Reflexion, in den Katechismen, in der Erbauungsliteratur, in den Predigten stand doch das jenseitige Heil praktisch ausschließlich im Vordergrund. So sehr, daß man es sich leisten konnte, während Jahrhunderten den Sklavenhandel zu tolerieren, und nur dafür sorgte, daß die

Unglückseligen vor ihrer Fahrt über den Ozean getauft wurden, damit sie wenigstens ihre Seele retten könnten. Wir haben also Schalom individualisiert, spiritualisiert, eschatologisiert. Wir verbreiteten nur ein desinkarniertes, geschichts- und zeitloses Heil. Nicht bloß das ist es, was Jahwe, der Gott der Geschichte, seinem Volk zugedacht, und was Jesus gelehrt und gelebt hat. Jesus predigte gewiß auch Hoffnung auf den Himmel, aber zugleich griff er zu, wo immer den Menschen der Schuh drückte.

Das neue Verständnis vom integralen Heil, von Schalom im ursprünglichen und umfänglichen Sinn, ist vor allem in Lateinamerika erwacht, in jenem katholischsten Kontinent, wo die skandalöse Situation herrschte, daß sich Landbesitz und Reichtum in den Händen weniger Familien konzentrierten und die breite Masse des Volkes arbeitete, um gerade zu überleben. Die Reichen gingen schön gekleidet in die Kirche, während die Armen sich schämten, in ihren Lumpen die Kirche zu betreten. Aber die einen waren ein Dorn im Auge Gottes, während die andern dem Herzen Gottes nahestanden. Nun forderten mehr und mehr Laien, Priester, Bischöfe, daß dieser unchristliche Skandal nicht weiter dauern dürfe. Wenn man das eucharistische Brot breche, müsse auch das tägliche Brot geteilt werden. So ging man daran, die Armen zu bilden, zu konszientisieren, ihnen Mut zuzusprechen, die nötigen und möglichen Dinge zu tun, um sich aus dieser Situation zu befreien und sich ein menschenwürdiges Leben aufzubauen, wie es Gottes Plan und Absicht entspreche. Nun erwies sich Religion plötzlich nicht mehr als Opium, sondern vielmehr als Stimulus, sich in gemeinsamer Anstrengung ein besseres Leben zu gestalten.

In der Bischofssynode 1971 über Gerechtigkeit in der Welt hat man unter dem Einfluß vor allem der lateinamerikanischen Bischöfe den klassischen Satz formuliert, daß Einsatz für Gerechtigkeit ein wesentlicher Teil der Evangelisierung selbst sei, also ein ernst zu nehmendes Anliegen für jeden, der den Auftrag Jesu zur Evangelisierung der Welt ausführen wolle. Bis dahin nannte man die Arbeit in Schulen, Spitälern, Sozialwerken „Prä-Evangelisierung“. Man hielt sie als Mittel zum Zweck. Man wollte damit den Boden bereiten, auf daß die Leute dann die „eigentliche Evangelisierung“, den christlichen Glauben, annähmen. Man dürfte nicht mehr weiter so denken, denn das alles ist bereits wesentlicher Teil der Evangelisierung selbst. Wo und wie immer wir Menschen helfen, mehr zu sich selber zu kommen, ihre berechtigten Aspirationen besser zu erfüllen, ist das bereits Vermittlung des Heils, das Gott den Menschen durch Menschen schenken will; ist das bereits auch schon „christliches“ Heil, denn seit Christus Mensch geworden ist, gibt es nichts Menschliches, das ihn nichts anginge, und keinen Menschen, mit dem er sich nicht identifizierte. Die Bischofssynode 1974 über Evangelisierung in der Welt von heute hat diese Auffassung bestätigt und die beiden Dimensionen des Heiles, die transzendentale, eschatologische, wie die immanente, historische, als Komponenten des Heiles Gottes bestätigt.

Es ist erstaunlich und erfreulich, wie sehr der Sinn für „Gerechtigkeit und Friede“ (Justitia et Pax) in den letzten 15 Jahren in der Kirche gewachsen ist, seit Papst Paul VI. 1967 die entsprechende Kommission errichtet hat. Der jetzige Papst, die Bischofskonferenzen vieler Länder, der Ökumenische Rat der Kirchen, erheben immer wieder ihre Stimmen, um für den Frieden zu werben und als Voraussetzung dazu die Gerechtigkeit zu fordern. Auch die religiösen Institute haben sich von ihrer introvertierten Spiritualität ab- und der Welt zugewandt und betonen heute nicht mehr Absage an die Welt, Verneinung der Welt, Flucht aus der Welt, sondern eher „Flucht mit der Welt nach vorne“.[70] Denn sie sind sich bewußt geworden, daß sich der Vater nur denen offenbart, die ihn in den geringsten Mitmenschen entdecken wollen (vgl. Mt 25,31–31–46).

6.1.4. Die moderne Friedensproblematik und die Dritte Welt

Drei Vorbemerkungen: In diesem Zusammenhang werden wir von sozioökonomisch-politischen Fragen zu reden haben. Man kann sich fragen, was das mit Theologie zu tun habe. Seit wir, gerade von der Dritten Welt her, von „kontextueller Theologie“ sprechen, ist es klar, daß man nicht mehr eine universale Theologie wünscht, die überall gilt und nirgends richtig ankommt, sondern eine lokale, die die konkrete Situation studiert, in sie hinein das Licht des Evangeliums wirft und einem konkreten Volk Mut und Kraft gibt, diese Situation zum Besseren zu verändern. Wenn man die Berichte der Ökumenischen Vereinigung der Dritt-Welt-Theologen liest, hat man oft den Eindruck, sie handelten mehr von Politik als von Theologie. Aber vielleicht ist das der neue Weg, relevante Theologie zu betreiben.[71]

Ich sprach von „Dritter Welt“ und nicht von den „Missionen“.

Ich wiederhole, was ich weiter oben (S. 20f.) bereits ausgeführt habe: Erstens spreche ich so, weil „die Missionen" ekklesiologisch Ortskirchen sind, und es psychologisch geradezu beleidigend wirkt, noch von den „Missionen", gar von „unseren Missionen" zu reden. Missionarische Tätigkeit bleibt freilich weiterhin gültig, und ihrer müssen wir uns nicht schämen. Zweitens deshalb, weil Kirche nicht Selbstzweck ist, nicht in erster Linie sich selber auszubreiten und zu verstärken hat, sondern im Dienst der Menschheit steht, für die sie advokatorisch reden, an der sie prophetisch handeln soll, um ihr das integrale Heil zu vermitteln.

Ich könnte hier eigentlich leicht einen fertigen Text vorlegen und das Synodenpapier „Der Beitrag der katholischen Kirche in der Bundesrepublik Deutschland für Entwicklung und Frieden" vorlesen, das immer noch ein umfassendes und gründliches Dokument ist. Freilich ist in den zehn Jahren seither die Lage in der Dritten Welt um einiges düsterer geworden, wegen der grassierenden Korruption, wegen der schlimmer werdenden Welthandelsbedingungen, und nicht zuletzt wegen der Ölkrise, welche die armen Länder noch viel härter in die Zange genommen hat als uns. Obwohl diese Länder gesamthaft in den Jahren 1978–1980 den Öl-Import um ein Viertel gekürzt haben, mußten sie nichtsdestoweniger statt 2,1 nun 3,3 Milliarden Dollar zahlen.

Die Friedensproblematik in der Dritten Welt besteht vordergründig in den vielen Stammes- und Länderkriegen, die wir hier kühl zur Kenntnis nehmen, da sie fern von uns liegen. Ich hoffe aber, daß diese mit der Zeit sich ausgelaufen haben werden und die Einsicht dämmere, wie sie endlich auch innerhalb Europas gekommen ist, daß man zwischen zivilisierten Ländern nicht mehr Krieg führe. Ich sehe den Frieden in der Dritten Welt auf die Dauer nicht so sehr von der Vergangenheit her, von den noch unbewältigten Stammeskonflikten her bedroht, sondern von der immer schlimmer werdenden Zukunft her, und zwar in drei Bereichen:

Durch den globalen ökologischen Konflikt: Er wirkt sich darin aus, daß z. B. durch den Massentourismus in den tropischen Zonen die idyllische Natur, welche die Touristen anzieht, zerstört wird und z. B. in Hawai bereits 80 Prozent der ursprünglichen Vogelarten ausgerottet sind; oder durch den wirtschaftlich beiderseits „interessanten" Export von Nutzhölzern in Indonesien, Zaire und Brasilien, durch den ganze Gegenden abgeholzt werden und das ökologische Gleichgewicht gestört wird; oder durch die riesig zunehmende Verstädterung, wodurch hier ökologisch ungesunde Stadtverhältnisse geschaffen werden und dort das Land vernachlässigt wird und immer mehr Nahrungsmittel eingeführt werden müssen.

Ferner müssen wir mit den Berichten des Clubs von Rom und von Global 2000 feststellen, daß in den letzten drei Jahrzehnten brutal ausgebeutet wurde, was die Natur im Lauf der Jahrmillionen aufgebaut hat, daß sich in absehbaren Zeiten Knappheit an Erdöl und vielen anderen lebenswichtigen Rohstoffen einstellen wird, und daß dann die Großmächte um ihren Anteil streiten, wie die alten Nomaden um ihre Weideplätze, und die hilfloseren Länder der Dritten Welt noch vermehrt unter ihre Bevormundung und Wirtschaftsdiktatur nehmen werden.

Durch den wirtschaftlichen Nord-Süd-Konflikt: Seit dem ersten Entwicklungsjahrzehnt 1960–70 redete man von der Aufgabe, den Graben zwischen den reichen und den armen Ländern zu überbrücken. Statt dessen wird er immer noch breiter und durchzieht auch die armen Länder selber, indem sich dort eine kleine neureiche Schicht bildet, während das Volk weiterhin das Leben fristet. Der Nord-Süd-Dialog mit dem famosen Brandt-Bericht kommt kaum über das Feststellen der schlimmen Lage hinaus, zumal auch der Westen unter seiner Wirtschaftskrise seufzt und nicht mehr den großen Gönner zu spielen bereit ist. Die Dritt-Welt-Länder werden aber im Jahr 2000 80 Prozent der Weltbevölkerung ausmachen, und so liegt eine wachsende Rebellion der armen Massen gegen die reiche Minderheit immer mehr im Rahmen des Möglichen und Wahrscheinlichen, und der Nord-Süd-Dialog droht in einen Nord-Süd-Konflikt auszuarten.

Durch den militärischen Ost-West-Konflikt: Hier rühren wir an den Nerv der Sache. Wir sind im Lauf unseres Lebens Zeugen geworden des größten Skandals der Menschheitsgeschichte. Kaum war der Zweite Weltkrieg mit seinen Schrecken zu Ende, begann gleich das unheimliche und sinnlose Wettrüsten für den Dritten Weltkrieg. Die Menschheit gleicht einem Amokläufer, der sich daran macht, alles in Scherben zu schlagen und die Welt selber zu vernichten. Das Stockholmer Internationale Friedensinstitut machte 1980 bekannt, daß rund 400.000 Wissenschaftler, 40 Prozent aller Wissenschaftler der Welt, an der Entwicklung neuer

Waffen arbeiten, daß für militärische Forschung jährlich 25 Milliarden Dollar aufgewandt werden, viermal mehr als für die medizinische Forschung. Wir wissen, daß die USA für 1983 mit 285 Milliarden Dollar das größte Militärbudget der Weltgeschichte über die Runden laufen ließen, und das alles, nachdem die USA und UdSSR bereits an die 60.000 Atom-Sprengköpfe auf Lager haben, was einer Million Bomben von Hiroshima entspricht, womit die UdSSR jede amerikanische Stadt mit über 100.000 Einwohner 28mal, die USA umgekehrt jede russische Stadt 34mal zerstören könnten, wofür die Amerikaner das neue Wort „overkilling“ geprägt haben.

Man könnte sagen, das sei ein Problem der zwei Supermächte, die auf diese Weise vielleicht den Untergang des Abend- und des Morgenlandes herbeiführen. Aber in der gleichen Zeit hat man auch die 110 jungen Nationen, statt sie bloß mit einer Polizeimacht zu versehen, militärisch aufgerüstet und ist so mitverantwortlich für die 135 Kleinkriege, die in den 39 Jahren seit dem Zweiten Weltkrieg in der Dritten Welt ausgebrochen sind, wozu sie die Toten liefern und wir die Waffen. Wir haben also auch jene armen Länder in dieses absurde System hineinverwickelt, über das man nicht bitter genug denken kann. Hier einige Beispiele des Wahnsinns in Zahlen:

– die Ausgaben für Militärbudgets auf Weltebene beliefen sich 1956 auf 152 Milliarden Dollar, und 1980 (mit dem gleichen Dollarwert berechnet) auf 700 Milliarden Dollar. Daran hatte die Dritte Welt 1971 einen Anteil von 9 Prozent, 1980 aber von 16 Prozent;

– die Gesamtzahl der militärisch beschäftigten Personen ist doppelt so hoch wie die Gesamtzahl der Lehrer, Ärzte und Krankenpfleger;

– um diese Militärausgaben zu bezahlen, muß jeder Bürger in seinem Leben drei bis vier Jahreseinkommen opfern;

– um den Preis eines modernen Panzers könnte man Schulzimmer für 30.000 Kinder bauen, und um den Preis eines Unterseebootes des Typs Trident den Unterricht für 16 Millionen Kinder in Entwicklungsländern bezahlen.[72]

Man muß dem Vatikan vollständig recht geben, wenn er in einem Dokument über die Abrüstung an die UNO ausführte, dieser Rüstungswettlauf, auch wenn er unter dem Titel der legitimen

Selbstverteidigung geführt werde, stelle einen Unsinn dar, da die Abschreckung bis zur Erpressung als Norm im Verhältnis zwischen den Nationen verwendet werde; er stelle auch einen Raub dar, eine Zweckentfremdung des Geldes, da die astronomischen Summen, die für die Waffen gebraucht werden, von den Verwaltern für die Schaffung besserer Überlebenschancen für die Armen bestimmt werden müßten. Eine solche Verrücktheit werde vor der Geschichte nicht bestehen können.[73]

Wir werden uns noch fragen müssen, was wir in dieser scheinbar hilflosen und aussichtslosen Situation trotzdem tun sollen, um eine heilere und friedvollere Welt zu schaffen.

6.1.5. Aufbau einer Weltgemeinschaft des Friedens

Zuvor möchte ich noch eine Utopie des Friedens vorstellen, auf die hin alle Kräfte der Geschichte tendieren. Im größeren geschichtlichen Zusammenhang müßten wir doch so sagen: Durch die Jahrhunderttausende hindurch wanderten die Menschen als verstreute Nomadengruppen über die dünn besiedelte Erde und hatten nur sporadisch kleine Gefechte untereinander wegen Vieh- und Frauenraubes und wegen der Weideplätze. Der Clan bedeutete damals die Welt.

Seit ungefähr 10.000 Jahren ging man über zur Seßhaftigkeit und zum Ackerbau, dann zur Stadtkultur, dann zur Nationenbildung. Jetzt wurde die Nation die Welt, mit der man sich identifizierte. Die Geschichte stand bis vor kurzem im Zeichen der Nationalismen.

Diese Phase der Nationalismen scheint heute unter dem Druck der Verkehrs- und Nachrichtentechnik und der politisch-wirtschaftlichen Interdependenz in die neue und endgültige Phase des Universalismus übergehen zu müssen. Die Helden der Zukunft werden sich mit der Menschheit identifizieren und sich für sie engagieren. Denn wenn nicht mehr Einheit und Brüderlichkeit zustande kommt, drohen wir alle im Nukleartod unterzugehen. Wir sind verurteilt zur Einheit, ob wir wollen oder nicht.

Die Heilige Schrift gibt uns eine tiefere Deutung und betont uns, daß wir zur Einheit berufen sind. Wir kehren zurück zur ersten Liebe Gottes, zu den ersten 11 Genesis-Kapiteln, wo Gott immer mit der Menschheit als ganzer handelte. Es steht dort 539mal das Wort „der Mensch“ als Kollektiv, die Menschen, die Menschheit.

Dann wird mit Kapitel 12 gleichsam wie mit dem Zoom aus dem gesamten Menschheitshorizont ein Mensch ausgewählt und in den Vordergrund gerückt, Abraham. Seither verläuft die offizielle Heilsgeschichte für 3500 Jahre lang nur noch im Rahmen von Abraham und seiner Nachkommenschaft, von Mose und seinem Volk, von Jesus und seiner Kirche.

Ich habe schon im geschichtlichen Rückblick angedeutet, wie der Gedanke der Auserwählung zu Mißbräuchen der Abkapselung gegen die anderen und der Verurteilung der anderen führte. Hier wäre nun beizufügen, daß wir heute mit besserer ethnologischer Kenntnis das Phänomen des Ethnozentrismus entdecken, daß jeder Stamm praktisch überzeugt ist, im Zentrum der Welt zu leben, durch seine Religion mit seinem Gott in besonderer Beziehung zu stehen, also ein besonderes Volk zu sein, ein Volk Gottes zu sein, impliziert oder explizit ein auserwähltes Volk zu sein.

Wir dürften heute so weit sein, kühn zu bestätigen, daß Gott tatsächlich alle seine Völker liebt, daß wir Christen nicht einen Monopol-Fall, sondern einen Modell-Fall für Gottes Liebe zu allen Völkern darstellen. So wird das bisher gültige eurozentrische und ekklesiozentrische Weltbild abgelöst durch das schöpferisch neue oder auch ursprüngliche universale Weltbild. So wird die Klammer des auserwählten Volkes wieder geschlossen und wir kehren zurück zum „Menschen", zur Menschheit, oder wir schreiten voran zur letzten und endgültigen, aber von Anfang an geplanten Phase, wo es offenbar wird, daß tatsächlich alle Völker auserwählte Völker sind, oder daß es nur noch ein auserwähltes Volk gibt, die eine Menschheit, innerhalb der die Christen die besondere Offenbarung und den besonderen Auftrag haben, Sprecher, Interpreten, Pioniere der Menschheit für das Heil und für den Frieden zu sein.

So gesehen hat die Mission der Kirche noch eine lange und faszinierende Zukunft, und wir haben uns nun zu fragen, wie wir unsere Schritte in diese Zukunft beschleunigen können.

6.2. Die Praxis des Friedens

Wenn die Jünger Jesu im Auftrag des Meisters eine Sendung zum Frieden in einer friedlosen Welt auszuführen und dabei, in Kohärenz zwischen Inhalt und Methode, auf friedvolle, gewaltlose

Weise vorzugehen hatten, dann ist mit diesem Prototyp der Evangelisierung auch schon unser Tun umschrieben. Ich möchte im folgenden einige Thesen aufstellen zum Verständnis und zur Verwirklichung der Mission als Friedensdienst.

6.2.1. Der Missionar als Botschafter des Friedens

Er ist die Schlüsselfigur in der Vermittlung des Friedens Gottes an die Welt. Von ihm hängt es ab, ob Evangelisierung geschieht, d. h. ob die Froh- und Friedensbotschaft des Evangeliums an jene neuen Menschengruppen gelangt, die diesen Frieden noch nicht ausdrücklich kennen. Er muß überall „Schalom" sagen, nicht bloß als Grußwort, sondern sein Erscheinen in einem konkreten Milieu soll als existentielle Erfahrung des Friedens empfunden werden. „Sein Friede" ist eine derartige Wirklichkeit, daß er, falls jene Menschen nicht empfänglich sind, wieder zum Missionar zurückkehrt (Mt 10,13).

Um diesen Frieden ausstrahlen zu können, muß der Missionar selber zuerst von ihm erfaßt und erfüllt sein. Nur Evangelisierte können evangelisieren, und alle Evangelisierten müssen evangelisieren. Der Missionar verfügt heute nicht mehr über die „Autorität des weißen Mannes". Aber er verfügt über ein Geheimnis, das alle Zeiten überdauert und das auch heute noch glaubwürdig ist, ob der Missionar nun weiß oder braun oder schwarz sei. Durch ihn spricht der Geist Gottes, der Geist der Schöpfung, der Geist Jesu, der Geist der Erlösung und der neuen Schöpfung. Freilich muß er dazu für diesen Geist offen sein und an dessen fortwährende Inspiration glauben. Im Gebet wird er immer wieder von diesem Geist auftanken. In diesem Geist wird er in seinem Selbstwertgefühl nie erschüttert werden und bei aller menschlichen Unsicherheit, bei allem „Fürchten und Bangen" (1 Kor 2,3), von einer inneren „dynamis" erfüllt sein, die unerschöpflich und unverwüstlich ist, stärker als eine Nuklearkraft. Sie wird ihn in allen Schwierigkeiten immer wieder aufrechterhalten.

Auf diese Weise bringt er jenen Menschen nicht eine Lehre, ein System von Wahrheiten, sondern ein Lebenszeugnis, einen alternativen Lebensstil, der glaubwürdig und anziehend wirkt und immer wieder Sympathisanten und Nachfolger finden wird. Auf diese Weise wird er nicht nur bei den „noch nicht Christen" Zugang finden, sondern auch in der konstituierten Ortskirche angenommen sein. Er lebt ja heute nicht mehr in „kirchlichem Niemandsland" wie früher. Er wird heute nicht mehr einfach „gesandt" wie früher, sondern er muß heute von einer Ortskirche „eingeladen" sein, die ihn noch wünscht und braucht. Es wird sehr von ihm selber abhängen, ob er in dieser Ortskirche noch willkommen geheißen wird oder nicht. Seine Spiritualität ist also nicht bloß Vorbedingung seines guten Wirkens, sondern seiner eigenen missionarischen Existenz.

6.2.2. Der Ort der missionarischen Verkündigung sind heute alle Kontinente

Friede ist unteilbar geworden. Es gilt, ihn zu verstärken (pastorale Tätigkeit) und ihn zu neuen Menschen zu bringen (missionarische Tätigkeit), in allen drei Welten, in allen sechs Kontinenten. Früher war die Welt zweigeteilt in hier Kirche, dort die Missionen. Heute gibt es überall Kirche, aber auch überall Kirche in missionarischer Situation. Wir haben schon eingangs (S. 17f.) über diese Situation nachgedacht. Wo immer Gruppen von Menschen sich befinden, die fern sind von Christus, da ist missionarische Situation gegeben, damit auch missionarische Herausforderung. Und wer immer bewußt die Grenzen der christlichen Gemeinde überschreitet und evangelische Werte an jene Christusfernen heranzubringen versucht, der ist ein Missionar, unabhängig davon, ob das in Afrika, Asien oder Europa geschehe, unabhängig davon, ob er das Evangelium an „noch nicht Christen" oder an „nicht mehr Christen" heranbringe. Geographische Distanz wirkt also nicht mehr konstitutiv für missionarische Tätigkeit, sondern soziologisch-ekklesiologische Distanz.

Ich glaube, es sei einer der Hauptimpulse, welche die Missionsinstitute ihrer Heimatkirche verleihen sollen, daß sie für diese missionarische Herausforderung offen werden. Ferner sollen sie, ohne Kräfte aus den Jungen Kirchen zurückzuziehen oder sie ihnen vorzuenthalten, als Animatoren für diese Herausforderung tätig sein und vor allem die Laien erwecken, damit sie ihre Umgebung evangelisieren. Wir stehen hier noch vor völligem Brachland. So sehr sind die meisten unserer Christen introvertiert und nur für ihre Seele besorgt. Es braucht eine neue Inspiration des Geistes, damit sie jenen Menschen die Botschaft Christi bringen mit neuer Sprache und neuer Methode. Ich denke, daß z. B. Lehrer und Lehrerinnen großartige Gelegenheit hätten, mit den Eltern ihrer Schüler ins pädagogische und religiöse Gespräch zu kommen. Auch Mitglieder von Basis-Gruppen könnten kirchenferne Freunde und Bekannte einmal einladen. Diese könnten so eine neue Art von Kirche entdecken und würden sich vielleicht von ihr wieder überzeugen lassen. Bei den vielen Gruppen der neokatechumenalen Bewegung in Italien z. B. sind z. T. die Hälfte der Mitmachenden solche, die früher jahrelang nicht mehr in die Kirche gingen.

Wenn wir von christusfernen Menschen reden, will das nur sagen, daß diese Christus fern stehen, nicht aber, daß auch Christus ihnen ferne sei. Christus und sein Geist sind allen Menschen nahe, sowohl den Christen wie den „noch nicht Christen" und den „nicht mehr Christen". Christus war wiederholt den Jüngern voraus, wenn sie mühsam rudernd ans andere Gestade gelangten. So ist er immer allen Missionaren voraus, wenn diese zu neuen „Christusfernen" gelangen. Dieser Umstand ist Grund zur Hoffnung, daß unser Bemühen nicht fruchtlos bleibe. Wir haben zu versuchen, jene Menschen, in denen Christus schon immer geheimnisvoll wirkt, zur Vertrautheit mit dem Geheimnis Christi zu führen (Redemptor hominis 10).

Für die Friedensmission in der Dritten Welt werden wir westliche Kirchen in Zukunft nicht mehr viele Berufe zur Verfügung stellen können. Die Statistiken weisen nach, daß von den 7845 Missionaren aus Deutschland 58 Prozent über 60 Jahre alt sind und wenige junge nachfolgen.[74] Wir gehen durch eine ausgeprägte Missionskrise, müssen aber gleich beifügen, daß erstens diese Krise ausgesprochen ein Phänomen der westlichen Kirche ist; gesamtkirchlich gesehen ist die missionarische Tätigkeit heute vervielfacht, da nicht mehr bloß der Westen in den anderen Kontinenten missioniert, sondern alle Ortskirchen aller Kontinente heute missionarisch tätig sind. Und zweitens ist zu sagen, daß diese unsere Missionskrise wohl eine providentielle Notwendigkeit war, um unser Missionsmonopol zu brechen und den Jungen Kirchen Raum und Notwendigkeit zu geben, ihre eigene Verantwortung wahrzunehmen und ihre eigenen Kräfte zu entfalten. Das ist nicht Resignation ins Unvermeidliche, sondern, ich glaube, prophetische Deutung neuer geschichtlicher Situationen.

6.2.3. *Unser Friedensdienst besteht aus Verkündigung des Evangeliums und Veränderung der Welt, aus Proklamation und Transformation*

Wir haben schon gesehen, daß die zwei Dimensionen des Heils, die transzendentale und die immanente, gemeinsam den tiefsten Aspirationen des Menschen entsprechen und man keine vernachlässigen oder gar leugnen darf, ohne sich am Menschen und damit an Gott zu vergehen. Die ausgesprochen religiöse, jenseitige, endgültige Dimension hat eine Absolutheit, die der innerweltlichen Dimension nicht zukommt. Insofern wird sie immer aktuell bleiben. Ohne Frieden mit Gott wird es keinen echten Frieden mit den Menschen geben. Bekehrung des Herzens bleibt immer Voraussetzung für eine bessere Welt. Sonst werden höchstens Bühne und Schauspieler des Theaters durch endlos sich ablösende Revolutionen verändert, aber die Menschen bleiben auf dieselbe Weise brutal, egoistisch und ausbeuterisch. „Es gibt keine neue Menschheit, wenn es nicht zuerst neue Menschen gibt" (Evangelii nuntiandi 18). Man wird darum immer von Glauben und Gebet, von Kirche und Sakramenten, von Tod und ewigem Leben reden dürfen und müssen, wie man das schon immer getan hat.

Neu aber kommt hinzu die Betonung des innerweltlichen Heils, das eine größere Dringlichkeit und Unmittelbarkeit hat als das transzendentale Heil. Horizontalismus soll deshalb nicht als Konkurrenz zum Vertikalismus verstanden werden, sondern als dessen notwendige Ergänzung, um die Synthese und die Harmonie herzustellen. Wir haben dafür zu sorgen, daß im Religionsunterricht in unserer und in der Dritten Welt den jungen und erwachsenen Christen aufgeht, daß Christsein auch heißt, sich für Gerechtigkeit einzusetzen und nicht zu dulden, daß den Armen – sie sind Christus! – Unrecht angetan werde.

Das heißt, daß wir als Missionsinstitute uns nicht mehr bloß mit Almosen-Lösungen zufriedengeben dürfen, sondern daß wir mit allen Mitteln der Konszientisierung, auf Kanzeln, in Vorträgen, durch die Presse, dafür sorgen, daß unsere Mitbürger, das gute Volk wie die Verantwortlichen in Wirtschaft und Politik, die Pflichten von Gerechtigkeit und Frieden ernst nehmen. Der Nord-Süd-Dialog darf nicht seiner Stagnation überlassen bleiben. Wir müssen den Berichten „Global 2000" und „Ein Programm fürs Überleben" (Brandt-Kommission), die wenig Echo gefunden haben, unsere Stimme leihen und auch dafür sorgen, daß „Populorum progressio“ nicht der Vergessenheit anheimfalle. Wir dürfen den Menschen keine Ruhe lassen. Sie dürfen nicht mit gutem Gewissen zu ihrer Tagesordnung übergehen. Wir sollen nicht Hemmungen haben, mit Jugendgruppen auf die Straße zu gehen und für die ökologischen Anliegen, für alternativen Lebensstil, für Gerechtigkeit in der Welt zu werben.

Wir müßten die Idee verbreiten, daß nicht nur die Entwicklungsländer ihren Rückstand aufholen sollen, sondern daß zu diesem Zweck auch die industrialisierten Nationen ihren Vorsprung abbauen sollten, und zwar aus ökologischen Gründen, weil dieser Raubbau an der Natur nicht weiter praktiziert werden darf; aus psychologischen Gründen, weil die Hochstandard-Länder die größte Rate von psychologisch unausgeglichenen und frustrierten Menschen und damit auch von Ehescheidungen und Selbstmorden haben; aus Gründen der Solidarität, um den Graben zwischen den reichen und den armen Völkern doch endlich zu überbrücken. Das Buch von A. Tévoédjiré, „Die Armut, der Reichtum der Völker“,[75] kann uns dazu Inspirationen geben. Er meint, Elend sei des Menschen unwürdig, sei mit allen Mitteln auszumerzen, aber eine bescheidene, fröhliche Armut sei der Weg, um allen Menschen wieder mehr Lebensfreude zu schenken.

Friedensdienst als Transformation will auch heißen, daß in der Dritten Welt, unter Anleitung der Missionare und der Ortskirchen, die Christen aus christlicher Haltung heraus zu den besten Animatoren der Entwicklungsarbeit („Nation building“) werden; daß sie nicht warten, bis die Regierung oder der Westen etwas für sie tun, sondern daß sie Hand anlegen und in gemeinsamer Arbeit das tun, was sie tun können, und daß sie darin ihre „Heilsgeschichte“, ihren „Auszug aus Ägypten“ sehen und tatsächlich glauben, daß Gott selber sie aus Unwissenheit, Krankheit und Armut befreien und zu seinem besseren Leben, einem „gelobten Land“ führen will.

6.2.4. Unser Friedensdienst kann nicht alle Konflikte vermeiden, aber wird sie gewaltlos bewältigen

Der Prozeß der Transformation der Welt wird nicht ohne Konflikte ablaufen. Spannungen zwischen verschiedenen Charakteren, Mentalitäten, Standpunkten, Interessen gehören zum dialektischen Ablauf der Geschichte. Wir sind in diese Geschichte hineingesandt und haben uns darin zu verhalten so einfältig wie Lämmer und so klug wie die Schlangen (Mt 10,16). Man kann auch sagen: Wir haben zu handeln mit dem prophetischen oder/und mit dem diplomatischen Charisma.

Im Grunde müßten diese beiden Charismen im einzelnen Menschen im richtigen Maß gemischt sein, sind es aber oft nicht. Jedes hat seine Eigenberechtigung und seine Eigengesetzlichkeit. Der Diplomat, im guten Sinn, sucht mit Lächeln und Liebe die Wahrheit zu sagen. Er weiß, daß man mit einem Tropfen Honig mehr Wespen fängt als mit einem Faß voll Essig. Die Sympathie, die man ausstrahlt, das Vertrauen, das man dem anderen zum voraus schenkt, tragen in sich eine eigene Macht der Versöhnung und der Überzeugung. Die ganze Psychologie legt einem dieses Verhalten nahe. Wer diese Gabe hat, soll sie ausnützen und auf diese Weise mit den Verantwortlichen in Welt und Kirche reden.

Der Prophet hingegen schlägt einen anderen Ton an. Er klagt, wie Johannes der Täufer, die Sünden und die Ungerechtigkeiten an und stellt den Unbußfertigen das Gericht Gottes und der Geschichte in Aussicht. Er sieht das Unrecht in der Welt so groß, daß er nicht mehr lächelnd, sondern nur zürnend darüber reden kann. Er weiß, daß seine Rede nicht ankommt, daß er Mauern der Opposition errichtet, daß er das Leben riskiert. Das macht ihn zum Propheten, daß er trotzdem redet und glaubt, daß seine Sache nach und durch seinen Tod vorankommt. In Jesus finden das Schicksal und der Sieg des Propheten ihre klassische Bestätigung.

Auch heute gibt es sie zu Hunderten, zu Tausenden, die für ihre Sache, für die Gerechtigkeit, für Schalom prophetisch reden und dafür den Tod erleiden. Wir wissen heute, daß es in den ersten Jahrhunderten nicht so viele Martyrer gab, als die apologetischen Schriftsteller es glauben machten. Aber heute gibt es viel mehr Martyrer, als man weiß, Martyrer nicht für die Orthodoxie, für einen Glaubenssatz, sondern für die Orthopraxis, für Leben gemäß dem Glauben. Religionsfreiheit wird heute, grundsätzlich, überall als Menschenrecht anerkannt. Dafür, daß einer sein Credo aufsagt, wird er nicht mehr getötet. Wenn er aber sein Credo in den Alltag umsetzen will, auf Grund seines Credos die Welt verändern will, da riskiert er Tortur und Tod. Und trotzdem dürfen wir uns nicht mehr mit der harmlosen, ungeschichtlichen, individualisierten Religionsausübung zufriedengeben.

Der Prophet wird also die Gewalttätigen anklagen, aber mit einer gewaltlosen Methode. Auch wenn man Gewaltanwendung zum Zweck der Notwehr und zur Verteidigung letzter Menschenrechte anerkennen kann, auch wenn man für jene, die in solcher Situation in letzter Gewissensentscheidung Gewalt anwenden, große Achtung haben soll, so wird der evangelische Prophet doch in 99 von 100 Fällen eher der Gewalt erliegen, als selber zur Gewalt greifen. Dadurch wird er die Eskalation der Gewalt abbrechen, ad absurdum führen, und den endgültigen Sinn der Geschichte glaubhaft machen.

Für den Missionar stellt sich konkret die Frage, ob er als Gast in einem anderen Land, in einer anderen Kirche, den Propheten spielen soll. Grundsätzlich müßte man sagen, nicht, denn er riskierte nur, ausgewiesen und mundtot gemacht zu werden. Der Missionar sollte höchstens suppletorisch das tun, falls die Ortskirche aus Konformismus, Diplomatie oder Angst das nicht tut. Wir denken an das Beispiel der Weißen Väter, die damals als Gruppe aus Protest Mosambik verlassen haben, weil die portugiesischen Bischöfe aus Chauvinismus und aus finanziellem Interesse völlig zum repressiven System standen.

6.2.5. Die Proklamation unserer Friedensbotschaft wird in „dialogischem Kerygma" erfolgen

„Dialogisches Kerygma" scheint die Quadratur des Kreises zu sein, ein Widerspruch in sich selbst. Und doch muß es zusammengehen.

Kerygma meint die überzeugte, selbstsichere, heroldische Verkündigung der Botschaft. Da diskutiert man nicht, fragt nicht, hört nicht, sondern lehrt. Wir haben vom Evangelium her den Auftrag, die Botschaft vom gekreuzigten und auferstandenen Herrn zu verkünden, ob gelegen oder ungelegen (2 Tim 4,2). Wer nicht glaubt, wird sich selber das Gericht zuziehen.

Die Missionare haben während Jahrhunderten auf diese Weise verkündet und entsprechend Donareichen gefällt, Opferstätten zerstört, mit Kultdienern anderer Religionen Streitgespräche geführt. Sie waren überzeugt, daß Jesus Christus die einzige und volle Wahrheit sei und daß sie das Monopol auf ihn hätten. Man war auch auf gleiche Weise mit den Häretikern und Schismatikern verfahren, deren Länder ebenfalls der Propaganda-Fide-Kongregation unterstellt waren.

Heute sind wir gegenüber dieser antiökumenischen Vergangenheit bedrückt. Wir atmen endlich auf und nennen die Häretiker nun „getrennte Brüder“ und die Heiden „Gläubige anderer Religionen“. Wir nehmen an, daß der erhöhte Herr und sein Geist schon immer auch in anderen Kirchen und Religionen gegenwärtig waren und jenen Menschen Gnade und Heil, Propheten und Inspirationen schenkten.

So wird plötzlich der Dialog vordringlich. Bevor wir lehren, müssen wir lernen; bevor wir reden, müssen wir hören; bevor wir Christus verkünden, müssen wir ihn als bereits Gegenwärtigen anerkennen. Der Dialog hat seine eigenständige Motivierung. Er soll nicht bloß als Hintertürchen zur Bekehrung verstanden werden. Es ist in sich gut und schön und gerechtfertigt, die Menschen anderer Religionen in ihrem Gewissen zu achten, mit ihnen zu reden und zu beten, auch ihre heiligen Bücher zu lesen und in dialogischem Austausch auch unser Evangelium anzubieten – und alles andere Gott zu überlassen.

Dialog und Kerygma haben also beide ihre volle Berechtigung. Wie sie zusammengehen, wie sie in einer Synthese gesehen werden können, dazu fehlt uns leider noch das klassische Werk. Vielleicht verhalten sie sich so geheimnisvoll wie die Allwirksamkeit Gottes und die Freiheit und Verantwortung des Menschen. Wir können nur in Ehrfurcht vor der Freiheit Gottes und der Freiheit des Menschen stehen, auf die Zeichen der Zeit achten und im Geiste erkennen, wann und wo wir mehr vom Kerygma oder mehr vom Dialog praktizieren sollen.

Wir sollen also die Welt im Lichte der Liebe Gottes interpretieren und sie mit unserem mutigen Engagement verändern. Dann wird es immer Menschen geben, die sich für unser Tun interessieren und dann vielleicht auch Jesus lieben und getauft werden möchten. Das geschieht nicht mehr, damit sie „ihre Seele retten“ können, als ob das vorher nicht möglich gewesen wäre, sondern um Vollmitglied der Kirche zu werden und an ihrer Mission zum Heil der Welt teilzunehmen.

6.2.6. Unser Friedensdienst erfordert von uns eine klare Stellungnahme gegenüber der Rüstungsfrage

Ich weiß, daß ich hier ein heißes Eisen anrühre. Ich weiß, daß das Zentralkomitee der Deutschen Katholiken 1981 eine Stellungnahme zur aktuellen Friedensdiskussion veröffentlichte und darin zwar vom „Wettlauf des Wahnsinnes" redete, aber dann nach langen Überlegungen zum Schluß kommt: „Politische Vernunft und sittliche Verantwortung für das Gemeinwohl erfordern die Herstellung und Erhaltung des Gleichgewichts der Kräfte."[76]

Bei allem Respekt für diese Erklärung glaube ich, daß man in politischen Fragen mit gutem Gewissen verschiedener Meinung sein darf. Die neuen Verlautbarungen der Bischofskonferenzen von Deutschland, Österreich, der Schweiz und vor allem der USA haben diesbezüglich nuancierter und mutiger gesprochen. Im Grunde sagen sie, daß der Friede durch menschliche Vereinbarungen gesichert werden müsse, daß darum das „Gleichgewicht des Schreckens" des Menschen unwürdig sei und höchstens (!) vorläufig (!) als kleineres Übel (!) toleriert (!) werden könne. Seit den Zeiten der Römer huldigte man, scheint's bis heute, dem Prinzip: „Si vis pacem, para bellum" (Wenn du Frieden willst, rüste zum Krieg). Dabei hat sich dieses Prinzip ständig ab absurdum geführt, denn seit eh und je hat es immer Kriege gegeben. Man sollte es doch einmal mit dem neuen Prinzip wenigstens versuchen: „Si vis pacem, para pacem" (Wenn du Frieden willst, rüste zum Frieden). Es muß doch schließlich jemand aus dieser sinnlosen Spirale der Aufrüstung, die sonst nie ein Ende finden wird, ausbrechen.

Wir Christen sollten doch andere als bloß politische Überlegungen in die Diskussion einbringen. Ich meine, wir alle erschaudern über die Möglichkeiten eines Nuklearkrieges. Wir haben gar keine Garantien, daß das, was dem unberechenbaren Menschen möglich ist, nicht auch eines Tages Wirklichkeit werde. Wir sind an einem Punkt angekommen, wo es keinen Krieg mehr geben darf; wo die Gewaltlosigkeit der Bergpredigt nicht mehr bloß für Idealisten gelten kann, sondern zu einem notwendigsten Postulat der Realpolitik werden muß. Diese Gewalt, wie sie auf beiden Seiten schußbereit aufgefahren ist und gegenwärtig durch die Nachrüstung der NATO und die Nach-Nachrüstung der UdSSR noch verstärkt wird, möchte man am liebsten in den Boden hinein verwünschen.

Wer sagt, solche Überlegungen seien rot inspiriert, der lese doch „Gaudium et spes" N. 79–81, und die ganze Dokumentation der Kirche, die im schon erwähnten Text „Der Heilige Stuhl und die Abrüstung" enthalten ist. Wir Christen müssen als Christen zusammen mit den Wissenschaftlern, mit der Jugend, mit den

Andersgläubigen auf die Straße gehen und auf die Regierungen Druck ausüben, damit sie endlich ernste Schritte der Abrüstung unternehmen. Wenn man kein Recht hat, H-Bomben fallen zu lassen, hat man auch kein Recht, solche herzustellen! „Man kann nicht Gott dienen und dem Militarismus" (Dorothee Sölle). Aus verschiedenen Erhebungen in den USA geht hervor, daß orthodoxe Christen kriegsbereiter sind in ihren Ansichten als Nichtchristen, mehr Kernwaffen wünschen, mehr den Krieg als Mittel zur Konfliktlösung sehen, und zwar die Katholiken mehr als die Protestanten, und die Protestanten mehr als Ungläubige.[77] Wie soll sich das mit unserem Evangelium des Friedens reimen?

Wir müßten vor allem für die schöpferische Alternative plädieren, denn selbst militärische Abrüstung bleibt wertlos, wenn sie nicht gepaart wird mit moralischer Aufrüstung, wenn nicht den Menschen geholfen wird, eine neue Lebenserfahrung zu machen im Rahmen eines sinnvollen Lebensentwurfes. Wir müßten darum die ganze westliche Welt ermutigen, ihre Intelligenz und ihre Technik, ihr Geld und ihren Stolz darin zu investieren, Entwicklungsprojekte großen Stils durchzuführen, die Bewässerung der Sahara, die Ausrottung der tropischen Krankheiten, die Erhaltung der Natur. Man könnte jenes Prinzip der Römer nochmals ummodeln und sagen: „Wenn du Frieden willst, kämpfe für Gerechtigkeit."

Solange die Menschheit nicht den Mut hat, das Steuer herumzureißen und solchen Prioritäten entgegenzusegeln, geht sie den Weg des Abgrundes und kann früher oder später, wie immer unerwartet, wie vom Blitz, von der Katastrophe überrascht und vernichtet werden. Die Kirche kann als Anwalt des Friedens nicht laut genug davor warnen, solange es nicht zu spät ist.

6.2.7. Unsere konkrete Ausgabe ist es, „den Weg des Friedens" zu gehen

Inmitten dieser friedlosen Zeit ermahnt uns die Heilige Schrift, daß mit der messianischen Zeit der Augenblick gekommen sei, „unsere Schritte zu lenken auf den Weg des Friedens" (Lk 1,79). Wenn wir die Hoffnung auf Frieden nicht aufgeben wollen, müssen wir die Aufgabe des Friedens in kleinen Schritten vollziehen.[78]

Wir müssen in unserem eigenen Alltag, im Umgang mit den Mitmenschen, darlegen, daß Aggression verlernbar ist, daß Rechthaben nicht der einzig richtige Standpunkt ist, daß wir nicht

Diskrimination machen zwischen Weißen und Farbigen, zwischen Frommen und Atheisten, zwischen Reichen und Armen, zwischen „rechts" und „links". Leider tragen „Politik" und Weltveränderung leicht bei zur Polarisation und können eine Gemeinschaft spalten. Die einen sehen Gewalt und Ungerechtigkeit nur im Osten, die anderen nur im Westen. Sachlichkeit, Ideologiefreiheit wäre der erste Schritt zum Frieden.

Wir müssen zusammen mit anderen Kreisen die Eskalation gewaltfreier Initiativen und Aktionen fördern. Wir haben noch eine große Konszientisierungsarbeit zu leisten und die Ideen und Einsichten, die wir jetzt gewonnen haben, in breitere Kreise zu tragen.

Wir dürfen auch mit Genugtuung feststellen, daß die Idee der Gerechtigkeit und des Friedens (Justitia et Pax) doch stark im Vormarsch ist, daß eine neue Spiritualität sich Bahn bricht, wo nicht mehr so sehr von Demut und Gehorsam und Selbstheiligung die Rede ist, sondern von Mut, Risiko, Engagement, Veränderung der Welt. Auch die Moraltheologie kennt nicht mehr bloß die individuellen Tugenden und Sünden, sondern betont sehr die Pflichten des Christen in bezug auf Ökologie, Frieden und Gerechtigkeit in der Welt.[79] Es gibt auch eine eigene Wissenschaft vom Frieden, die Irenologie, die heute an 78 Instituten und in 483 Zeitschriften und Veröffentlichungen betrieben wird. An mehr als 500 höheren Schulen werden entsprechende Vorlesungen gehalten. Das ist noch keineswegs vergleichbar mit dem, was für den Krieg getan wird. Aber die Gegenkräfte erwachen immerhin, und aus dem Schneeball kann vielleicht und hoffentlich – auch dank unseres Mitwirkens – eine Lawine werden.

Gewisse Kreise werden uns entgegenhalten, der Papst ermahne immer wieder die Priester und Ordensleute, sich nicht in Politik einzumischen. Demgegenüber wäre zu sagen, daß der Papst selber sehr „Politik" macht. Man denke an seine Angelus-Ansprachen und an seine offiziellen Reden vor der UNO, vor den diplomatischen Corps bei seinen Reden in verschiedenen Ländern, seine Interventionen bezüglich Polens usw. Gemeint ist offenbar, daß man als Vertreter der Kirche nicht Parteipolitik betreiben und sich auf die eine Seite gegen die andere stellen solle, ferner, daß man nicht mit Waffengewalt seine politischen Ziele erkämpfe, nicht aber, daß man sich nicht um die Probleme der Gerechtigkeit und des Friedens kümmere.

6.2.8. Im Einsatz für den Frieden bauen wir auf die eine Kirche für die Welt

Wenn wir früher von der einen Kirche sprachen, meinten wir vor allem die Einheit der Kirchenstruktur und der juridischen Unterordnung unter Rom. Heute erkennen wir besser, daß sich diese Einheit nicht mit menschlichen Strukturen begründet und garantiert, sondern im Glauben an den einen Herrn Jesus Christus, in der einen Taufe, in der gemeinsamen Liebe, in der einen Sendung, nämlich im Dienst des Friedens für die Welt.

Kirche hat heute nichts mehr mit europäischer Hegemonie zu tun. Sie lebt heute in allen sechs Kontinenten. Sie hat seit 1970 ihr Schwergewicht bereits in die Dritte Welt verlagert. Die Kirche hat also überall mitzureden für den Frieden, und wir haben alles Interesse, die Kirchen gegenseitig zu stärken und im Austausch unserer Werte zur Koinonia (Gemeinschaft) der einen Kirche zu werden.

Dieser Austausch geschieht auf verschiedenen Stufen. Unsere Geldhilfe, die beachtlich und die wichtig ist, würde ich trotzdem auf der untersten Stufe ansetzen, weil sie nur einspurig ist und sich zwischen Spendern und Empfängern leicht gestörte Verhältnisse entwickeln können, und weil Geld trotz aller Nützlichkeit nicht an den Kern der Kirchlichkeit herankommt.

Auf der zweiten Stufe sähe ich den Austausch von Personal. Hier ist bereits die Phase der Einseitigkeit überwunden. Es gibt heute Missionare von und zu allen sechs Kontinenten. Wenn auch immer mehr Länder keine Visa mehr geben für Missionare und mehr und mehr Ortskirchen nicht mehr starken Bedarf haben an neuen Missionaren, so wird doch Gott immer den Missionsberuf bestimmten Menschen geben, und solche werden immer „Missionssituationen" finden, in denen sie sich betätigen können, und wäre es „nur" in Europa. Im übrigen ist die Welt von morgen rassisch gemischt, und so wird es auch immer Missionare geben, hin und her, als Botschafter des Friedens zwischen den Kirchen und Kulturen.

Wieder auf höherer Stufe liegt der Austausch an Theologie. Nachdem die übrige Welt bis vor zwanzig Jahren ausschließlich westliche Theologie bezogen hat, sind wir heute in der glücklichen Lage, auch Theologie der Dritten Welt vorgestellt zu bekommen.[80]

Noch höher, weil nicht bloß intellektuell, sondern existentiell von Bedeutung, wäre der Austausch von pastoralen Erfahrungen mit den kirchlichen Basisgruppen, mit den priesterlosen Gemeinden, mit spontaner, kreativer Liturgie. Kirche soll nicht in allen sechs Kontinenten nach römischem Takt marschieren, sondern je eigene Vorstöße und Erfahrungen machen und dann durch den Austausch lebendige Kirche schaffen.

Die höchste Stufe schließlich wäre der Austausch von Lebensmodellen, von glaubwürdigem, christlichem Leben, von Heiligen, von Martyrern der Gerechtigkeit. Solche Modelle zeigen uns, was es heißt, das Leben zu verlieren, um es zu gewinnen. In einer Zeit, deren hauptsächlichste Krankheit die Sinnlosigkeit ist, können uns solche Modelle nicht bloß über Wasser halten, sondern uns Mut einflößen zum frohen Gehen auf dem Weg des Friedens.

Eine Kirche, die so in der Koinonia lebt und sich laufend erneuert und bereichert, wird ihr vorrangiges Interesse nicht mehr in der institutionellen Selbstreproduktion sehen, sondern in ihrer Hauptfunktion als Dienst an der Welt. Die Zusage der Unzerstörbarkeit wurde der Kirche von Christus nicht nur um ihretwillen gegeben, sondern um der Welt willen, weil die Welt immer eine solche Kirche braucht. Sie ist heute der mutige Sprecher für alle Menschen guten Willens, der initiative Dialogpartner aller Religionen, das allgemeine Sakrament des Friedens. Sie darf sich nicht an ihrem innerkirchlichen Meinungspluralismus zerfleischen, sondern muß sich gemeinsam zu ihrer Friedensaufgabe gegenüber der Welt aufraffen. Wir tun gut daran, uns mit dieser Kirche zu identifizieren, mit allen in der Kirche die Welt zu schalomisieren und so zusammen mit Jesus von jenem Gott und Vater Zeugnis abzulegen, der „ein Gott des Friedens“ ist (1 Thes 5,23).

7. Hoffnung für die abendländische Kirche aus der Dritten Welt?

Je mehr einem die politisch-wirtschaftlich-kirchliche Lage Sorge macht, desto mehr sucht man sich an der Hoffnung festzuklammern. Die Hoffnung ist das letzte, das man aufgibt. Wer sie verliert, schreibt sich selber ab von der Liste derer, die bei der Gestaltung der Welt und der Kirche mitreden.

Deshalb hat sich der Österreichische Katholikentag in Wien 1983 das Thema gesetzt: „Hoffnung leben – Hoffnung geben." Ich möchte in der schillernden Vielfalt dieses Themas die Frage aufwerfen, ob Hoffnung vielleicht nicht auch mit der Dritten Welt zu tun habe, ob vielleicht nicht sogar in unserer hoffnungsmüden Zeit eine gewisse Vitamin-Spritze der Hoffnung aus der Dritten Welt zu erwarten sei.

Die Themastellung wird bewußt mit einem Fragezeichen versehen, und zwar aus zwei Gründen. Erstens drückt das unser Erstaunen aus. Denn schon die Frage selbst besagt eine radikale Umkehrung unserer bisherigen Wertordnung. Bisher galt doch die abendländische Christenheit als der Inbegriff aller Werte. Wir fühlten uns als die Besitzenden, die geben konnten. Die andern galten als die Armen, die in jeder Hinsicht zu empfangen hatten. Die Zumutung, sich von jenen Habenichtsen kulturell oder religiös beschenken zu lassen, hätte noch vor zwanzig Jahren wie ein schlechter Witz gegolten.

Inzwischen ist jedoch unsere selbstverständliche Selbstsicherheit gehörig angeschlagen worden. Wir haben nämlich in dieser letzten Zeit so viele Systeme der Hoffnung durchgespielt und stehen heute nach allen Erfahrungen mit leeren Händen da. Wir hofften in den achtundsechziger Jahren auf die Revolution. Che Guevarra galt für viele Junge als ein Idol, als ein Heiliger der modernen Zeit. Nichts indes ist davon übriggeblieben. Wir hofften auf den „American way of life", auf Fortschritt ohne Grenzen, auf Wohlstand für alle Völker. Wir drehen uns indes heute ratlos in einer weltweiten Krise. Wir hofften auf die Entkolonialisierung, auf diesen Aufstieg von über 100 jungen Nationen, die mit wehenden

Fahnen in die Unabhängigkeit schritten. Wir stellen indes heute fest, daß es für diese hoffenden Massen sehr rasch ein trübes Erwachen aus der Euphorie gab. Wir hofften auf die UNO, auf ein Zeitalter eines messianischen Friedens. Wir sind indes heute alle gemeinsam bedroht von der Möglichkeit der schrecklichsten Katastrophe der Menschheitsgeschichte. Wir hofften auf das Konzil, diesen großartigen Aufbruch, der nur mit der „Jesus-Bewegung" vor fast 2000 Jahren verglichen werden konnte. Wir fühlen uns indes heute bedrückt und resigniert ob der nicht aufzuhaltenden Auswanderung der Jungen aus der Kirche und gleichzeitig ob der Tendenzen einer neuen Restauration und Institutionalisierung in der Kirche. Können wir da ehrlicherweise zum so zuversichtlichen Motto stehen: „Hoffnung leben – Hoffnung geben"? Sind wir vielleicht inzwischen so mürbe geworden, daß wir, die einst so stolze abendländische Kirche, nach der Dritten Welt wie nach einer Rettungsplanke greifen und in unserer Hoffnungslosigkeit von dorther neue Hoffnung erwarten?

Nun meldet sich aber gleich der berechtigte Zweifel an – der zweite Grund für das Fragezeichen im Titel –, ob denn die Dritte Welt wirklich so ideal und hoffnungsvoll sei, daß uns von dorther Hilfe zukommen könnte. Geben wir doch ehrlich zu, es gibt grundsätzlich und faktisch überhaupt nirgendwo heile Welt und heile Kirche. Alle Kirchen tragen immer und überall die Zeichen der menschlichen Gebrechlichkeit an sich. Ich machte auf meinen vielen Reisen oft die Erfahrung, daß man an einem konkreten Ort über die düsteren Zustände jammerte, aber von einer andern Kirche, einem andern Stamm, einer andern Missionsgesellschaft schwärmte und meinte, dort sei alles o. k. Wenn ich dann dort ankam, merkte ich, daß man auch hier jammerte. In der Tat, Kirche hat nirgendwo die innere Evidenz ihrer Göttlichkeit. Sie ist überall Gegenstand des Glaubens und der Hoffnung gegen alle Hoffnung.

Nun können wir an die Beantwortung der eingangs gestellten Frage herangehen. Zuerst muß ich, um realistisch zu sein, etwas den Teufelsadvokaten spielen und – zugegeben, einseitig, aber nicht falsch – auf die fast hoffnungslose Situation der Dritten Welt hinweisen, von der wir paradoxerweise trotzdem Hoffnung erwarten können.

7.1. Der Kontext der Hoffnung in der Dritten Welt

7.1.1. Die fast hoffnungslose Situation der jungen Nationen

Was man von der Entkolonialisierung geträumt und erwartet hatte, ist keineswegs eingetroffen. Im Gegenteil, nach dem strahlenden Morgen der Unabhängigkeitsfeiern breitete sich rasch, wie nach einem schweren Unwetter, eine Stimmung der allgemeinen Lähmung über jene Länder aus. Unter dem sozialen Aspekt ist die alte Stammesordnung, Garant der Autorität, der Tradition, der Kontinuität, vor allem unter dem Einfluß der Schule, wo man europäisches Wissen, aber wenig Lebenswerte vermittelte, zusammengebrochen und machte einem Interregnum des Individualismus und Egoismus, der Landflucht und der Verstädterung, gefördert von der grassierenden Arbeitslosigkeit, der Kriminalität und des Terrorismus Platz.

Unter wirtschaftlichem Aspekt ist zwar die Quote der Produktion und des Exportes leicht angestiegen, aber sie hielt keineswegs Schritt mit der gleichzeitigen Bevölkerungszunahme und mit den Preisen im Welthandel. Diese jungen Länder haben zwar ihre „Fahnenunabhängigkeit" erhalten, aber wirtschaftlich zappeln sie noch in den Fängen der westlichen oder östlichen Marktsysteme. Eine neue Welle der Hoffnung ging durch nicht wenige arme Länder mit der Machtergreifung durch den Kommunismus, mit der sofort erfolgten Erwachsenenbildungs-Kampagne, der Landreform, der Umgestaltung des kapitalistischen Handels in Genossenschaften. Nach einigen Jahren der Erfahrung ist man hier ebenso ernüchtert wie anderswo, oder noch mehr. Lange Jahre hoffte man auf den afrikanischen Sozialismus z. B. eines Präsidenten J. Nyerere, der ein Modell zwischen Kapitalismus und Kommunismus errichten wollte; es basiert weder auf Eigennutz noch auf Beschränkung der Freiheit, sondern auf der Einsicht und der Spiritualität eines Volkes, das von seinen religiösen Führern zu dieser Haltung animiert würde. Auch das blieb ein schöner Traum. Es kommt heute in Tansania ebenso viel Korruption und Kriminalität und Zusammenbruch der Wirtschaft vor wie anderswo.

Es muß genügen, den politischen Aspekt mit den Stammeskriegen und Staatsstreichen, mit den Massakern und andern Verletzungen der Menschenrechte, mit dem Bürokratismus und der administrativen Ineffizienz nur zu erwähnen. Im neuen Film von G. Scotese „Kannibalen von morgen“ wird auf erschütternde Weise dargestellt, wie in den südlichen drei Kontinenten menschliche und ökologische Katastrophen höchsten Ausmaßes im Kommen sind und wie man zu ihrer Abwehr kein Geld zur Verfügung hat, da man es in die militärische Aufrüstung investiert. Ein Schrei des Protestes, der an den Wänden der modernen Welt widerhallt und verhallt. Es braucht Mut, um in einer solchen Situation den Mut nicht zu verlieren.

7.1.2. Die fast hoffnungslose Situation der Jungen Kirchen

Ich wiederhole, daß ich unterdessen den „Advocatus diaboli“ spiele und einseitig rede. Man darf aber nicht übersehen, daß die Jungen Kirchen bei all ihrer Vitalität, wenn man so sagen will, an drei Krankheiten leiden, die man ernst nehmen muß: Das ist die *„Latinitis“:* Gewiß, Latein als liturgische Sprache ist durch die Landessprache ersetzt worden. Aber darüber hinaus konnten sich die Jungen Kirchen noch sehr wenig von den Gehegen der lateinischen Kirche frei machen. Sobald sie gewisse konkrete Schritte in diesem Sinn tun möchten, um Ortskirche mit eigenem Kleid und Charakter zu werden, wird ihnen bedeutet, daß das in der lateinischen Kirche nicht angehe. Diese lateinische Kirche hat sich zu einem absoluten Wert gemacht. Dabei müßte sie doch bedenken, daß es vor ihr eine Judenkirche und eine Griechenkirche gab, und es deshalb auch nach ihr oder neben ihr eine lateinamerikanische, eine afrikanische, eine asiatische Kirche geben könnte, und zwar auf Grund derselben geschichtlichen Logik, mit der sie selber damals im dritten Jahrhundert, in einem neuen kulturellen und politischen Kontext entstanden ist. Wir müssen wohl auf das Jahr 2000, das heißt aufs nächste Jahrtausend warten, bis sich die Jungen Kirchen von der Latinitis erholen und sie selber sein werden.

Das ist zweitens die *„Klerikalitis“:* Diese Krankheit hängt mit der ersteren zusammen. Die lateinische Kirche hält unverbrüchlich fest am einen und einzigen Priestertyp (Mann, 13 Jahre Studium, zölibatär), der vom Trienter Konzil herstammt und ebenfalls zu einem absoluten Wert geworden ist: entweder diesen Priester oder keinen Priester! Dabei wäre der absolute Wert das Bedürfnis der Gemeinden, und der Priestertyp müßte sich danach richten. Dieses System hat zur Folge, daß die Katholikenzahl pro Priester gegenwärtig überall wächst, am wenigsten in Europa (hier konnten die alten Priester, die noch im Amt bleiben, die Krise hinausschieben, bis dann plötzlich der große Ausfall kommt), schon mehr in Asien, vor allem in Afrika, in geradezu katastrophaler Art in Lateinamerika:

	1970	*1980*
Europa	1020	1090
Asien	2000	2311
Afrika	2326	3383
Lateinamerika	5263	6910

Niemand kann an dieser Entwicklung Freude haben. Die Gemeinden wachsen, die Priester nehmen ab. Um diesen Priestertyp mit seinem sozialen Status zu retten, verurteilt man Zehntausende von Gemeinden, ohne Priester und ohne Eucharistie auszukommen.

Das ist drittens die *„Säkularitis“:* Wenn auch die Völker der Dritten Welt eine natürliche Religiosität haben, geht doch die Welle der Aufklärung, des Zweifels, des Agnostizismus, des Säkularismus auch durch jene Kontinente und bewirkt, daß nicht nur Christen scharenweise aus der organisierten Kirche auswandern, sondern auch die Anhänger der nichtchristlichen Religionen zu Millionen diese Systeme verlassen und die Masse der modernen Menschheit vermehren, die ihr religionsloses und nicht selten auch sinnloses Leben fristet und eine Herausforderung zur Evangelisierung in ganz neuer Art und Weise darstellt.

7.1.3. Die Hoffnung gegen alle Hoffnung

Trotz dieser düstern Aspekte tragen die Menschen der Dritten Welt durchschnittlich frohere Gesichter als wir. Sie haben ein bewundernswertes Geschick, Realitäten anzunehmen, sich durchzuschlängeln, Auswege und Lösungen zu finden, zu überleben und sich sogar bei aller Trübsal des Lebens zu erfreuen. Inmitten allen Unsinnes leben sie aus einer letzten Sinnmitte, und auch in den dramatischen Phasen der Geschichte halten sie sich an einer letzten Hoffnung fest. Ich müßte eigentlich besser sagen, was sie aufrechterhält, ist nicht die Hoffnung auf eine ferne, illusorische Zukunft. Sie leben nicht so sehr von der Hoffnung, sondern von der Erfahrung und der Erfüllung im gegenwärtigen Augenblick. Sie bringen es zustande, sich bei ihren religiösen Festen und bei den Übergangsriten (Geburt, Ehe, Tod, Aussaat, Ernte) in eine Stimmung hineinzusingen und zu tanzen, die alle Seligkeit in sich enthält und alle Mühsale des Lebens wie Schuppen abfallen läßt. Solche Tage kostet man aus, sie sind die Brückenpfeiler über den Strom des Lebens. Wenn dann das Fest verklungen ist, nimmt man das Leben wieder mit Selbstverständlichkeit, mit Gottergebenheit, wir haben oft fälschlich gesagt mit Fatalismus an, wie es eben ist. Wir nüchterne Europäer fragen uns, wie sie so viel Zeit und Geld für ihre Feste verschleudern können. Sie aber lächeln über uns und denken, was uns unser Geld nütze, wenn es nicht die Lebensfreude vermehrt. Zwei verschiedene Lebensweisen, die wohl etwas voneinander zu lernen hätten. Aber das Leben wickelt sich meist nicht in der Synthese ab, sondern in verschiedenen Varianten, und jeder muß sich mit seiner Art zurechtfinden.

Nachdem wir unsere Mitmenschen der Dritten Welt im Kontext ihrer Hoffnung besser kennengelernt haben, fragen wir uns nun, wie sie vielleicht das Potential unserer Hoffnung stärken können.

7.2. Die Gründe der Hoffnung in der Dritten Welt

7.2.1. Für den größeren Horizont

Es wächst der Mensch mit seinen größeren Zwecken und mit seinen größeren Horizonten. In diesem Sinn läßt die Dritte Welt, die in unser Blickfeld tritt, uns gehörig wachsen. Unsere Großeltern lebten noch vorwiegend auf dem Land; unsere Eltern in der Stadt und auf dem Land. Wir können es uns vielleicht leisten, verschiedene Länder, sogar andere Kontinente zu sehen. Unsere Kinder werden Bürger der einen Welt sein. Auch kirchlich reicht unser Blick über den Kirchturmsschatten hinaus. Wir denken mehr und mehr im Rahmen der Diözese und des Landes, sogar im Interesse der „abendländischen Kirche“, wenn auch Lateinamerika, Afrika und Asien eindeutig ein stärkeres kontinentales Kirchenbewußtsein geschaffen haben als wir in Europa.

Es bleibt uns nun, den Blick zu weiten für die Dritte Welt und damit „bis an die Grenzen der Erde“. Wir haben schon zu Beginn dieses Buches darüber nachgedacht. Bisher waren wir eine Kirche des Westens mit Missionaren in den andern Kontinenten. Inzwischen sind wir eine Kirche der sechs Kontinente geworden. Zu Beginn dieses Jahrhunderts lebten über 70 Prozent der Katholiken in der westlichen Welt; im Jahr 2000 werden über 70 Prozent der Katholiken in dieser südlichen Welt wohnen. Wir sind ein Seitenschiff im großen Dom der Weltkirche geworden. Wir müssen uns verstehen und engagieren als Teil der einen größeren Kirche.

Wir müssen auch wachsen mit der größeren Menschheit. Bis vor wenigen Jahrzehnten kreiste die Welt um Europa. Heute leben wir in einer polyzentrischen Welt. Wir müssen alle Enden der Erde politisch und wirtschaftlich, auch kulturell und religiös ernst nehmen. Wir wachsen auf Gedeih und Verderb zur einen Menschheit zusammen.

Wir haben den Weg in diesen neuen Horizont bereits unter die Füße bekommen. Es gibt bei uns Dritte-Welt-Gruppen, Dritte-Welt-Läden, Dritte-Welt-Wochen, Missionsinstitute, Afrika-Institute, Institute für Entwicklungshelfer und anderes mehr. Wir haben diesen Weg weiter zu gehen. Entsprechend müßte Europa heute seine Funktion verstehen und verstärken als politisches und kirchliches Symbol der einen Welt: nicht mehr Christen gegen Muslime, nicht mehr Ost gegen West, nicht mehr Nord gegen Süd, sondern alle für alle, um gemeinsam dem Menschen, der Menschheit zu dienen. Alle ökumenischen Bestrebungen im weitesten Sinn sollten heute einen neuen Auftrieb bekommen.

7.2.2. Für das theologische Selbstverständnis

In diesem größeren Horizont können wir auch die Theologie besser in ihrer Relativität und zugleich in ihrer Größe sehen. Nichts gegen die „philosophia perennis“ und die mit ihr in Schicksalsgemeinschaft verbundene scholastische Theologie als *eine* geschichtliche Form der Theologie. Daß wir aber diese abstrakte Art von Theologie, diese Thesen- und Sentenzentheologie, diese „ewigen Prinzipien“, die recht oft recht menschliche und geschichtlich bedingte Prinzipien waren, als einzig gültige in alle Kontinente exportierten, gereicht uns heute nicht zur Ehre.

In den letzten zwanzig Jahren wurde diese Theologie bei uns gründlich revidiert und dynamisiert. Es mag genügen, dafür die 16 Bände von K. Rahners „Schriften zur Theologie“ zu nennen. In derselben Zeit haben auch die Dritte-Welt-Theologen ihre eigene

„kontextuelle Theologie" entwickelt, die in die je verschiedenen kulturellen und soziologisch-ökonomisch-politischen Situationen hineingesprochen wird, um den dortigen Menschen in ihrer konkreten Lage vom Evangelium her den nötigen Impuls zum christlichen Handeln zu geben. Solche Theologie entsteht an den Fronten des Lebens. Sie hängt den Menschen nicht mehr an Sätzen und Gesetzen wie an Akrobatikseilen auf, sondern verleiht ihm Lebenssinn, Lebensfreude, Lebensmut. Theologie ist dann nicht mehr Schulangelegenheit, sondern Lebenshilfe. Das ist eine hoffnungsvolle Entwicklung.

Es ist angezeigt, daß wir diese Dritte-Welt-Theologie zur Kenntnis nehmen, um auf Weltebene dialogfähig zu bleiben und selber davon zu profitieren. Mit Recht stellt Adolf Exeler das Postulat auf, anstelle der nordatlantischen Missionswissenschaft, die sagte, wie anderswo Kirche realisiert werden soll, eine „vergleichende Theologie" auszubauen. In andern Wissenschaften habe das vergleichende Verfahren zur Relativierung und zugleich Bereicherung der Wissenschaft geführt. Das könnte auch in der Theologie geschehen. Unsere Kirche hat solange die humanistische Bildung gepflegt. Humanismus im heutigen Kontext würde nicht mehr bloß Rückkehr zu den Quellen unserer Kultur besagen, sondern Ausblick auf das Meer der vielen uns umgebenden Kulturen. Konkret heißt das, daß im Literaturunterricht einige Stunden der Literatur Lateinamerikas, Afrikas, Asiens gewidmet würden und daß in der Theologie z. B. Seminarübungen über bedeutende Werke der Theologie der Dritten Welt gemacht würden. Missio in Aachen, München, Wien würde nicht verfehlen, dazu die nötigen Handreichungen zu geben.

Vor allem das Zentralthema der Theologie, Jesus Christus, geht uns im Kontakt mit den Jungen Kirchen und ihrer Umwelt neu auf. Wir sind heute von der Konfrontation mit den Religionen zur echten Begegnung und gegenseitigen Entdeckung gekommen. Wir dürfen heute annehmen, daß der Logos, die Öffnung Gottes zur Menschheit, der sich in Jesus von Nazaret eine konkrete Gestalt gab, schon immer in allen Menschen aller Religionen am Werk war; daß er sich nicht die Hände fesseln und seine Tätigkeit beschränken ließ durch die stets mangelhafte Arbeit seiner Apostel; daß er allen Missionaren schon längst voraus war an allen Orten, wo diese hinkamen. Wenn wir heute hie und da den Kopf hängen lassen möchten wegen der stets kleineren Kirche, können wir neue Hoffnung gewinnen wegen des stets größeren Christus.

7.2.3. Für die pastorale Selbstverwirklichung

Kirche hat nicht bloß sich selbst und die Welt immer besser zu verstehen, sondern vor allem sich selber in der Welt und für die Welt immer besser zu verwirklichen. Die Jungen Kirchen geben uns dazu zunächst auf der Ebene des rein Menschlichen ein gutes Gegengewicht gegen den tierischen Ernst unserer westlichen Leistung und Effizienz. Viele unserer Menschen sind Roboter geworden, Diener an Maschinen, und haben dabei verlernt, Menschen zu sein, in Gemeinschaft zu leben, Kinder zu haben, sich am Leben zu erfreuen, an Zukunft zu glauben, die Alten zu ehren. Jene jungen Völker mit ihren spontanen, herzlichen Beziehungen, ihrer Gastfreundschaft, ihrer Lebensfreude inmitten der Armut, können uns von unserer Zivilisationskrankheit heilen. Von der Erfahrung des Ur-Vertrauens in den Armen der Mutter hält bei ihnen das Gefühl der Geborgenheit durch bis zur Erfahrung des End-Vertrauens im Tod, den sie ruhig und selbstverständlich annehmen.

Ein zweiter Dienst liegt auf der Ebene des Kirchlichen, nämlich des Austausches patoraler Erfahrungen. Diesbezüglich hat jeder Kontinent seinen eigenen Weg durchgemacht und kann seine eigenen Werte anbieten.

Lateinamerika liefert uns das Modell, wie, und die Hoffnung, daß eine alte, klerikale, sakramentalistische Kirche sich in kurzer Zeit grundlegend erneuern kann, vor allem dank zweier neuer Erfahrungen. Das eine ist die *Befreiungstheologie,* wonach das Evangelium nicht bloß *mich* befreit von meiner Sünde, sondern das ganze Volk befreit von den Wurzeln der Sünde, dem Egoismus, von der kollektiven Sünde, von den Auswirkungen und Objektivierungen der Sünde in den verhärteten Strukturen der Ungerechtigkeit, sei es im Welthandel, sei es in den Diktaturen von rechts und links, uns auch befreit zur vollen Freiheit in Christus und zum mutigen Handeln in ihm. Die Dokumente von Medellin und Puebla brauchen zwar nie den technischen und umstrittenen Ausdruck „Befreiungstheologie", aber sie wiederholen wie ein Hammer, daß alle Theologie und Seelsorge „befreiend" sein soll, weil wir alle auf verschiedene Weisen in einer Situation der Gefangenschaft leben. Wir wissen nun, daß wir nicht bloß Frieden bringen sollen, „wenn wir in ein Haus eintreten“ (vgl. Lk 10,5), sondern auch, wenn wir den sozioökonomisch-politischen Situationen gegenüberstehen, wo wir mit allen legitimen und wirksamen Mitteln Frieden bringen, erfahrbares Heil schaffen sollen.

Die Kirchen in Lateinamerika, vorher Teil des Systems, haben das mutig getan. Sie haben deshalb vieles an Privilegien und an gesicherter Stellung verloren, aber dafür alles gewonnen: das Volk. Die Kirche steht heute dort viel glaubwürdiger da als vor zwanzig Jahren. Mit dieser Auffassung vom gesamtheitlichen Heil und vom „Einsatz für Gerechtigkeit als wesentlicher Teil der Evangelisierung selbst“ (Bischofssynode 1971) sollte es möglich sein, auch unsern jungen Christen, falls sie nicht zur reaktionären und weltflüchtigen Gruppe gehören, die Bedeutung des Evangeliums und der Kirche plausibel zu machen.

Diese befreiende Theologie wird vor allem praktiziert in den kirchlichen Basisgemeinden, die zweite spezifische Erfahrung Lateinamerikas. Vorher herrschte dort Seelsorge von oben. Die Priester, die nie genügten, erschienen ein- bis zweimal im Jahr an den Außenposten, spendeten die nötigen Sakramente und verschwanden wieder; und sechs weitere Monate geschah kirchlich nichts mehr an diesen Posten. Inzwischen hat sich Seelsorge von unten entfaltet: An vielen dieser Posten haben sich Basisgruppen gebildet mit einigen Verantwortlichen für das Wort Gottes, für bessere Landwirtschaftsmethoden, für den Gesundheitsdienst. Jetzt ist Kirche dort eine Realität geworden, die das Leben verwandelt. Die Hauptaufgabe der Priester besteht nun darin, diese Verantwortlichen jedes Jahr ein paarmal in ein paar Tagen weiterzubilden, damit sie ihrer Aufgabe noch besser entsprechen können.

Man darf gewiß nicht übertreiben, als ob jetzt in Lateinamerika alles rosig wäre. Man schätzt, daß vielleicht erst 5 Prozent der Bevölkerung von diesem neuen Leben erfaßt wurden. Aber schon diesen Anfang einer engagierten Laienkirche zustande gebracht zu haben, ist anerkennenswert. Es entsteht hier in einem Prozeß der „Ekklesiogenesis“ (L. Boff) aus einer Notsituation heraus eine neue Art von Kirche, deren Bedeutung für die Zukunft wir noch nicht absehen können. Auf der Bischofssynode von Rom 1974 ist diese Erfahrung bekanntgemacht und empfohlen worden, ein erster Beitrag einer nichteuropäischen Kirche an die Gesamtkirche. Es gab damals afrikanische Bischöfe, die davon überzeugt wurden, dieses Modell zu Hause einführten und auf der Bischofssynode 1977 wieder berichteten, was sie inzwischen getan hatten.

In Europa gibt es eine ganze Anzahl von ähnlichen Bestrebungen verschiedenen historischen Ursprunges und mit verschiedenen Akzenten, die aber alle dasselbe Ziel verfolgen, echte Christen heranzubilden in der Kraft des Evangeliums und der Gemeinschaft. Sie sind alle Ausdruck *einer* Bewegung, der Bewegung des Geistes in der Kirche. Ferdinand Klostermann († 1982) berichtete mir vor wenigen Jahren, wie er sich nach seiner Emeritierung bemüht habe, ausfindig zu machen, was es in Wien alles an solchen Basisgruppen gäbe. Er hätte viel mehr vorgefunden, als er erwartet hatte. Es liegt also an uns, solche Spontangruppen in unsern Pfarreien zu entdecken, zu ermuntern, in die Pfarrei einzuspannen. Sie sind der Ort der aktiven Kirche und ein Zeichen der Hoffnung.

Auch in *Afrika* hat sich die Kirche in den letzten zwanzig Jahren sehr gewandelt. Damals betrieb man noch einen unchristlichen, antiökumenischen Schulkampf. Jede Kirche suchte der andern zuvorzukommen, um die Schulplätze zu besetzen. Einander Lehrer und Schüler abzuwerben, sogar Schulen anzuzünden, gehörte mit zu diesem Kampf. Inzwischen ist man miteinander ins Gespräch gekommen, gibt gemeinsame Stellungnahmen gegenüber der Regierung, unternimmt gemeinsame soziale Aktionen und hat gegenwärtig an die 80 Projekte der Zusammenarbeit für die Übersetzung, den Druck und die Verbreitung der Bibel.

Abgesehen davon können uns von Afrika her vor allem die Modelle der spontanen Liturgie und der priesterlosen Gemeinden helfen, uns von verkrusteten Strukturen frei zu machen. Bei uns gilt es an vielen Orten als Muster-Messe, vom ersten Kreuzzeichen bis zum Segen alles Vorgedruckte abzulesen. Da müßten wir nach Kinshasa gehen, aber auch an viele andere Orte in Stadt und Land, wo die Liturgie an die zwei Stunden dauert, wo das Volk, klein und groß, voll teilnimmt mit Beten und Singen, mit Gesten und Wiegen des Körpers; ein Melodrama, das wöchentliche festliche Ereignis des Volkes. Hier kommen Spontaneität und Kreativität als wesentliche Elemente einer gesunden Liturgie zum Tragen. Man müßte auch in unseren Pfarreien, vor allem für die Jugendlichen, mehr Raum für Spontaneität gestatten, wenn Liturgie nicht wieder die Absolvierung eines Ritus, die bloße Erfüllung einer Pflicht werden soll, wozu man die Mehrzahl der Jugendlichen kaum mehr überzeugen kann.

Wir alle stehen ferner unter dem Alpdruck der Priesterkrise, die in ihrem radikalen Ausmaß erst noch im Kommen ist. Kirchliche Kreise stehen diesem Wissen wie hilflos, gelähmt, ohne Reaktion gegenüber. Es könnte sein, und ich möchte diese Meinung unterschreiben, daß die Priesterknappheit eine providentielle Notwendigkeit ist, um unsere allzu klerikale Kirche zu entklerikalisieren. Priesterknappheit kann gewiß Ursache sein, daß das christliche Gemeindeleben zerfällt, aber ebenso Anlaß, daß die Laien, das Volk Gottes, endlich merken, daß auch sie Kirche sind, daß sie „von der versorgten zur sorgenden Pfarrgemeinde" (Zulehner) werden müssen und dann nicht bloß das Kirchenvolk zusammenhalten, sondern auch über das eigene Seelenheil hinaus eine missionarische Seelsorge entwickeln, zu der die meisten Priester keine Zeit und scheinbar keine Inspirationen hatten. Die priesterlosen Gottesdienste in den südlichen Kontinenten könnten uns Mut machen. Damit will ich nicht sagen, daß eine priesterlose Wortgottes-Feier schlechthin das Ideal sei. Es kann aber eine heilsame Übergangssituation darstellen, um die Laienkräfte zu wecken. Vor ein paar Jahren organisierten drei Bischöfe von West-Malaysia für alle Priester einen verpflichteten einmonatigen Aufbaukurs, auch mit dem Nebenzweck, daß die Gemeinden, die entsprechend vorbereitet wurden, einmal einen „priesterlosen Monat" durchmachten und die Notwendigkeit hätten, auch ohne Priester zusammenzukommen, zu beten, zu singen und das Evangelium zu lesen. Solche mutigen Initiativen könnten vielleicht auch uns gewisse Anregung geben.

Vom nichtchristlichen *Asien* her werden uns Impulse und Techniken der Meditation geschenkt. Vorläufig profitiert man davon freilich vorwiegend außerhalb der Kirchen, in den vielen Yoga-, Zen-, TM-Zentren in allen größeren Städten. Das müßte nicht so bleiben, und bereits ist ein Wandel in Sicht. Mehrere Klöster und Gemeinschaften praktizieren diese Art der Meditation und bieten auch entsprechende Kurse an. Schon vor bald dreißig Jahren hat J. Daniélou kommen sehen, daß die Gesamtkirche von Afrika her eine Erneuerung der Liturgie, von Asien her eine Erneuerung der Meditation und der Mystik erwarten könnte. Wir sind nun soweit, das als Wirklichkeit zu erleben.

Auch in Sachen des weiteren Ökumenismus bietet uns Asien ein Modell der Erneuerung. Noch vor zwanzig Jahren lebten die kleinen katholischen Gemeinden wie in einem Getto, feierten in ihren Kirchen die lateinische Liturgie, verurteilten die anderen Religionen, ohne sie von innen zu kennen. Damals gab es Tausende von Priestern und Schwestern, fremde und einheimische, mit akademischen Graden für den Schulunterricht, aber kaum einen Indologen. Inzwischen hat man die Tore geöffnet. Es gibt nun unter den asiatischen Priestern eine ganze Anzahl bester Fachleute für diese Religionen. Man hält an vielen Orten Kongresse auf höchster Ebene ab unter Vertretern der verschiedenen Religionen, aber auch auf Lokalebene regelmäßige Zusammenkünfte zum gemeinsamen Dialog und gemeinsamen Gebet. Natürlich wird auch hier erst ein kleiner Teil der Milliarden-Masse Asiens davon erfaßt. Aber es ist schon viel, solche Anfänge zu machen und sich auf den neuen Weg zu begeben.

Wir könnten davon wohl lernen, uns von der Masse der Kirchendistanzierten nicht entmutigen zu lassen, sondern einfach anzufangen, mit einigen ins Gespräch zu kommen, in ihnen ein gewisses Heimweh nach Transzendenz zu wecken, ihnen ein Wort der Hoffnung zu sagen, sei es beim Anlaß des Gespräches über ihre Kinder in unseren Schulen, sei es bei Begräbnissen, sei es im Einsatz für gemeinsame Anliegen des Quartiers und der Stadt. Man darf sich pastoral nicht vom totalitären Prinzip leiten lassen: „Alles oder nichts.“ Man muß sich auch mit wenigem bescheiden können. Ferner könnten wir unter dem Eindruck von Asien viel mehr Mut zur Ökumene aufbringen. Wenn man sich dort fragt, wie man mit den nichtchristlichen Religionen Ökumene pflegen und mit ihnen die „communicatio in sacris“ praktizieren könne, weil das überhaupt die einzige wahre Kommunikation sei, müßten wir doch innerchristlich, mit Menschen des gleichen Glaubens und der gleichen Taufe, nicht mehr so kleinlich sein in unseren Schritten der Ökumene und endlich die anachronistische Spaltung überwinden. „Hoffnung leben – Hoffnung geben“ ist ein Motto, das alle Katholiken, alle Christen, alle Menschen zur gemeinsamen Botschaft an die Welt und zum gemeinsamen Einsatz für die Welt aufruft.

Das sind einige Impulse, einige Gründe der Hoffnung, die wir von der Dritten Welt her erwarten können, soweit es mir einzusehen gegeben ist. Mag sein, daß manche Christen in der Schule Jesu, mit ihrem je eigenen Charisma noch viel mehr herausmerken. Jedenfalls hat sich im Verhältnis des abendländischen Christentums zu den Kirchen der Dritten Welt etwas geändert. Vom Einbahn-System ist man zur Gegenseitigkeit gekommen. Im gegenseitigen Geben und Empfangen, im gleichzeitigen Gefühl des Reich- und des Armseins, kommt Koinonia, Gemeinschaft unter den Kirchen zustande, können die vielen Ortskirchen der sechs Kontinente ihre Eigenart voll entwickeln und dann im Austausch die Gesamtkirche bereichern.

Es ist wohl aufgefallen, wie ich öfters sagte: „Bis vor zwanzig Jahren ... im Vergleich zu vor zwanzig Jahren ... in den letzten zwanzig Jahren ist vieles besser geworden." Im Gegensatz zum Kirchenjammer, der in manchen Kreisen üblich ist, bin ich nämlich der Überzeugung, daß die Kirche heute in mancher Hinsicht viel besser daran ist als in der sogenannten „guten, alten Zeit". Es gilt, diese Erfahrungen der Erneuerung, diese Zeichen der Hoffnung ins Bewußtsein aufzunehmen, sich von den negativen Aspekten nicht lähmen zu lassen, sondern mit gewissem Elan zu tun, was man tun kann. Denn nur in einem Klima der Hoffnung wachsen die Inspirationen, die wir für unsere große Aufgabe nötig haben.

Was ich hier mehr antönen als ausführen konnte, sind gewiß keine Rezepte, die wir einfach getreulich applizieren sollen. Wir sollen keine andere Kirche kopieren. Der Heilige Geist ist so reich an Einfällen. Er hat jeder Kirche etwas Besonderes zu sagen. Er will keine Kopien, sondern Originale. Was wir aber als Grundhaltung von den andern Kirchen lernen können, ist, daß wir ebenso ehrliche Situationsanalysen machen wie sie; daß wir ebenso offen für den Geist und bereit für fällige Erneuerungsaufgaben sind wie sie; daß wir auch in schwierigen Situationen den Mut zu kleinen Schritten haben und das übrige in ruhiger Gelassenheit Gott anheimstellen wie sie. Dann werden wir neue Hoffnung schöpfen, weil wir dann merken, daß es keine hoffnungslose Situation gibt, solange wir nicht hoffnungslos sind.

8. Franziskus, Bruder aller Menschen

„Grau, teurer Freund, ist alle Theorie und grün des Lebens goldner Baum“ (Goethe). Man ist heute übersättigt mit Worten, Theorien, Analysen, Berichten, Vorträgen, Büchern. Das Entscheidende ist der Schritt zur Praxis, die Veränderung der Wirklichkeit. Man möchte Modelle glaubwürdigen Handelns sehen, die zeigen, wie einzelne Menschen oder Menschengruppen den Weg des Evangeliums faktisch gegangen sind, und die uns zu diesem Weg ermuntern. „Worte bewegen, Beispiele reißen hin.“

Deshalb möchte ich am Schluß dieses Teiles von einem Modell reden, von Franziskus von Assisi. Auch wenn er vor 800 Jahren gelebt hat, ist seine Leuchtkraft noch taufrisch. Er wird geliebt und verehrt nicht nur von den Katholiken, sondern auch von den Evangelischen, von den Anhängern anderer Religionen, sogar von den säkularisierten Menschen, von allen, denen seine Liebe zur Natur, sein Vertrauen auf den Vater im Himmel, seine Brüderschaft zu allen Menschen ein gewisses Heimweh wecken. Wer immer sich von diesen Werten angesprochen fühlt, ist ein „franziskanischer Mensch“.

Man könnte den folgenden Überlegungen auch den Titel geben: Franziskus, Prophet einer neuen apostolischen Präsenz in der Welt von heute. Die zwei verschiedenen Formulierungen decken sich offenbar, denn unsere neue apostolische Präsenz, die wir erstreben, wird vor allem darauf ausgehen müssen, allen Menschen Bruder zu sein, alle Menschen mit der guten Botschaft des Evangeliums zu beschenken.

Wir lebten doch bisher eher in einer introvertierten Kirche. Abgesehen davon, daß die Christen insgesamt nur knapp ein Drittel der Weltbevölkerung ausmachen und gegenwärtig gar keine Aussichten haben, diese Grenzlinie zu überschreiten, ist es wohl kaum eine Übertreibung zu sagen, daß auch im sogenannten „christlichen Abendland“ 80 Prozent der Priester sich mit 20 Prozent des Volkes, den Kirchgängern, abgeben; daß sie 95 Prozent ihrer Arbeitszeit verwenden für Predigen, Religionsunterricht,

Messelesen, Sakramentespenden, Wallfahrten, Andachten für das geschlossene katholische Volk; daß dieses katholische Volk zur Mehrzahl aus introvertierten Christen besteht, die keine Multiplikatoren, dialogfähige, missionarische Jünger Christi sind.

Man hätte sich also im Blick auf eine neue apostolische Präsenz in der Welt zu fragen, wie man mit der Botschaft des Evangeliums über die 20 Prozent der Kirchgänger hinauskommt, und wie man die 20 Prozent der Kirchgänger missionarisch erziehen, zu offenen Christen machen kann. Franz von Assisi hat uns diesbezüglich allerhand zu sagen.

8.1. Prophet der universalen Brüderschaft

8.1.1. Drei Vorbemerkungen

Am 24. Mai 1982 verteidigte Br. Leonard Lehmann an der Päpstlichen Universität Antonianum in Rom seine These mit dem Titel: „Der universalistische Gedanke in den Gebeten und Briefen des heiligen Franziskus." Man fragte sich, wie es nur kam, daß dieser so auffallende und so wichtige Gedanke erst jetzt auf systematische Weise erarbeitet worden war. In seinem Testament z. B. schreibt Franziskus: „Gott gab mir einen solchen Glauben an seine Kirchen, daß ich zu beten pflegte: Wir beten dich an, Herr Jesus Christus, hier und in allen Kirchen der ganzen Welt, und wir preisen dich, weil du durch dein heiliges Kreuz die ganze Welt erlöst hast." Dieses Gebet war damals bereits in der Kirche bekannt, aber neu war Franzens Einfügung „hier und in allen Kirchen der ganzen Welt". Er praktizierte also einen geographischen Universalismus und dachte beim Betreten einer Kirche immer an die Gegenwart Jesu in aller Welt.

In der „nicht bestätigten Regel" (N. 23) beschwört er alle einzelnen, Priester und Laien, Männer und Frauen, Kinder und Erwachsene, alle Völker, Stämme, Familien und Sprachen, „und alle Menschen allüberall, die gegenwärtigen und die kommenden", im wahren Glauben und in einem Leben der Buße zu verharren. Anderswo redet er auch von den „Heiligen, die waren, die sind, und die sein werden". Wir können das einen historischen Universalismus nennen. Franziskus hatte immer alle Menschen aller Zeiten im Auge. Diesen Universalismus, der für Franziskus von damals viel weiter ausgeführt werden könnte, gilt es nun für den gegenwärtigen Kontext darzustellen.

Die „Franziskaner“ (gemeint sind die Brüder der vier franziskanischen Orden, aber auch die Schwestern der vielen franziskanischen Institute sowie die Franziskanische Laiengemeinschaft) haben kein Monopol auf Franziskus. Er gehört der ganzen Kirche und allen Menschen. Es gibt in der Tat nicht wenige Menschen, die nicht „Franziskaner“ sind, aber franziskanischer leben als die Franziskaner. Die Franziskaner müssen sich immer wieder an Franziskus messen und beurteilen und erneuern, sonst könnte es geschehen, daß Franziskus aufstände und gegen sie Zeugnis ablegte.

Bezüglich der Methode gibt es zwei Weisen, Franziskus zu interpretieren. Die hagiographische Interpretation stellt den „Heiligen“ dar, das Modell aller Tugenden, den man nachahmen soll. Die prophetische Interpretation zeigt auf, wie Franziskus die Zeichen der Zeit erkannt, als Willen Gottes verstanden hat, und wie er den Mut hatte, trotz allen Schwierigkeiten entsprechend zu handeln; wie er dadurch ein Botschafter Gottes für damals und für heute geworden ist.

Wir folgen dieser zweiten Weise, zumal auch im Konzilsdekret über die Erneuerung des Ordenslebens (Perfectae caritatis) neben den drei bekannten retrospektiven Kriterien, dem Geist des Evangeliums, der Geistigkeit der Gründer/Gründerinnen und den gesunden Traditionen, ein neues prospektives Kriterium aufgestellt wurde, nämlich die Anpassung im Blick auf die Zeichen der Zeit. Im Gegensatz zu gewissen kirchlichen Kreisen (es fällt auf, daß im neuen Kirchenrecht, Can 576, nur noch vom Geist der Gründer und den gesunden Traditionen die Rede ist, aber nicht mehr von den Zeichen der Zeit) glauben wir nicht, daß diese Anpassung nun zur Genüge geschehen sei und als abgeschlossen betrachtet werden könne, sondern daß Erneuerung im Lichte der Zeichen der Zeit ein Dauerprozeß sei und eine Daueraufgabe bleibe.

8.2. Die prophetischen Taten des heiligen Franz

Es wäre auch einiges zu sagen über die prophetischen Worte, man denke z. B. an seine Briefe an alle Kustoden, an alle Gläubigen, an alle Lenker der Völker. Wir beschränken uns aber auf seine konkreten prophetischen Taten, die sein Leben und das Leben der betroffenen Leute verändert haben. Man leidet ja heute an der Überfülle von „prophetischen Worten“ und Protesten. Was überzeugt, sind die Taten, das Leben. Bei Franziskus ist geradezu auffallend und typisch, daß er nicht protestierte, sondern einfach handelte.

Er hat das feudalistische System seiner Zeit nicht verurteilt, das die Gesellschaft in verschiedene Schichten einteilte und insofern das untere Volk diskriminierte; aber er selbst machte keinen Unterschied zwischen Klerikern und Laien, zwischen Doktoren des kanonischen Rechtes und Analphabeten; er schloß alle zur einen Brüderschaft zusammen.

Er hat der Autorität nicht Vorwürfe gemacht, daß sie die Räuber strafe; aber er selbst ging in den Wald, suchte die „Brüder Räuber“ auf und brachte ihnen Brot und Wein, damit sie nicht länger in der Notwendigkeit ständen, zu stehlen.

Er hat die soziale Ordnung nicht bloßgestellt, weil sie die Aussätzigen absonderte; aber er selbst ging auf sie zu, umarmte sie, küßte sie und verbrachte seine Zeit mit ihnen.

Er hat die Kirche nicht kritisiert, weil sie gegen die Häretiker jener Zeit, die Katharer, die Waldenser und Albigenser, predigte und sogar die staatliche Gewalt anwandte; aber bei ihm selber ist nicht das geringste polemische Element vorzufinden; er begnügte sich damit, den katholischen Glauben voll und ganz zu leben und dadurch die Kirche zu erneuern.[81]

Er hat den Kreuzzug mit allem Drum und Dran nicht in Frage gestellt, zumal er vom Vierten Lateran-Konzil gewünscht worden war; aber er selbst hat durch seinen Besuch beim Sultan von Damiette dieses Unternehmen radikal verändert und hat für alle Zeiten ein Modell aufgestellt, wie man das Blockdenken überwinden solle.

Nach zwei vergeblichen Versuchen, ins Land der Muslime zu gelangen, glückte es ihm das dritte Mal, mit einem Kreuzfahrerschiff nach Ägypten zu kommen, wo die christlichen Soldaten die Stadt Damiette belagerten. Das Schauspiel, das sich hier dem neuen Gast aus Assisi darbot, war alles eher denn erbauend: Spannung und Streit zwischen den Soldaten der verschiedenen Länder und Städte, Trunksucht, Habsucht, sexuelle Ausschweifung und Grausamkeit. Eines Tages wurden acht muslimischen Gefangenen

Ohren, Nase, Lippen und Arme abgehauen und ein Auge ausgerissen. Als Franziskus für den Frieden redete, hielt man ihn für einen Narren, einen Utopisten, einen gefährlichen Pazifisten. Als er gar den Gedanken äußerte, einen Besuch beim Sultan zu machen, widerstand ihm der Päpstliche Delegat Kardinal Pelagius heftig. Dieser willigte erst ein, als Franziskus wieder und wieder darum bat und nachdem die Christen inzwischen eine empfindliche Niederlage erlitten hatten. Franziskus verbrachte dann mehrere Tage im Heerlager des Sultans, gewann dessen Freundschaft, bewunderte die Muslime in ihrem dreifachen täglichen Gebet so sehr, daß er nachher in Italien etwas Ähnliches einführen wollte. Schließlich entließ ihn der Sultan mit großer Hochachtung und mit Geschenken.

Wenn man nach meßbarem Erfolg urteilt, muß man sagen, der Besuch sei ein Fehlschlag gewesen. Franz hat seine Ziele nicht erreicht. Er suchte das Martyrium, wie Celano betont. Diese Gnade wurde ihm nicht zuteil. Er bemühte sich, den Sultan und seine Leute zu bekehren, wie Bonaventura es schreibt. Diese Genugtuung wurde ihm nicht gewährt. Er hoffte, Frieden zu stiften, dem unchristlichen Krieg ein Ende zu setzen, wie moderne Autoren (Basetti-Sani und De Beer) hervorheben. Auch das gelang ihm nicht. Der Krieg wütete weiter, und als neue Verstärkungen eingetroffen waren, wurde Damiette schließlich doch eingenommen.

Trotzdem kehrte Franz kaum mit dem Eindruck zurück, einen Mißerfolg erlebt zu haben. Er hatte die Freundschaft des Sultans gewonnen. In ihm ist der Sultan, der bisher die Kreuzfahrer nur von ferne als Feinde erfuhr, einem echten Christen begegnet, einem Mann Gottes, einem Bruder. Zwei Menschen der zwei feindlichen Blöcke haben sich liebgewonnen. Franziskus ließ sich nicht vom Blockdenken binden und blenden, sondern er ist ohne Vorurteile, ohne Machtmittel, einfach als Mensch zu Mensch, vor den Sultan hingetreten, überzeugt, daß auch er, wie jeder Mensch, im Grunde ehrlich den Weg des Heiles suche.[82]

8.3. Analyse der prophetischen Taten

Hinter all diesen fünf erwähnten Taten wird dasselbe ersichtlich: Franziskus ist ein Prophet, ein Pionier der universalen Bruderschaft. Immer bahnt er Wege zu den andern, schlägt er Brücken zu den andern, zu allen, ganz besonders zu den Emarginierten seiner Zeit, zu den sozial Ausgebooteten, den Analphabeten, den Dieben, den Aussätzigen; zu den religiös Ausgestoßenen, den Ketzern und den Muslimen. Er verpönte jeden Exklusivismus.

Indem er das tat, schwamm er gegen den Strom seiner Zeit. Die Kirche war damals und allzu lange – eigentlich bis zu Johannes XXIII. – gegen die Juden, gegen die Muslime, gegen die Heiden, gegen die Ketzer, gegen die Schismatiker. Sie verurteilte alle diese Gruppen, ohne sie von innen zu kennen und mit ihnen Dialog gepflegt zu haben. Franziskus war gegen niemanden, sondern suchte alle als Bruder und Schwester anzureden.

Wie kam er nur zu dieser originellen Haltung? Wahrscheinlich hatten ihn schon die Psalmen dazu inspiriert, die oft aufrufen: „Alle Völker, klatscht in die Hände, alle Inseln, preiset Gott!" Auch die Geheime Offenbarung spricht von allen Völkern und Sprachen und Nationen. Aber solche Texte kannten auch alle andern Christen seiner Zeit, ohne deshalb diesen großen Horizont bekommen zu haben. Bei Franziskus muß noch eine besondere „göttliche Eingebung" (ein Lieblingsgedanke in der Spiritualität des Heiligen) hinzugekommen sein, daß ihm plötzlich ganz klar die allumfassende Liebe des Vaters im Himmel aufging, dessen Güte zu allen Menschen er nie genug loben konnte, für dessen Güte er deshalb nie genug danken konnte. Man beachte seine geradezu mystischen Texte z. B. in der „nicht bullierten Regel" N. 23. Nun haben wir uns zu fragen: Was würde diese prophetische Haltung des heiligen Franziskus zugunsten der universalen Brüderschaft für die heutige Zeit bedeuten?

8.4. Franziskanische Menschen als Pioniere der postkonziliaren Brüderschaft

Ich spreche hier bewußt nicht von nachkonziliarer „Erneuerung". Damit wird diese Erneuerung keineswegs als belanglos abgetan. Sie wird als selbstverständlich vorausgesetzt. Aber es soll bewußt werden, daß diese Erneuerung nicht Selbstzweck ist, sondern Ausgangsbasis für das glaubwürdige Zeugnis der Kirche in der Welt als ganzer. In der langen Geschichte sprachen die Konzilien immer von „Erneuerung an Haupt und Gliedern". Aber man betrieb dabei wohl zu viel innerkirchliche Selbstbetrachtung, weltfeindliche Introvertiertheit. Die Kirche hat sich im Lauf der Geschichte zu sehr mit sich selbst beschäftigt. Und doch müßte sie immer „Kirche für die andern“ sein.

Diese „Öffnung“ zu den andern, zur Welt als ganzer, war typisch für das Vatikanum II. Das Konzil folgte darin der ganzen Geistigkeit des Papstes Johannes XXIII., der schon bei der ersten Audienz schlicht erklärte: „Habt nicht Angst vor mir, ich bin Joseph, euer Bruder“, und der dann in wenigen Wochen das Klima der Welt veränderte, bei Katholiken, Protestanten, Nichtchristen, Marxisten, Freude auslöste und einen neuen Geist der allgemeinen Brüderschaft schuf.

Haben wir in unserem Apostolat diese Öffnung schon zur Genüge vollzogen? Wir brauchen dabei gar nicht das Modell des heiligen Franz zu kopieren. Jeder muß seinen eigenen Glaubensweg gehen und auf seine Weise für die „göttliche Eingebung“, für die Zeichen der Zeit offen sein. Wenn Franziskus unter uns weilte, würde er uns wahrscheinlich nicht den Rat geben, in den „Franziskanischen Quellenschriften“ nachzulesen, was er damals getan habe, sondern vielmehr sagen: „Haltet die Augen offen, schaut auf die Zeichen der Zeit und handelt!“

Die postkonziliare Öffnung, die von uns gefordert wird, kann auch übersetzt werden mit postkonziliarer Brüderschaft oder auch mit postkonziliarem Ökumenismus im weitesten Sinn, den wir sowohl in der westlichen Welt wie in der Dritten Welt pflegen sollen.

8.4.1. Ökumene mit den Protestanten

Seit Johannes XXIII. sind wir plötzlich nicht mehr auf das fixiert, was uns trennt, sondern wir blicken freudig auf das, was uns eint; und das ist viel mehr. Wir kommen zur Einsicht, daß die noch verschiedenen Elemente und Traditionen eigentlich kaum mehr länger die Kirchenspaltung rechtfertigen und daß wir z. B. in Basisgruppen schon eine praktische Einheit der Kirche erleben. Franziskus würde jedenfalls nicht übers Maß die Strukturen betonen, sondern den gleichen Geist, das gleiche Evangelium, den gleichen Herrn Jesus Christus, die gleiche Taufe. Er würde mit den evangelischen Christen nicht argumentieren und polemisieren, sondern mit ihnen zusammen das Evangelium lesen und deuten, mit ihnen zusammen beten, mit ihnen zusammen handeln für die gemeinsame Verbreitung der Bibel und für eine gerechtere, menschlichere Welt.

Die Kapuziner haben diesbezüglich eine besondere Pflicht der Wiedergutmachung, waren sie doch zusammen mit den Jesuiten im Zug des Konzils von Trient in deutschen Landen die Protagonisten der Gegenreformation. Viele von ihnen hielten damals polemische Predigten und schrieben giftige Bücher gegen ihre Glaubensbrüder. Sie müßten heute entsprechend im Zug des Vatikanum II Protagonisten des Ökumenismus sein. Möge es uns allen gelingen, in unseren Reihen die Ökumene auf Lokalebene anzuregen, so daß wir, wenn nicht Propheten, wenigstens Pioniere des nachkonziliären Ökumenismus werden und jede unserer Gemeinschaften ein Strahlungsherd der Brüderschaft mit den evangelischen Christen sei.

8.4.2. Ökumene mit den Nichtchristen

Wenn es in der Ökumene mit den Protestanten um fast die Hälfte der Christenheit geht, so jetzt um zwei Drittel der Menschheit, mit denen wir Brüderschaft schließen sollten. Franziskus würde sich freuen an der neuen Theologie der Religionen, die uns heute annehmen läßt, daß Gott schon immer allen Menschen in allen Religionen seine Huld und Gnade schenkte, seine Offenbarung und Propheten sandte, seine Heiligen und Mystiker hervorrief, daß folglich auch jene Religionen Wege des Heiles sind und man auch aus jenen heiligen Büchern den Heiligen Geist hören kann. Franziskus würde wahrscheinlich auch heute gern einige Zeit in einem Hindu-Kloster in Gebetsgemeinschaft verbringen, wie er es damals in Damiette getan hat.

Der indische Jesuit Samuel Rayan sagte, der Dialog mit dem Hinduismus werde in franziskanischer Sprache geschehen oder er werde nicht geschehen. Welche Herausforderung für franziskanische Menschen in Asien! Es gibt heute in Asien und Ozeanien 2701 Franziskaner, davon sind 1772 Asiaten. Diese massive franziskanische Präsenz sollte sich auswirken auf den interreligiösen Dialog. Wenn auch der Dialog mit dem Islam heute schwieriger geworden ist, schwieriger als zur Zeit des heiligen Franziskus kann er nicht sein. Und doch hat Franziskus damals durch alle Schwierigkeiten hindurch den Weg zu den Muslimen gefunden.

8.4.3. Ökumene mit den säkularisierten Menschen

Darin besteht die neue Kirchensituation, daß es heute nicht mehr hier in Europa und Amerika „Kirche“ gibt, und dort in Afrika und Asien die „Missionen“, sondern überall ist Kirche vorhanden, aber überall Kirche in missionarischer Situation. In Afrika und Asien gibt es sehr viele „Noch-nicht-Christen“, in Europa und Amerika sehr viele „Nicht-mehr-Christen“, nicht mehr Praktizierende, nicht mehr Glaubende, militante oder praktische Atheisten in Ost und West.

Es gehört wesentlich zur evangelischen Berufung, daß jeder Jünger Christi das Reich Gottes verkünde. Missionar sein ist heute nicht mehr bedingt durch geographische Distanzen. Rings um unsere Gemeinden herum gibt es missionarische Situation, die uns zur missionarischen Reaktion herausfordert. Mit dem Glauben an die „göttliche Eingebung“ können wir die richtigen Wege finden.

8.4.4. Ökumene mit den Armen

Vor allem hier geht es nicht um den Dialog in vielen Dokumenten, in schönen Worten, sondern in glaubhaften Taten, um den Dialog des Lebens, indem wir wie die Armen und mit den Armen leben, um gemeinsam mit ihnen die Armut im Sinn des Elendes zu überwinden. Das Bewußtsein um „Gerechtigkeit und Frieden“ hat sich in den letzten Jahren in der Kirche stark entwickelt. Wir haben unsere Christen klug zu belehren, daß Einsatz für Gerechtigkeit, für Entwicklung, für Abrüstung nicht gleichbedeutend ist mit „Politik machen“, sondern ein wesentlicher Teil der Evangelisierung selbst ist, wie die Bischofssynode von 1971 erklärt hat.

Im Vatikan bestehen eigene Organe für jede dieser vier Arten von Ökumene, die Sekretariate für die Einheit der Christen, für die nichtchristlichen Religionen, für die Nichtglaubenden, und die Päpstliche Kommission „Justitia et Pax“. Die zehn alten Kongregationen (für die katholische Glaubenslehre, für die Bischöfe, für die Sakramente usw.) sind mehr auf die Kirche als Kirche ausgerichtet, auf die Sakramentalisierung der Gläubigen, die neuen Sekretariate mehr auf das Reich Gottes, das über die Kirche hinausgeht, auf die Evangelisierung aller Menschen, auf den Dialog mit allen Menschen. Es ist ein offenes Geheimnis, daß eine gewisse Spannung besteht zwischen den zwei Gruppen von Organismen, gerade wegen ihrer verschiedenen Ausrichtung. Auch

Menschen, die als Pioniere im Sinn der neuen Sekretariate arbeiten, müssen in Kauf nehmen, mit gewissen Stellen der Kirche in Konflikt zu geraten. Aber das gehört mit zum Risiko des christlich-franziskanischen Lebens.

Gleichsam im Anhang könnte man noch reden von Ökumene mit der Hierarchie, wie man das prophetische Charisma vereinen kann mit Gehorsam gegen die Autorität der Kirche; und von interfranziskanischer Ökumene, wie die Menschen der verschiedenen historischen franziskanischen Strukturen noch mehr miteinander auf vielen Gebieten zusammenarbeiten könnten, um Franziskus nicht zu spalten, sondern diesen sympathischen Heiligen mit gemeinsamer Stimme vor der Welt zu bezeugen.

8.5. Franziskanische Menschen als Pioniere der postnationalen Brüderschaft

Was bisher vom kirchlich-religiösen Standpunkt aus gesagt wurde, wird auch von rein menschlichen Überlegungen her bestätigt und gefordert. Alle Zeichen der Zeit weisen darauf hin, daß die Welt keine andere Wahl hat, als zur Öffnung, zum Dialog, zur einen Brüderschaft zu kommen. Die Verkehrs- und Nachrichtentechnik haben die Welt klein gemacht. In jeder Stube und fast im hintersten Busch erlebt man im Funk oder im Fernsehen die ganze Welt. Wir stehen heute auch in einer wirtschaftlichen, politischen, strategischen Interdependenz: gemeinsames Überwinden der Krise oder gemeinsame Hilflosigkeit den kommenden Problemen gegenüber; gemeinsames Vorankommen in den Friedensbestrebungen oder gemeinsamer Untergang im Nukleartod.

Die bisherige Geschichte stand vorwiegend im Zeichen der Nationalismen. Jede Nation schaute auf ihre eigenen Vorteile. Auf den Plätzen der Hauptstädte Europas sieht man Denkmäler der Helden, die, wie es oft geschrieben steht, „ihrem Lande dienten“. Sie taten es nicht selten dadurch, daß sie andere Länder bekriegten und besiegten oder um die eigene Nation herum ein Kolonialreich aufbauten.

In der anglikanischen St.-Paul-Kathedrale in London liegt in der Krypta mitten unter den Denkmälern der Helden von Trafalgar, Waterloo usw. eine schlichte Platte mit der Aufschrift: „Sir Alexander Fleming.“ Er hat in jahrelanger intensiver Laborarbeit das Penizillin herausgebracht und damit nicht nur seiner Nation, sondern der ganzen Menschheit gedient. Solche Menschen wie Fleming, Johannes XXIII. sind Helden der kommenden einen Menschheit. Wir stehen noch am Anfang der Geschichte der einen *planetaren Menschheit*. Wir sind noch Anfänger, haben noch keine Erfahrung im globalen Denken. Wir brauchen Pioniere, Modelle, Animatoren, Integrationsfiguren der einen Menschheit. Es scheint, daß bisher jeder Kontinent eine solche Gestalt hervorgebracht hat, die mit Leidenschaft für den Frieden und die Einheit lebte: Gandhi für Asien, Albert Luthuli für Afrika, Martin Luther King für Nordamerika, Erzbischof Romero für Lateinamerika, Franziskus von Assisi für Europa.

Darf man aber Franziskus von Assisi nicht als Symbol für die ganze Menschheit ansehen? Durch seine brüderliche Erfahrung mit der ganzen Schöpfung, wodurch er sogar zu allen Geschöpfen „Bruder“ und „Schwester“ sagte; durch seine intuitive Interpretation des Laufes der Geschichte, wie es die erwähnten prophetischen Taten zeigten, ist er zum Verhaltensmodell für die ganze Menschheit auf ihrem Weg zur postnationalen Brüderschaft geworden. Bei all seiner uneingeschränkten Liebe zu den besondern heilsgeschichtlichen Fakten, dem Ereignis Jesu Christi und dem Ereignis der Kirche, stand Franziskus doch mit seiner ganzen Geistigkeit sehr nahe der Theologie der ersten elf Kapitel der Genesis, die von der gesamten Menschheit handeln.

Wir dürfen nicht vergessen, daß die Zeit von der Berufung Abrahams an bis heute nur zirka 3500 Jahre deckt, die elf Genesiskapitel hingegen die Zeit der gesamten Menschheitsgeschichte, also rund eine Million Jahre, umfangen. In dieser langen Zeit beschäftigte Gott sich immer mit der Menschheit als ganzer. Seine erste Liebe galt der Menschheit als ganzer. In diesen ersten elf Kapiteln der Heiligen Schrift steht 539mal das Wort „Adam“ für Mensch als Kollektiv im Sinn der gesamten Menschheit. Erst relativ sehr spät hat Jahwe aus diesem weiten Horizont gleichsam mit dem „Zoom“ einzelne Gestalten und Völker in den Vordergrund gerückt: Abraham und seine Nachkommenschaft, Mose und sein Volk, Jesus und seine Kirche! Das war die Zeit des auserwählten Volkes. Aber sehr bald war aus der Auserwählungstheologie eine Auserwählungsideologie mit sehr unangenehm wirkenden Exklusivismen geworden.

Heute ist diese Klammer wieder geschlossen. Wir erkennen, daß die Auserwählung immer gemeint war im Blick auf alle, daß sie nie ein Monopol darstellen sollte, sondern ein Modell, daß alle Völker immer von Gott angenommen, also auch „auserwählte Völker" waren, daß folglich heute das eine auserwählte Volk zusammengesetzt ist aus allen Völkern und wir durch nichts zeitgemäßer wirken, als wenn wir arbeiten für die Einheit der Menschheit.

Wird wohl Franziskus dieses Wunder der einen Menschheit wirken? Wenn je, dann nicht durch einen ferngesteuerten Zaubereffekt, sondern nur durch Menschen, die denken wie er, die ihr einziges „Privileg" als Christen darin sehen, Vorhut zu sein auf dem Weg zur einen Menschheit und engagierter, modellhafter in diesem Sinn zu wirken, weil wir mit Franziskus glauben, daß alle Völker Völker Gottes sind, daß sie sich alle auf dem Weg befinden zum einen Gott und Vater, der sein Reich wie seine Sonne aufgehen läßt über Gute und Böse, und seine Liebe wie seinen Regen fallen läßt über Gerechte und Ungerechte, eben weil er der Vater aller ist, von dessen Liebe Franziskus ein Herold war, mehr als das, eine authentische Personifikation.

II. Teil

Modell
für das Jahr 2001

Einführung

Es gibt verschiedene Weisen, über die Zukunft der Kirche nachzusinnen. Man kann von den biblischen Impulsen her oder mit geschichtstheologischen Perspektiven oder mit dogmatischen Reflexionen Horizonte aufreißen und Deutungen bezüglich dieser Zukunft geben. Ich überlasse solche Studien den zuständigen Fachleuten und befasse mich in dieser Arbeit vom pastoralen Standpunkt aus mit der konkreten Kirche, die unmittelbar sehbar, greifbar, erlebbar, reflektierbar ist, deren Erfolge und Schwierigkeiten, Freuden und Sorgen wir nicht nur zur Kenntnis nehmen, sondern teilnehmend mitverantworten und mitverursachen.

Wir alle sind mit dieser Kirche die letzten zwanzig Jahre unterwegs gewesen. Vielleicht aber haben wir nicht voll mitbekommen, was da alles in ihr geschehen ist. Darum möchte ich versuchen, die konkrete geographisch-statistisch-pastorale Gestalt der Kirche der letzten zwanzig Jahre zu analysieren, dann die Trends und Entwicklungslinien, die in dieser Zeit wirksam waren, für die nächsten zwanzig Jahre vorauszuprojizieren, und schließlich nach den Konsequenzen zu fragen, die sich im Blick auf eine solche Entwicklung ergeben müßten. So können alle, die noch bereit sind, sich für die Kirche zu engagieren, annähernd wissen, für welche Gestalt der Kirche es der Mühe wert ist, sich zu ereifern.

Man mag dieses Vorgehen „Nah-Futurologie" nennen oder pastorale Kirchenprojektion oder induktive Tendenzkunde oder kirchenempirische Extrapolation. Dieser letzte Ausdruck kommt von der Mathematik her. Er wird auch in der Statistik, in besonderer Weise für Wirtschaftsprognosen verwendet. Er meint ein Vorgehen, das die Gültigkeit und den Verlauf eines Entwicklungsgesetzes über die Grenzen des feststellbaren Bereiches hinaus verlängert. Konkret in unserem Fall: Auf Grund fester Daten, nämlich der erwiesenen Tendenzen der vergangenen zwanzig Jahre, wird auf hypothetische Weise die entsprechende Kurve auch für die folgenden zwanzig Jahre ausgezogen. Diese Projektion gewährt keine Sicherheit, wohl aber ziemliche Wahrscheinlichkeit. Sie gilt unter der Voraussetzung, daß die Tendenzen, die gegenwärtig wirksam sind, nicht plötzlich abbrechen. Man müßte die Prognose z. B. alle fünf Jahre überprüfen und gegebenenfalls korrigieren.[83] Eine solche Extrapolation ist der einzige Weg, die Zukunft einigermaßen im voraus zu erkennen und rechtzeitig die entsprechenden Maßnahmen zu treffen.

Viele, die Tag für Tag im beschleunigten Rhythmus der letzten zwanzig Jahre mitgefahren sind, gaben sich wahrscheinlich nicht genügend Rechenschaft, welch ungeheuer interessante Zeitspanne wir zu durchqueren das Glück hatten. Die kommende Geschichtsschreibung wird einmal diese Zeit als qualitativen Sprung im Rahmen des evolutiven Weltgeschehens bezeichnen. In dieser Spanne ist *erstens* die Entkolonialisierung zum Abschluß gekommen, in deren Verlauf über 100 neue Staaten auf die Weltbühne getreten sind. Damit konnte die 500 Jahre dauernde historische Spaltung der Welt in wenige Kolonialmächte und viele Kolonialländer endgültig der vergangenen Geschichte überwiesen werden. Damit gewann der Block der jungen Nationen die Zweidrittelmehrheit in der UNO und bestimmt zum Teil den Verlauf der Weltpolitik. Damit ist auch die sogenannte „Weltgeschichte“, die bisher im Grunde nur eine europäische Geschichte war, in die erste Phase der eigentlichen Weltgeschichte eingetreten, die nun als neu zu schreibendes Buch vor uns liegt. Dieser erfreuliche Vorgang mit seiner messianischen Euphorie ging freilich allzu rasch über in eine wachsende Desillusionierung, so daß man infolge der ungerechten Welthandelsbedingungen, der brutalen Ölkrise mit den horrenden Preisen, aber auch infolge der Stammeskriege, der Staatsstreiche, der Korruption, der Ineffizienz der Verwaltung Anlaß hatte, vom „melancholischen Ende“ der zwei bisherigen Entwicklungsjahrzehnte 1960/70 und 1970/80 zu reden.

Diese selbe Zeit erlebte *zweitens* einen ähnlichen Wetterumschlag auch in der westlichen Welt. Nach der Hochstimmung des „American way of life“, des „Fortschritts ohne Grenzen“, ertönten bald die Warnrufe des „Clubs von Rom“ und der „Grünen“, und es dämmerte die Einsicht in die „Grenzen des Fortschrittes“ gepaart mit einer politischen und wirtschaftlichen Krise weltweiten Ausmaßes. Die sich ablösenden Ursachen dieser Krise des Westens können abgelesen werden in den Slogans der „Straße“, die in den sechziger Jahren hießen: „Revolution“, in den siebziger Jahren:

„Ökologie", in den gegenwärtigen Jahren: „Tod dem Nukleartod!" In diese selbe Zeit der vergangenen zwanzig Jahre fiel *drittens* eine großartige Phase der Kirchengeschichte. Sie begann mit dem Aufbruch, der vom „guten Papst" Johannes XXIII. und dem von ihm einberufenen Konzil ausgelöst wurde, der irgendwie mit dem Aufbruch jener „Jesus-Bewegung" vor fast 2000 Jahren vergleichbar war,[84] der dann freilich bald wieder von den Kräften der Restauration gedämpft wurde, so daß man dafür schon bezeichnenderweise das betrübliche Wortspiel geprägt hat, die nachkonziliare Erwartung von „Freude und Hoffnung" („Gaudium et spes": Die Konzilskonstitution über die Kirche in der Welt von heute) sei ins Gegenteil verkehrt worden, nämlich in „Trauer und Resignation".[85]

Noch einmal in derselben Zeit hat sich *viertens* ganz unmerklich etwas zugetragen, das die Kirche der Zukunft vor ganz neue Dimensionen und Herausforderungen stellen wird, nämlich die Verlagerung des kirchlichen Schwergewichtes von der westlichen in die südliche Welt. Ich werde mich im folgenden stark auf dieses Ereignis konzentrieren, weil es für die Gesamtkirche an der Schwelle zum dritten Jahrtausend von unübersehbarer Bedeutung ist und weil sich das Bewußtsein bei Haupt und Gliedern der Kirche noch nicht genügend darauf eingestellt hat. Wenn Lukas in der Apostelgeschichte eine Situationsschilderung der Kirche jener Zeit mit ihrer wunderbaren Ausbreitung, aber auch mit ihren Spannungen zwischen Mitarbeitern des Evangeliums, vor allem mit dem spannungsreichen Übergang von der Juden- zur Heidenkirche geschrieben hat, so könnte man für jedes Jahrhundert eine ähnliche „Apostelgeschichte" verfassen. Wahrscheinlich würde kein Jahrhundert so viele Ähnlichkeiten mit jenem ersten Modell aufweisen wie das unsrige; einerseits wegen der einzigartigen missionarischen Ausbreitung, andererseits wegen der Spannungen infolge der Befreiung nicht mehr vom 1000jährigen Gesetz des Mose, wohl aber vom fast 2000jährigen Gesetz der westlichen Kirche, wie wir bald sehen werden.

Wenn schon die vergangenen zwanzig Jahre so viel geschichtliches Gewicht haben, wie viel dann erst zusammen mit den kommenden zwanzig Jahren! Vierzig Jahre Kirchengeschichte, in deren Mitte wir jetzt stehen: Sie werden die Kirche so gestalten, wie sie sich als Erbe dem dritten Jahrtausend übergeben wird. Es ist faszinierend, diese vierzig Jahre zu analysieren, zu prognostizieren und vor allem sich für ihre Gestaltung zu engagieren.

Vierzig Jahre: Spontan weckt das die Assoziation mit den vierzig Jahren des Volkes Israel in der Wüste. Es will scheinen, als ob seither die Spanne von vierzig Jahren immer wieder eine Art konstitutive Kraft für je neue Entwicklungsphasen der Kirche gewonnen hätte. Man mag diese Aussage eine schöngeistige Spinnerei nennen. Sie beansprucht nicht, ein geschichtlicher Beweis zu sein. Aber sie könnte doch Anlaß geben, dieser Intuition näher auf die Spur zu gehen:

30–70: das Urchristentum, das noch ganz vom Geiste Jesu und vom mündlich überlieferten Zeugnis der Apostel lebte;

70–110: Niederschrift der vier Evangelien. In dieser Zeit konstituiert sich die Kirche endgültig. Sie markiert zugleich den Übergang der Judenkirche zur Heidenkirche, besiegelt durch die Zerstörung Jerusalems im Jahre 70;

310–350: die Zeit der „konstantinischen Wende"; die Kirche wird Staatskirche mit allen Auswirkungen durch das ganze Mittelalter und zum Teil bis zum Vatikanum II;

1520–1560: Reform und Gegenreform, von Wittenberg bis Trient;

1620–1660: der Anfangsimpuls der Kongregation de Propaganda Fide: ihre Gründung 1622, ihr programmatisches Schreiben von Sekretär Ingoli 1658;

1960–2000: Konzil und Nachkonzil, auch in der Welt eine messianisch-apokalyptische Zeit mit begründeter Befürchtung eines Nuklearkrieges und zugleich mit soviel Sehnen nach einer neuen Ära des Friedens und der Verbrüderung aller Menschen.

9. Die neue Kirchenpräsenz

9.1. Umschichtung der Kirche als Volk Gottes

Heute, wo wir am Ende einer kirchengeschichtlichen Phase stehen, wird es uns erst voll bewußt, wie lange die Kirche auf das christliche Abendland beschränkt geblieben war. Als der Apostel Paulus damals in Troas weilte, trug er sich mit der Absicht, ins Innere von Kleinasien zurückzukehren. Vielleicht wäre er in dieser Richtung weitergewandert und bis nach Afghanistan und Indien gelangt; und wer weiß, wie dann die Geschichte des Christentums herausgekommen wäre? Aber dann heißt es zweimal: „Der Geist verhinderte es . . . Der Geist erlaubte es nicht" (Apg 16). Statt dessen zog er nun nach Westen, nach Mazedonien, Korinth, Rom. Damit ist die Kirche eine Kirche des Westens geworden und es faktisch durch ihre ganze Geschichte hindurch geblieben.

So kommt es, daß wir in den Kirchengeschichten wohl 95 Prozent des Stoffes über die Kirche in der westlichen Welt lesen und die restlichen 5 Prozent über die missionarischen Unternehmungen dieser Kirche in den andern Kontinenten. Ferner erweisen sich die ganze Theologie, die ganze Liturgie, die ganze Kirchendisziplin als Frucht des 2000jährigen Lebens der Kirche in der westlichen Welt.

Ebenso klar sprechen die Statistiken.[86] Sie weisen nach, daß die Kirchen zu Beginn dieses Jahrhunderts noch ihr ganzes Schwergewicht in der westlichen, entwickelten Welt hatten (Europa und Nordamerika), und nur einen geringen Teil in der südlichen, weniger entwickelten, in der später sogenannten *Dritten Welt* (Lateinamerika, Afrika, Asien, Ozeanien). Für alle Christen sah das Bild so aus:

um 1900: Christen (in Millionen)

in der westlichen Welt	474 (= 85%)
in der südlichen Welt	83 (= 15%)
gesamt	557 (=100%)

Für die katholische Kirche allein war die Disproportion etwas weniger ausgeprägt, da Lateinamerika mit 56 Millionen Katholiken schon damals das Verhältnis etwas zugunsten der südlichen Welt verbessert hat:[87]

um 1900: Katholiken (in Millionen)

in der westlichen Welt	204 (= 77%)
in der südlichen Welt	62 (= 23%)
gesamt	266 (=100%)

Dieses Übergewicht Europas erklärt sich aus der Tatsache, daß dieser Kontinent 1500 Jahre lang praktisch allein das Evangelium besaß, da die andern Kontinente erst nachher entdeckt wurden und in den Bereich der Evangelisierung traten. Aber auch in der Zeit seither führte Europa die Hegemonie über jene andere Welt. Es hatte überall seine Kolonien, die Kirche überall ihre Missionen. Alle Fäden der Weltpolitik, des Welthandels, der Weltkirche liefen in Europa zusammen. Der weiße Mann genoß uneingeschränkte Autorität und konnte scheinbar ohne Widerspruch mit seinem Befehlston die Welt erfüllen. Erst neulich veröffentlichte Bücher bringen an den Tag, daß es schon immer Widerstand gab, aber er grollte damals nur in den Herzen, während man den Mund klugerweise geschlossen hielt.[88]

Diese Zeit der europäischen Hegemonie hat um die Mitte dieses unseres Jahrhunderts ihren Höhepunkt und zugleich ihre Ende gefunden. Während des Zweiten Weltkrieges ließen sich die Afrikaner und Asiaten noch für Europa mobilisieren, aber sehr rasch nachher fiel das Kolonialreich wie ein Kartenhaus zusammen. Damals gab es 57 Nationen, die alten Herren der Welt, die Gründerstaaten der UNO. Heute zählt diese Weltorganisation 159 Mitglieder, also 102 neue Nationen, die ihre Fahnen-Unabhängigkeit, leider noch nicht ihre wirtschaftliche Unabhängigkeit erlangt haben.

In dieser gleichen Zeit ist auch kirchlich eine Umschichtung vor sich gegangen, die ebenso für die Welt der Kirche eine radikal neue Lage schafft. Der quantitative Vorsprung der westlichen Christenheit ist nämlich zusehends reduziert worden, weil die westliche Welt mehr und mehr eine demographisch statische Gesellschaft wurde, während die südliche Welt einerseits durch Geburtenüberschuß, vor allem in Lateinamerika, andererseits durch neue Bekehrungen, vor allem in Afrika und Asien-Ozeanien, ein starkes Wachstum zugunsten der Kirche aufweisen konnte. Die entsprechende Zuwachsrate an Christen in den Jahren 1970–1982 ist bezeichnenderweise für Europa 0,26, für Nordamerika 0,63, aber für Lateinamerika 2,66, für Südasien 3,35, für Afrika 3,55, für Ostasien 4,04.

Das hatte zur Folge, daß bis 1960 der Rückstand der südlichen Kontinente schon fast aufgeholt war und diese von 1970 an in Führung gehen konnten.

Die Proportion der Katholiken in der westlichen und südlichen Welt sieht nun in der Entwicklung der letzten zwanzig Jahre so aus:

Katholiken (in Tausend)	*1960*	*1970*	*1980*
Europa	220.000	259.267	271.649
Nordamerika	47.000	55.310	60.949
westliche Welt	267.000	314.577	332.598
Lateinamerika	192.000	245.074	323.867
Afrika	23.000	39.728	58.676
Asien	33.000	49.688	62.713
Ozeanien	3.000	4.465	5.806
südliche Welt	251.000	338.955	451.062

Katholiken (in Tausend)	*1960*	*1970*	*1980*
in der westlichen Welt	267.000	314.577	332.598
	(51,55%)	(48,14%)	(42,44%)
in der südlichen Welt	251.000	338.955	451.062
	(48,45%)	(51,86%)	(57,56%)
	518.000	653.532	783.660
	(100%)	(100%)	(100%)

In den Jahren 1960–1970 hat sich die Proportion der Katholiken der südlichen Welt von 48,45 Prozent auf 51,86 Prozent verschoben, also um 3,41 Prozent; in den folgenden zehn Jahren 1970–1980 in beschleunigtem Rhythmus von 51,86 Prozent auf 57,56 Prozent, also um 5,70 Prozent. Wenn wir nun den Trend der letzten zehn Jahre um zwanzig Jahre in die Zukunft verlängern, also die Proportion um zweimal 5,70 Prozent oder um 11,40 Prozent aufbessern, so würden wir im Jahre 2000 68,96 Prozent der Katholiken in der südlichen Welt haben. Entsprechend verblieben 31,04 Prozent in der westlichen Welt. Falls die erwähnte Beschleunigung noch einmal zunehmen würde, was wahrscheinlich ist, müßte man mit 70 und mehr Prozent der Katholiken in der südlichen Welt rechnen, und wir hätten fast die umgekehrte Proportion als zu Beginn dieses Jahrhunderts.

Vor rund zehn Jahren hatte ich auf Grund anderer und viel vagerer Berechnungen angenommen, daß im Jahre 2000 rund 70 Prozent der Katholiken in der südlichen Welt leben werden.[89] Diese meine Voraussage ist also nun fast mathematisch genau bestätigt worden.

Soweit für die Katholiken. Im Blick auf die gesamte Christenheit geht die Verlagerung nicht im gleichen Tempo vor sich, aber der Trend ist ebenso klar:

Christen	*1970*	*1980*	*2000*
in der westlichen Welt	57,4%	51,0%	39,8%
in der südlichen Welt	42,6%	49,0%	60,2%

Wir sind also, fast ohne es zu merken, Zeugen eines historischen Prozesses der Kirche geworden und haben mitangesehen, wie die langwährende Vorherrschaft der westlichen Kirche aus den Angeln gehoben wurde und aus der westlichen Kirche *Weltkirche* geworden ist mit gebührender Verteilung der Christen auf alle Kontinente. Sie, die sich von Anfang an in einer unerhört kühnen Selbstzusage den Namen „katholisch" beigelegt hat, ist nun erstmals faktisch „katholische = über die ganze Erde" verbreitete Kirche geworden. Dabei muß man sich freilich der Relativität dieser Aussage bewußt bleiben, denn in 30 von den 223 Ländern der Welt machen die Christen gesamthaft weniger als 1 Prozent der Bevölkerung aus, in 147 Ländern stellen sie mehr als 50 Prozent dar, in den restlichen 86 Ländern stehen sie zwischen 1 und 50 Prozent.

Mit dieser Verlagerung des Schwergewichtes der Christenheit von der westlichen in die südliche Welt betritt die Kirche weitgehend Neuland, und sie wird dort allerhand Erfahrungen machen. Sie wandert ab zu kulturell sehr alten Völkern. Man weiß heute, daß die Kultur nicht in Griechenland und Rom begonnen hat, sondern im Indus- und Gangestal, am Gelben Fluß, in Indonesien, in Afrika, in Amerika, und erst später anfing, sich auch im östlichen Mittelmeer zu entwickeln. Welches Fest wird man erwarten können, wenn diese alten Kulturvölker mit ihren Schätzen in die

Kirche einziehen! Sie wandert ab zu demographisch sehr jungen Völkern. Wir im Westen werden mehr und mehr eine überalterte Gesellschaft, Kirche und Welt, und wir leiden darunter. In der gesamten Dritten Welt aber wimmelt es von Kindern und Jugendlichen, 42 Prozent der Bevölkerung stehen unter 15 Jahren. Welches Leben wird da herrschen, welche Hoffnung erblühen in einer so jugendlichen Kirche! Sie wandert schließlich ab zu wirtschaftlich sehr armen Völkern, in jenen Tropengürtel der Unwissenheit, der Krankheit und der Armut. Welche Chance wird sich ergeben für diese Armen, die „Seligen" des Evangeliums, nicht bloß in Dokumenten, sondern in Tat und Wahrheit eine Kirche der Armen, für die Armen und mit den Armen zu werden und mit ihnen den Teufelskreis der Armut zu durchbrechen!

Bereits jetzt hat diese Verlagerung ihre Auswirkungen gehabt auf das Reiseprogramm der Päpste. Seit nämlich der heilige Petrus sich in Rom niedergelassen hat, war nie ein Papst über Europa hinausgekommen. Doch Paul VI. startete plötzlich zu interkontinentalen Reisen, und Johannes Paul II. stattet mit einer gewissen Vorliebe die Besuche in Ländern der Dritten Welt ab, auch um ein Zeichen dafür zu setzen, daß die Kirche nun eine Kirche der sechs Kontinente geworden ist – wobei die beiden Amerika als zwei Kontinente gezählt werden.

Im Blick auf diese neue Konstellation habe ich damals geschrieben: „Es kommt die Dritte Kirche",[90] ich meinte Kirche der Dritten Welt, aber auch Kirche des kommenden dritten Jahrtausends. Denn in grober Verallgemeinerung kann man doch sagen, daß das erste christliche Jahrtausend, mit den ersten acht Konzilien im Osten, unter der Führung der Ersten Kirche, der *Ost-Kirche,* stand; das zweite Jahrtausend erlebte dann ebenso deutlich die Führung der Zweiten Kirche, der *West-Kirche,* die das Mittelalter gestaltete und seit der Entdeckung der Neuen Welt alle missionarischen Initiativen unternommen hat. Im kommenden dritten Jahrtausend wird nun offenbar die Dritte Kirche, die *Süd-Kirche,* die Führung übernehmen. Sie stellt nicht nur die Mehrzahl der Christen, sondern ich bin überzeugt, daß auch die wichtigsten Impulse und Inspirationen für die Gesamtkirche in Zukunft von der Dritten Kirche herkommen werden. Das will besagen, daß die Verlagerung des Schwergewichtes in die südliche Welt nicht bloß eine quantitative, sondern auch eine qualitative Angelegenheit ist.

Diese Voraussage ist übrigens bereits durch die Erfahrung bestätigt worden, nämlich an der Bischofssynode 1974 über Evangelisierung in der Welt von heute. So eindeutig das Vatikanum II und die ersten drei Bischofssynoden von den Theologen und Bischöfen der westlichen Kirche gemacht worden waren, ebenso eindeutig haben in der Synode 1974 die Bischöfe und Theologen der Dritten Welt die starke Hand gehabt. Sie haben die heißen Fragen vorgelegt, die Postulate der Option für die Armen, der Inkulturation, des Dialoges mit den Religionen; und haben sich heftig dafür eingesetzt, für Ideen, die dann in das wichtige Dokument „Evangelii nuntiandi" eingegangen sind. Nicht umsonst erwähnte Paul VI. in diesem seinem Lieblingsdokument zweimal den besonderen Beitrag der Bischöfe der Dritten Welt (E. N. 30, 31).

Es geht nun darum, diese neue Lage ins Bewußtsein aufzunehmen. Die Amerikaner sprechen von einem „cultural lag". Er besteht darin, daß viele Leute die neuen Strömungen der Theologie, der Philosophie, der Ideologie nicht verfolgen und so im Bewußtsein zwanzig Jahre hinter der Wirklichkeit zurückleben. Sie leben noch, als ob ... Das kann auch im kirchlichen Bereich geschehen. Eine der wichtigsten neuen Tatsachen, die man im Westen zur Kenntnis nehmen soll, ist also die, daß wir nicht mehr *die* Kirche sind, sondern ein Teil einer größeren Kirche geworden sind.

9.2. Die Umschichtung der Kirche als Hierarchie

9.2.1. Die Kardinäle

Bei aller historischen und ekklesiologischen Fragwürdigkeit dieser Institution muß man faktisch mit ihr rechnen. So ist ein Blick auf sie angezeigt. Es interessiert uns vor allem die Frage, in welchem Maß die Verteilung der Kardinäle mit der beschriebenen Verlagerung des Schwergewichtes der Kirche Schritt gehalten hat.

Zu Beginn des Jahres 1960 gab es drei asiatische Kardinäle, aber noch keinen afrikanischen. Dann sind im Konsistorium jenes Jahres zwei weitere asiatische und der erste afrikanische Kardinal ernannt worden, so daß diese zwei Kontinente von den 85 Kardinälen sechs stellten, oder 7,06 Prozent. Inzwischen war die Zahl der Kardinäle bedeutend erhöht worden. 1970 erreichte sie die

Höhe von 126, davon acht Asiaten und sechs Afrikaner, zusammen 14, oder 11,11 Prozent. Im Jahr 1980 machten die zehn asiatischen und elf afrikanischen Kardinäle 16,54 Prozent des Kollegiums aus. Lateinamerika war schon immer gut vertreten und zählte im Jahr 1980 21 Kardinäle.

Nach dem neuesten Stand beim Konsistorium vom 2. Februar 1983 fallen von den 120 Wähler-Kardinälen 59 auf Europa (davon 29 auf Italien, davon 20 in der Römischen Kurie), 12 auf Nordamerika, 20 auf Lateinamerika, 14 auf Afrika, 11 auf Asien, 4 auf Ozeanien. Die südlichen Kontinente zählen also 49 Kardinäle oder 40,83 Prozent. Man kann mit dieser Verteilung zufrieden sein. Sie hat nur noch einen Schönheitsfehler: Lateinamerika, das nun mehr Katholiken zählt als Europa, hat weniger Kardinäle als Italien. Diese historische Hypothek müßte noch zielstrebig abgebaut werden.

9.2.2. Die Nuntien

Mit der Zunahme der jungen Staaten ist auch die Zahl der kirchlichen Nuntiaturen vermehrt worden. Im Jahre 1960 gab es 42 Nuntiaturen und 17 Apostolische Delegationen; 1970 67 und 15, 1980 97 und 20. Man kann sich errechnen, wie sich diese vermehrten Bauten und das Personal auf die Finanzen des Vatikans auswirken. Von den 117 Vertretungen befinden sich 89 in der Dritten Welt.

Ich wiederhole hier nicht gewisse Kritiken, die man mit Recht an der Institution der Nuntiaturen machen kann.[91] Ich beschränke mich auf die Frage, wie weit der Vatikan den Wunsch des Konzils erfüllt hat, „daß die Päpstlichen Legaten, soweit es geschehen kann, mehr aus den verschiedenen Gebieten der Kirche genommen werden, so daß die zentralen Behörden oder Organe der Kirche eine wahrhaft weltweite Prägung aufweisen“.[92]

Wir verstehen, daß man das nicht auf einen Schlag verändern konnte. Denn man kann schließlich nicht irgendwen ohne bestimmte Karriere und Vorbereitung zum Nuntius machen. Die Umstrukturierung ging aber so langsam vor sich, daß an der Bischofssynode 1974 Bischof James Sangu von Mbeya (Tansania) glaubte, auf das Anliegen zurückkommen zu müssen. Er gab im Auftrag der Bischofskonferenzen von Afrika einen Bericht über die Lage der Evangelisierung in diesem Kontinent. In seinem englischen Text stand u. a.: „Wir Bischöfe Afrikas bitten demütig, daß die Päpstlichen Legaten mehr die Universalität der Kirche darstellen – die Regierungen fragen uns oft, ob unsere Kirche eine Kirche der Italiener sei – und daß sie mehr in die Ortskirchen integriert seien.“ Die im römischen Sekretariat besorgte Übersetzung in Latein aber verwandelte den Wunsch in eine Aussage: „Die Päpstlichen Legaten stellen die Universalität der Kirche dar und sind in die Ortskirchen integriert.“ Auf seinen Protest hin erhielt der Bischof die Antwort, der Papst habe *diesen* Text approbiert und er müsse diesen Text lesen – und er tat es.

Wie sieht nun faktisch die Lage aus? Im Jahre 1970 waren von den 65 Päpstlichen Legaten 49 Italiener (75 Prozent), im Jahre 1980 von den 72 Legaten[93] 52 Italiener (73 Prozent). In den zehn Jahren also, wo sich der Konzilswunsch schließlich hätte auswirken sollen, ist die Proportion lediglich um 2 Prozent gesunken. Wenn es im gleichen Rhythmus weiterginge, müßte man 110 Jahre warten, bis die Nichtitaliener wenigstens die Hälfte der Spitzenposten der päpstlichen Diplomatie besetzen könnten. Man fragt sich, welches die Hintergründe dafür seien, daß hier die unproportionale italienische Position so hartnäckig erhalten bleibt.

9.2.3. Die Bischöfe

Man muß es Rom hoch anrechnen, daß es mit der Ernennung einheimischer Bischöfe mutig vorangegangen ist. Nach einer begreiflicherweise etwas mühsamen Anlaufzeit (1923 Weihe des ersten indischen Bischofs, 1926 der ersten sechs chinesischen Bischöfe, 1927 des ersten japanischen Bischofs, 1939 der ersten zwei afrikanischen Bischöfe) nahm die Entwicklung dann folgenden rapiden Lauf:

Jahr	*afrikanische Bischöfe*	*asiatische Bischöfe*
1951	2	31
1961	38	75
1969	133	126
1980	293	408

Die 293 afrikanischen Bischöfe machen 65 Prozent, die 408 asiatischen Bischöfe 76 Prozent der Bischöfe in ihrem Kontinent aus. Dabei ist zu beachten, daß eine Anzahl ausländischer Bischöfe mitgezählt sind, die sich zwar zurückgezogen haben, aber noch im

Lande leben. Sonst wäre die Proportion der einheimischen Bischöfe noch höher. Es ist jedenfalls eine Frage der nicht mehr fernen Zukunft, daß die Generation der „Missionsbischöfe" der Geschichte angehört und nur noch im Gedächtnis als Gründer der jungen Ortskirchen weiterlebt.

9.2.4. Die Priester

Bei der Freude über den Aufbruch der Christenheiten in den südlichen Kontinenten bedrückt einen die Feststellung, daß die Anzahl der Priester damit keineswegs Schritt hielt. Ihre absolute Anzahl (Diözesan- und Ordenspriester zusammen) geht mit Ausnahme von Asien und Afrika überall leicht zurück:

	1970	*1975*	*1980*
Europa	255.800	255.336	243.319
Nordamerika	69.578	71.907	71.354
Lateinamerika	46.524	49.652	48.778
Afrika	17.172	17.314	17.346
Asien	25.060	25.632	27.136
Ozeanien	5.594	5.729	5.667
total	419.728	425.560	413.600

Das hat zur Folge, daß die Katholikenzahl auf einen Priester überall, auch in Asien, vor allem in Afrika, in geradezu katastrophaler Art in Lateinamerika, wächst.

	1970	*1975*	*1980*
Europa	1.020	1.026	1.090
Nordamerika	794	793	854
Lateinamerika	5.263	5.945	6.910
Afrika	2.326	2.803	3.383
Asien	2.000	2.050	2.311
Ozeanien	800	912	1.025

Diese Situation wird sich offenbar mit beschleunigter Progression weiter verschlimmern, da in der westlichen Welt die Priester, in der südlichen Welt die „Missionare" weitgehend überaltert sind, sich zurückziehen, sterben und nur spärlich durch junge ersetzt werden. Zwei Blitzlichter, die diese Lage schlagartig beleuchten: Die katholischen USA-Missionare sind in den Jahren 1968–1979 von 9655 auf 6455, also um 33,14 Prozent zurückgegangen; die

7845 katholischen Missionare aus Deutschland von 1980 (Patres, Brüder, Schwestern, Laienhelfer) stehen auf folgenden Altersstufen:[94]

über 70 Jahre	30,94%	(die absolut stärkste Gruppe!)
zwischen 60–70	27,56%	
zwischen 50–60	12.19%	
zwischen 40–50	19,73%	
zwischen 30–40	9,39%	
zwischen 20–30	0,39%	

Ohne die jungen Laienhelfer würde die Übersicht noch schlimmer aussehen. Wie sich das in weiteren zehn Jahren auswirken wird, kann man leicht errechnen. Die Jungen Kirchen haben alle Mühe, die Lücken der abtretenden Missionare zu ersetzen. Von einer Vermehrung der absoluten Anzahl der Priester kann vorläufig gar nicht die Rede sein. Dazu muß man noch mit dem Umstand rechnen, daß 1980 25 Länder der Dritten Welt total, 24 halb verschlossen waren für fremde Missionare und 18 weitere Länder Schwierigkeiten machten für neue Visa. In 67 Ländern mit 3,1 Milliarden Menschen ist es also für fremde Missionare schwer oder unmöglich gemacht, das Evangelium zu verkünden.[95] Wir werden uns mit dem Priesterproblem noch beschäftigen müssen.

9.3. Die Umschichtung von Kirche und Mission

9.3.1. Kirche in sechs Kontinenten – Mission in sechs Kontinenten[96]

Bisher war die Welt, kirchlich gesehen, zweigeteilt: hier Kirche – dort die Missionen. Die westliche Welt stellte die sendende, gebende, lehrende Kirche dar, die südliche Welt die armen, empfangenden, lernenden, abhängigen Missionen. Durch die Tätigkeit der Missionare sind in jenem „kirchlichen Niemandsland" Ortskirchen entstanden mit einheimischen Christengemeinden, Priestern, Schwestern und Bischöfen.

Auf Grund dieser neuen religionssoziologischen Realität und zugleich der neuen Ekklesiologie des Vatikanum II mit Betonung der Ortskirchen war es darum angezeigt, das traditionelle Missionsverständnis neu zu formulieren. Das geschah in einer Instruktion der Kongregation zur Evangelisierung der Völker von 1969. Darin wurde das „jus commissionis“ für die Diözesen abgeschafft, das heißt, fortan tragen nicht mehr die Missionsinstitute die volle Verantwortung für „ihre Missionen“, sondern die Ortskirchen sind aus einem Objekt und Gegenstand der Missionstätigkeit durch fremde Missionare selber zu einem Subjekt und verantwortlichen Träger der Evangelisierung in ihrem Gebiet geworden. Die Missionare stehen nun im Dienst dieser Ortskirchen. Sie sind nicht mehr die Herren, sondern die Diener, nicht mehr die Gesandten einer fernen Kirche, sondern die Eingeladenen dieser konkreten Ortskirche. Sie mußten sich psychologisch ordentlich umstellen, so vom ersten ins zweite Glied zurückzutreten.

Es ist also anachronistisch geworden, noch von „unseren Missionen“ zu reden, die Christen noch aufzurufen, „für die Missionen zu beten und Almosen zu geben“. Es geht nicht mehr um einseitige „Missionshilfe“ an arme Bettler, sondern um den zwischenkirchlichen Dienst, den alle Kirchen sich gegenseitig zu leisten haben, wie wir später noch ausführen werden. Es gibt also heute Kirche in sechs Kontinenten, und das historische System der „Missionen“ konnte in Ehren abtreten.[97]

Aber gleich müssen wir beifügen: Wenn die „Missionen“ ihr Ende gefunden haben, so geht die Mission weiter, das heißt die missionarische Tätigkeit, die Erstverkündigung des Evangeliums an Menschengruppen, die Christus fernstehen. Neu ist nun aber die Einsicht, daß diese Tätigkeit eigentlich in allen Ländern aller Kontinente erfordert wird. Darum fügt sich zur einen Formel „Kirche in sechs Kontinenten“ gleich die andere „Mission in sechs Kontinenten“. Es gibt heute nicht mehr Kirche *und* Mission, sondern Kirche *in* Mission. Wo immer Kirche lebt, befindet sie sich in missionarischer Situation und steht darum vor der missionarischen Herausforderung.

Für Afrika und Asien springt das in die Augen. Afrika ist zwar auf dem guten Weg, auch ein christlicher Kontinent zu werden – natürlich mit vielen Vorbehalten. Wenn man alle Christen, Getaufte, Katechumenen, Sympathisanten zusammennimmt, wie es D. Barrett tut, steigt die Proportion der Christen in Afrika wie folgt: *um 1900:* 9,2 Prozent; *um 1970:* 40,6 Prozent; *um 1980:* 44,2 Prozent; *um 2000:* 48,4 Prozent. Für Schwarzafrika (also ohne Nordafrika) würde die Proportion bis zum Jahr 2000 auf 57 Prozent steigen.

Für den riesigen Kontinent Asien, der schon fast 60 Prozent der Weltbevölkerung zählt, sieht die Sache viel weniger günstig aus. Proportion der Christen in Südasien: *um 1900:* 4,1 Prozent; *um 1970:* 7,1 Prozent; *um 1980:* 7,6 Prozent; *um 2000:* 8,5 Prozent. Christen in Ostasien: *um 1900:* 0,4 Prozent; *um 1970:* 1,4 Prozent; *um 1980:* 1,8 Prozent; *um 2000:* 2,4 Prozent.

Im Blick auf die gesamte Weltbevölkerung bleibt die Proportion der Christen stagnär, mit leicht abnehmender Tendenz: *um 1900:* 34,4 Prozent; *um 1970:* 33,7 Prozent; *um 1980:* 32,8 Prozent; *um 2000:* 32,2 Prozent. Von einer voraussichtlichen Weltbevölkerung im Jahr 2000 von 6.259,642.000 werden die Christen 2.019,921.366 sein, die Nichtchristen also 4.239,720.634.

Wenn wir auch heute eine andere theologische Interpretation der Religionen haben als früher und infolgedessen auch eine andere Methode für Mission und Dialog,[98] so muß sich die Kirche doch nach wie vor mit dem heiligen Paulus sagen: „Weh mir, wenn ich nicht das Evangelium verkündete!“ (1 Kor 9,16).

Bei der praktischen Aussichtslosigkeit, die 30-Prozent-Linie wesentlich zu übersteigen, muß man sich fragen, was wohl die heilsgeschichtliche Absicht Gottes mit dieser Situation sei. Will er wirklich und wirksam, daß die Kirche „Arche des Heiles“ sei für die immer wenigen Privilegierten, die sich in ihr befinden, wie sie es in der Geschichte zu sein glaubte? Oder soll sie nicht vielmehr, wie es das Konzil betonte, Keim und Anfang des Reiches Gottes, Sakrament und Zeichen des Heiles für alle sein?[99] Soll sie nicht ihre Hauptaufgabe darin sehen, einfach das Reich Gottes auszurufen als freies Geschenk Gottes an alle Menschen guten Willens?

Man kann in diesem Zusammenhang auf das bekannte Bild von den konzentrischen Kreisen hinweisen, in denen sich die Kirche aufbaut: Um den innersten Kreis der Getreuen lagern sich die Lauen, dann die nur noch nominellen, nicht mehr praktizierenden Christen. Wieder ferner, aber Christus vielleicht näher, stehen die zwar nicht getauften, aber mit der Kirche sympathisierenden Menschen. Viele von ihnen leben bereits in ihrem Licht, freuen sich am Evangelium, aber aus verschiedenen Gründen wollen und können sie ihren religiösen Standort nicht wechseln. Man könnte sie „Gandhi-Christen“ nennen, nach jener Gestalt, die durch den prämierten Film wieder in der ganzen Welt bekannt geworden ist, der Jesus und sein Evangelium bewunderte[100] und der durch seine

Selbstlosigkeit, seine Zielstrebigkeit, seine Gewaltlosigkeit in mancher Hinsicht für das Reich Gottes mehr getan hat als die meisten Christen. Man darf ohne Zweifel annehmen, daß er vom gleichen Heiligen Geist inspiriert und geführt war wie unsere Heiligen. Dieser konkrete Schluß darf legitimerweise aus der theologischen Prämisse gezogen werden, die heute mehrheitlich angenommen ist, daß diese Religionen ebenfalls Wirkung des Heiligen Geistes seien. Auch Papst Johannes Paul II. hat das in „Redemptor hominis" zweimal betont (Nr. 6 und Nr. 12).

Diese „Gandhi-Christen" oder Sympathisanten können nicht gezählt werden. Aber es gibt gewisse Anhaltspunkte für ihre Dichte. So erklären sich bei Volkszählungen viele Nichtgetaufte als Christen. Laut den vatikanischen Quellen gab es 1980 in Afrika 58,7 Millionen Katholiken, nach den Regierungsangaben jedoch 76,8 Millionen. In Japan, wo die Christen gesamthaft 1,2 Prozent einer Bevölkerung von 118 Millionen ausmachen, tragen sich 5 Prozent der Japaner bei der Volkszählung als Christen ein, 22 Prozent nennen sich Sympathisanten, 33 Prozent haben schon wenigstens einmal eine christliche Kirche besucht.[101] Dieses letztere geschieht vor allem bei Ehefeiern, denn 10 Prozent der jungen Paare wünschen ihren Lebensbund in einer christlichen Kirche zu schließen und wohnen, zusammen mit ihren Verwandten und Freunden, mit innerer Anteilnahme der halbstündigen Evangelisierung mit religiöser Musik, Bibellesung, Homilie, Gebeten und gegenseitigem Treuegelöbnis bei.

9.3.2. Die Chancen der Evangelisierung

Wieder in einem weiteren Kreis als die Sympathisanten liegen die „Evangelisierten", die zwar von Christentum, Christus und Evangelium gewisse Kenntnis besitzen, aber sich noch nicht ausdrücklich dazu geäußert haben. Die sich verstärkende Präsenz von Christen in allen Ländern der Welt und die Technik der Massenmedien schaffen unvergleichlich bessere Chancen für diese Evangelisierung im weitesten Sinn als früher. D. Barrett hat mit ungeheurem Aufwand nach einem verzweigten System von Indikatoren, z. B. die Anzahl der Christen, die Zeit, die das Christentum schon im Lande ist, die Anzahl der Prediger-Evangelisatoren, die christliche Ausnützung der Massenmedien, die Anzahl der verkauften Bibeln usw., den Grad der Evangelisierung in jedem Land berechnet.[102]

Für die Kontinente sieht der Evangelisierungsgrad in Prozenten so aus:

	1900	*1970*	*1980*	*2000*
Europa	99,7	98,6	98,9	99,5
Nordamerika	99,8	99,6	99,8	99,9
Lateinamerika	97,3	98,7	98,7	99,6
Afrika	23,1	69,7	74,7	85,5
Ostasien	27,0	27,8	37,5	62,7
Südasien	25,4	52,9	65,2	83,5
UdSSR	97,0	64,0	71,0	90,4
Durchschnitt	51,3	61,4	68,4	83,4

Mit Ausnahme von Ostasien (China) sind wir also daran, das Ziel der ersten Evangelisierung zu erreichen, wobei natürlich noch ein weiter Weg bleibt von diesem „zur Kenntnis bringen" bis zum „Bezeugen in der Kraft des Heiligen Geistes".

Man darf auch nicht übersehen, daß das Christentum durch seine missionarische Präsenz in Afrika und Asien eine Art unreflektierte Osmose ausgelöst hat, indem viele christliche Impulse, Orientierungen, Werte ins ethische Bewußtsein, ins Rechtsempfinden, in die staatlichen Konstitutionen, in die nichtchristlichen Religionen eingegangen sind, wie umgekehrt auch im säkularisierten Westen viele christliche Werte erhalten blieben, was unser Urteil über jene Menschen gnädiger stimmt.[103] Was wäre erst zu sagen über die Chancen der Evangelisierung infolge der wachsenden Präsenz nichtchristlicher Menschen in den westlichen Ländern! In Deutschland zählt man gegenwärtig 1,8 Millionen Menschen muslimischen Glaubens.[104] Ähnliches gilt von andern Ländern und von andern Religionen.

9.3.3. Die Quantifizierung des Unglaubens

Diese eher positive Schau bezüglich der Evangelisierung kann uns nicht ein anderes Phänomen verkennen lassen, nämlich das meteorhafte Aufsteigen des Säkularismus, des Agnostizismus, des antireligiösen militanten oder des unreligiösen praktischen Atheismus in diesem Jahrhundert.

Es ist schwer, dieses polypenartige Gebilde in den Griff zu bekommen. Seine Ursachen liegen in der marxistischen Religionskritik wie im wissenschaftlich-psychologischen Befreiungsprozeß des „mündigen Menschen", der protzend betont, die Probleme dieser Welt auch ohne den Glauben angehen und lösen zu können, sogar besser als mit ihm. Schon D. Bonhoeffer glaubte, daß wir einer völlig religionslosen Zeit entgegengehen, wo Gott nicht mehr der „Lückenbüßer unserer Verlegenheiten" sein werde, daß wir die „Arbeitshypothese Gott nicht mehr brauchen", wo freilich das, was mit Gott gemeint sein kann, „nicht mehr am Rande unseres Lebens steht, sondern in dessen Mitte, in der Fülle des Lebens, in den zwischenmenschlichen Beziehungen..."[105] Radikal drückt sich darüber T. Moser aus, der in einem fingierten Gespräch mit Gott diesen anklagt, die Menschen süchtig nach ihm gemacht zu haben, sie abhängig und infantil bewahrt zu haben, ihnen mit Hölle, Heulen und Zähneklappern gedroht und an einem solchen Sadismus Gefallen gehabt zu haben. Aber der Ankläger atmet nun auf, Gott, „diese große Krankheit" überstanden zu haben; von dieser „riesigen Krücke" befreit worden zu sein, verleihe ihm „ein Gefühl der Kraft". Verständnisvoll nimmt er, ein Psychiater, sich vor: „Soweit andere dich brauchen, um nicht noch mehr zu leiden, werde ich nicht gegen dich sprechen. Es genügt mir, daß *ich* dich nicht mehr brauche... Menschliche Gesichter werden deines ersetzen, weil deines unmenschlich war. Meine Augen lernen sehen, seit du mir nicht mehr den Horizont verdunkelst..."[106]

Das konkrete Erscheinungsbild des Unglaubens variiert von Stadt zu Land, und von Land zu Land. Es scheint auch bereits eine Gegenbewegung am Werk zu sein, die die Hypothese von der totalen Säkularisierung Lügen straft. P. M. Zulehner stellt fest, daß in Österreich sich immer noch 34 Prozent als sehr religiös bezeichnen, 27 Prozent als religiös, 21 Prozent als wenig religiös und 18 Prozent als unreligiös. In der Stadt Wien freilich, glaubt er, wäre das Verhältnis umgekehrt. Er spricht auch von einer „gebremsten Säkularisierung", insofern in den Jahren 1970–1980 die Anzahl der „diesseitigen Menschen", die nicht an Gott glauben und sagen, mit dem Tode sei alles aus, von 21 Prozent auf 16 Prozent zurückgegangen sei, während der Anteil der „Jenseitsoffenen" leicht angestiegen sei, nämlich von 44 Prozent auf 46 Prozent.[107] Für die katholische Stadt München wirkte es 1974 wie ein Schock, als die Statistiken feststellten, daß 52 Prozent der Ehen mit beiden Teilen katholisch sich nicht mehr in der Kirche trauen ließen, daß 42 Prozent der neugeborenen Kinder nicht mehr getauft wurden, daß in jenem

Jahr mehr Austritte aus der Kirche erfolgten (6079) als Taufen in die Kirche.[108]

In Frankreich weiß man, daß in den Peripherien der Städte vielleicht noch 3 bis 5 Prozent der Erwachsenen in die Kirchen gehen.[109] In den USA haben Forschungen ergeben, daß man mit 80 Millionen „unbekirchten Menschen" (unchurched people) rechnen muß, wenn man auch gleichzeitig einen starken religiösen Aufbruch registriert; denn sechs von zehn Personen halten Religion als „sehr wichtig"; und ein Drittel aller Erwachsenen erklärte, in den letzten Jahren Religion neu entdeckt zu haben, sich religiös wiedergeboren zu fühlen.[110]

Bezüglich der Ausbreitung des Unglaubens und ähnlicher Systeme von Ersatz-Religionen auf Weltebene stellt der Experte mit dem besten Überblick, D. Barrett, fest: „Von einer minimen Präsenz im Jahre 1900, kaum 0,2 Prozent der Weltbevölkerung, sind diese Systeme aufgeschossen bis zu 20,8 Prozent der Weltbevölkerung im Jahre 1980. Sie wachsen gegenwärtig mit der außergewöhnlichen Quote von 8,5 Millionen neuer ‚Bekehrungen' jedes Jahr und werden wahrscheinlich schon im Jahre 1984 eine Milliarde Anhänger haben. Ein großer Teil dieser Mitglieder sind Kinder und Enkel von Menschen, die in ihrem Leben den Glauben praktizierten. Kein christlicher Stratege hätte im Jahr 1900 einen solchen massiven Abfall vom Christentum in dessen Stammland vom 19. Jahrhundert ins Auge gefaßt." Dieses Schicksal trifft freilich nicht bloß das Christentum, sondern alle Religionen. Der Buddhismus z. B hat sich zwar dank einer intensiven missionarischen Tätigkeit in der neueren Zeit in 84 Länder ausgedehnt, aber verliert gleichzeitig jährlich an die 900.000 Anhänger zugunsten des Agnostizismus.[111]

Es brauchte ziemlich lange, bis man sich im Westen Rechenschaft darüber gab, wieder neu in „missionarischer Situation" zu leben. Als erste wiesen die zwei französischen Priester H. Godin und Y. Daniel darauf hin, die während des Weltkrieges das Buch herausgaben „La France, pays de mission?" (Lyon 1943). Auf Grund von Statistiken bejahten sie die Frage: Frankreich ist wirklich wieder ein Missionsland geworden! Das Buch erregte damals Aufsehen, aber außerhalb Frankreichs auch große Opposition. Man wollte es nicht wahrhaben. Zwanzig Jahre später hat der Ökumenische Rat der Kirchen in Mexiko City 1963 den Ausdruck geprägt: „Mission in sechs Kontinenten." Zur selben Zeit fing K. Rahner an, von der „Diaspora-Situation des Christentums" zu reden: Man könne nicht mehr länger mit dem Volkschristentum rechnen, sondern müsse auf das Wahlchristentum zählen, auf Minderheitsgruppen von Überzeugungschristen, die sich nicht ins Getto abkapseln, sondern zu einem Ferment-Dasein entfalten, also missionarisch aktiv sein sollten.[112] Auch damals reagierte man in katholischen Kreisen noch nicht sonderlich. Erst seit einigen Jahren nimmt man die Situation ernst und macht Studien und Analysen darüber.[113] Schließlich erhob kein Geringerer als Papst Johannes Paul II. die Stimme und redete dem Rat der Europäischen Bischofskonferenzen 1978 zu Herzen: „Europa ist daran, wieder ein Missionskontinent zu werden; das soll nicht ein Motiv zum Pessimismus sein, sondern als große Herausforderung verstanden werden."[114]

Wer tut die nötigen Schritte von der Einsicht zur entsprechenden Tat? Das christliche Abendland von einstens ist zum wohl schwierigsten Missionsland geworden und steht fast hilflos vor der neuen Aufgabe. Frankreich und die USA gingen den übrigen Ländern bezüglich der missionarischen Seelsorge um einige Jahre voraus.[115] Das Symposium der Europäischen Bischofskonferenzen vom 4. bis 8. Oktober 1982 in Rom versuchte das heiße Eisen anzugreifen, aber kam nicht weit über die Resolution hinaus, diesem Thema noch ein anderes, längeres, besser vorbereitetes Symposium zu widmen.[116] Werden die Impulse und Kräfte vielleicht einmal von den missionarischen Kirchen der Dritten Welt herkommen?

Bei diesem gedrängten Überblick über die neue Kirchenpräsenz ist einem wohl aufgegangen, daß die Kirche wirklich vor einer neuen historischen Phase steht, vor ihrem Weltzeitalter mit ebenso vielen Chancen wie Risiken. Solche ungewöhnliche Zeiten sind die Stunde des Geistes. Als am Anfang der Schöpfung die Erde wüst und leer dalag, schwebte der Geist Gottes über den Wassern, und Chaos verwandelte sich in Kosmos (Gen 1,1–2). Als die junge Kirche den Sprung in die Heidenwelt wagen sollte, aber nicht wußte, wie, trat der Heilige Geist in Aktion und gebot der Kirche von Antiochien, die in Liturgie und Fasten vertieft war: „Sondert mir Barnabas und Paulus zu dem Werke ab, zu dem ich sie berufen habe" (Apg 13,3); und es begann der Siegeslauf des Evangeliums.

Als im Mittelalter die Kirche in Macht und Reichtum verfangen war, erkannten Franziskus von Assisi und andere Reformer in „göttlicher Eingebung“, was die Kirche des Evangeliums sein und tun sollte, und einmal mehr erwies das Evangelium seine Kraft. Als im 19. Jahrhundert das Bedürfnis nach allgemeiner Schulbildung erwachte und der europäische Kolonialismus Afrika und Asien erschlossen hatte, traten vom Geist erfüllte Männer und Frauen auf den Plan und gründeten Schul-, Kranken- und Missionsinstitute. Wer und wo sind die Verantwortlichen, die Propheten, die vom Geist Inspirierten, die heute offenen Ohres merken, was der Geist der Kirche auf ihrem Weg ins dritte Jahrtausend sagen will? (vgl. Offb 2,7).

10. Die neue Kirchenstruktur

10.1. Motive und Modelle

Aus der bisherigen Beweisführung mit den vielen Kirchenstatistiken ergeben sich nun schwerwiegende Fragen an die Kirchenstrukturen. Ein Erwachsener kann nicht länger seine Kinderschuhe tragen. Eine Kirche der sechs Kontinente kann sich nicht länger mit den Allüren und Gewändern der westlichen Kirche zur Schau tragen. Was als selbstverständlich galt, solange die Kirche dekkungsgleich war mit dem christlichen Abendland, nimmt sich heute in den andern Kontinenten komisch, anachronistisch, gar imperialistisch aus. Man kann nicht mit einem Bein in die neue Epoche des Weltzeitalters hineinhüpfen und am andern Bein mit dem Bleiblock der westlichen Tradition belastet bleiben.

Gewiß, das Heil der Kirche kommt nicht von den Strukturen. Sie sind zweitrangig. Man könnte sie sogar ein notwendiges Übel nennen. Was Jesus vorerst wollte, war nicht eine Struktur, eine Organisation, eine Autorität, durch die hindurch die Menschen das Heil erlangen sollten, sondern das waren Gruppen von Jüngern über die Welt verstreut, die sein Evangelium lebten, es der Welt vorlebten und auf diese Weise den Jüngerkeis vergrößerten. Aber wo immer Menschen sich zusammentun, braucht es eine gewisse Ordnung. So lag es in der Absicht Jesu und wurde es vom Geiste Jesu gefügt, daß sich in den Gemeinden verschiedene Charismen, verschiedene Führungsämter entfalteten, die der Jungen Kirche bei aller Freiheit im Geiste eine gewisse feste Struktur verliehen.[117]

Dann folgte mit der „konstantinischen Wende“ eine Zeit, wo diese „ministri“, Diener der Gemeinde, eine soziale Klasse mit Privilegien, Titeln und Territorien wurden, mehr und mehr alle Ämter in der Kirche monopolisierten, sich praktisch mit der Kirche identifizierten und die Laien zu bloßen Passivmitgliedern degradierten. Als die Reformatoren eine solche Kirche in Frage stellten, wurden in der Gegenreformation die Ämter umso mehr apologetisch verteidigt; und dies bis an die Schwelle des II. Vatikanischen

Konzils. Im bekannten dogmatischen Handbuch von A. Tanquerey, mit dem in vielen Ländern viele Priestergenerationen groß geworden sind, wird auf 62 Seiten nachgewiesen, daß Christus die Kirche als wahre Gesellschaft, als hierarchische Gesellschaft, als monarchische Gesellschaft gestiftet habe; und nur wie im Anhang wird noch auf zwei Seiten erwähnt, daß sie auch Leib Christi und Braut Christi genannt werde.

Dann brach das Konzil wie ein neuer Pfingststurm über die Kirche. Man ließ sich wieder von der urchristlichen Schau inspirieren, und als Frucht eines echten Dialoges zwischen den besten Bischöfen und den besten Theologen kam die Kirchenkonstitution „Lumen gentium" zustande, welche die Kirche im richtigen Sinn „entklerikalisiert" und gegen großen Widerstand die Akzentverschiebung von einer juridisch-apologetischen zu einer charismatisch-kommunalen Kirchenschau vollzogen hat.[118] Man müßte darum jetzt viel Schönes und Hoffnungsvolles sagen und aufzeigen, wie diese erneuerte Schau an vielen Orten in lebendigen Gemeinden, in Ferment-Kirchen, in Basis-Kirchen, neue Wirklichkeit geworden ist.[119]

Freilich hat diese Erneuerung noch keineswegs die ganze Kirche ergriffen. A. Seipolt läßt in einem Roman „Dionys von Ephesus", einen Martyrer aus dem dritten Jahrhundert, auferstehen und durch unsere Kirchenzeit wandern. Er stellt erstaunt und bedrückt fest, wie viel man in den Sonntagspredigten von Moral und Geld, wie wenig aber von Christus redet, und wie man unter den Kanzeln keine fröhlichen Gesichter sieht. Er meint zum Erzbischof: „Uns predigte man damals, was es bedeutet, getauft zu sein. Dann brauchte es nicht mehr viele Gebote und Verbote." Der Erzbischof darauf: „Wir wissen, daß wir neue Wege gehen müssen. Nur fürchten wir uns davor . . ." Dionys kommt zur Einsicht: „Die Welt ist voll von guten Menschen, nur finden sie nicht immer zueinander. Sie kommen sich verlassen vor. Das raubt ihrer Güte den Glanz." Seine Botschaft blieb immer dieselbe: „Freut euch!" Die Kirchenmänner bemerkten: „Nur das?" Als Dionys wiederum eingeschlafen und gestorben war, meinten sie: „Schlafe weiter, Dionys, schlafe tiefer als bisher! Wozu bist du nur aufgewacht?"[120]

Damit ist ausgesagt, daß trotz Vatikanum II noch nicht alles heil ist in der Kirche, daß die Anliegen der Kirche als Geist-, Liebes- und Verkündigungskirche in einer stets neu auszutragenden Spannung mit der Strukturkirche stehen, die sich noch nicht entsprechend geändert hat. Die Belastung der gegenwärtigen Kirchenzeit besteht genau darin, daß die Ideen der neuen Kirchenschau, die in vielen Konzils- und Nachkonzilsdokumenten grundsätzlich anerkannt sind, sich noch nicht konkret und genügend in die Strukturen der Kirche umgesetzt haben. Insofern ist es doch sehr wichtig, von den Strukturen zu reden.

Von der geschichtlichen Erfahrung her droht uns eine gewisse bange Ahnung die Zuversicht zu rauben. Wie schwer tat sich die Kirche daran, das mythologisch-biblisch-geozentrische Weltbild mit dem wissenschaftlich-galiläisch-heliozentrischen Weltbild zu ersetzen; die „Ketzer" des Mittelalters und der Neuzeit in ihren echten Grundanliegen anzuerkennen und sie nicht voreilig, ohne Dialog, zu Ketzern zu machen; den modernen, freien, kritischen, wissenschaftlichen Menschen als echten Partner anzunehmen und Anschluß an die neue Zeit zu finden.[121]

Pater Alfred Delp, der als Martyrer des Naziregimes gestorben ist, schrieb seherisch: „Die Kirchen stehen durch die Art ihrer historisch gewordenen Daseinsweise sich selbst im Weg. Ich glaube, überall da, wo wir uns nicht freiwillig um des Lebens willen von dieser Lebensweise trennen, wird die geschehende Geschichte uns als Vernichtungsblitz treffen."[122]

Die Kirche hat seit hundert Jahren in der westlichen Welt eine Klasse nach der andern verloren (was nicht von der Gesamtheit, wohl aber von der Mehrheit gesagt ist): zuerst die Arbeiter, weil sie damals deren Probleme und berechtigten Ansprüche nicht genügend ernst genommen hat; dann die Intellektuellen, weil sie die Autonomie der Wissenschaften nicht anerkennen wollte; dann die Männer, weil diese müde wurden, in der Kirche wie Kinder behandelt zu werden; dann die Jugendlichen, weil diese die Denkweise der Kirchenleute diskussionslos „ad acta" legten; jetzt die Frauen, weil diese das Hauptkontingent der Kirchenbasis ausmachen, aber an der Kirchenspitze nichts mitzureden haben. Es bleiben noch die Alten: Diese werden ihr treu bleiben. Doch wie kann sie mit ihnen ihre historische Sendung ausführen?

Als neue Hoffnung geht nun die *„Dritte Kirche"* auf. Es wird jetzt sehr viel davon abhängen, ob die westliche Kirche dieser südlichen Kirche die nötige Großzügigkeit erweise, den nötigen Freiheitsraum zugestehe, sie selber zu werden und nicht bloß eine

Kopie der „Mutterkirche" zu bleiben. Unterdessen geht auch hier der Befreiungsprozeß sehr zäh vor sich. Vor lauter Bremsklötzen kommt man nicht vom Fleck. M. Singleton faßt am Schluß seiner Untersuchung über die Kirche in Westnigeria in Anlehnung an Moses Wort an Pharao: „Laß mein Volk ziehen ..." (Ex 5,1) die Lage so zusammen: „Die Priester wollen gehen, aber der Bischof läßt es nicht zu. Die Laien wollen gehen, aber die Priester lassen es nicht zu. Die Seminaristen wollen gehen, aber der Staff läßt es nicht zu. Die Frauen wollen gehen, aber die Männer lassen es nicht zu. Die Jungen wollen gehen, aber die Alten lassen es nicht zu. Die Nigerianer wollen gehen, aber die Ausländer lassen es nicht zu. Die Protestanten wollen gehen, aber die Katholiken lassen es nicht zu. Die Heiden wollen gehen, aber die Christen lassen es nicht zu. Alle, denen wir in dieser Befragung begegneten, wollen gehen, aber mächtigere Gruppen lassen es nicht zu."[123] Diese Schilderung mag übertrieben formuliert sein, aber sie hat doch viel Wahres an sich. Schließlich werden diese Gruppen doch gehen, denn das Evangelium der Freiheit läßt sich nicht niederhalten.

Die ganze Geschichte lehrt, daß nur überlebt, wer sich verändert. Die Evolutionsgeschichte weist nach, daß Pflanzen, Tiere, Menschengruppen, die sich nicht laufend an die sich verändernde Umwelt anpaßten, untergingen, während jene andern die besten Überlebens- und Entwicklungschancen hatten, die rechtzeitig reagierten und nicht nur in kleinen Schritten, sondern z. T. sogar in qualitativen Sprüngen den Anschluß an die neue Situation fanden. Das gleiche ergibt sich aus der Kulturgeschichte: Kulturen, die ihre Zeit nicht zu lesen verstanden, nicht auf den Zeilen ihrer Zeit schrieben, wurden wiederum Analphabeten und hatten von der Bühne abzutreten. Deshalb beschwören die Experten des Clubs von Rom die Verantwortlichen der Menschheit, durch ein kreatives, innovatives Lernen auf die Herausforderung der gegenwärtigen Zeit einzugehen und zu verstehen, daß man gegenüber den realen Möglichkeiten der Welt nicht länger die unbegrenzten Ansprüche des Menschen aufrechterhalten könne wie in den vergangenen euphorischen Jahrzehnten.[124]

Unter dem Druck solcher Zeichen der Zeit haben in den letzten Jahren wie in einem hektischen Wettlauf nationale und internationale kirchliche Kongresse stattgefunden mit dem Bestreben, den Jungen Kirchen mehr Verständnis entgegenzubringen und ihnen den Weg in die Freiheit zu ermöglichen (Knock, Manila, Bonn, SEDOS Rom, Baltimore ...). Die Kernfrage ist, wie die katholische Kirche, das gegenwärtig größte „Weltreich“, die verstreuten und vielfältigen Massen in der Einheit zusammenhalte und ihnen zugleich das Recht auf ihre Besonderheiten zugestehe. Vielleicht könnte man dabei etwas von den andern Weltreichen der Geschichte lernen.

Es bleibt bis heute erstaunlich, wie das alte Rom bei den schwierigen Verkehrs- und Kommunikationsmöglichkeiten die ganze damals bekannte Welt während Jahrhunderten am Zügel halten konnte. Mit römischer Weisheit verstand man es, wenige grundlegende zentripedale Kräfte – eine gewisse militärische Präsenz, die gleiche Münze, die gerichtliche Oberhoheit – mit den zentrifugalen Ansprüchen einer relativen Autonomie der Provinzen im Gleichgewicht zu halten. Man ließ also die örtliche Religion und Sprache, die Sitten, Gebräuche und Gesetze unangetastet, solange sie nicht mit dem Machtstreben der Römer in Konflikt gerieten. Es geschah auch ein unprogrammierter Prozeß einer spontanen Assimilierung; z. B. die Romanisierung der Germanen, aber ebenso die Germanisierung der Romanen. Wenn das so gut organisierte Reich dann doch zusammenfiel, lag das nicht an der Struktur, sondern am biologischen Faktor, weil sich infolge des wachsenden Wohlstandes und der entsprechenden Sittenlosigkeit beim römischen Volk ein erheblicher Geburtenrückgang abzeichnete und so die schwindende Herrenschicht nicht länger der zunehmenden Masse der „Barbaren“ gewachsen war.[125]

Das Britische Reich, das sich von Gibraltar bis Kapstadt, von Suez bis Singapore erstreckte, ließ sich von ganz ähnlichen Prinzipien inspirieren. Man befolgte die sogenannte „indirect rule“: Man anerkannte die vorliegenden Autoritäten und Gepflogenheiten und sicherte sich nur eine gewisse Oberaufsicht. So gab es von Territorium zu Territorium sehr große rechtliche und kulturelle Verschiedenheiten. Der jeweilige Gouverneur genoß fast unbegrenzte Verfügungsfreiheit und beschloß an Ort und Stelle, was ihm als das Beste erschien.[126]

Das heutige „Weltreich“ der Vereinten Nationen mit den angeschlossenen Hilfsorganisationen UNESCO, FAO, OMS usw. mußte durch Schaden klug werden, um schließlich auch zur dezentralisierten Politik zu gelangen. Zuerst hatte man großartige

Weltprogramme entwickelt mit einem riesigen Aufwand von Untersuchungen und Rapporten. Aber sie schwebten über den Wirklichkeiten und veränderten nichts an den Schaltstellen des konkreten Lebens. Dann ging man über zu den „country-projects" und wieder später zu den „grass-root-level-projects": Man überließ den Ländern und den Ortsgemeinschaften alle Initiativen, war bereit, auf Anfrage hin mit Geld und Experten nachzuhelfen, und pochte nur auf gewisse allgemeine Prinzipien, damit man die Unterschiede zwischen Arm und Reich verkleinere; daß man auf die Bedürfnisse des Volkes achte und nicht zuerst auf den Export; daß man das Volk an den Entscheidungen und an der Verantwortung teilnehmen lasse usw.[127]

Von all diesen Erfahrungen kann die Kirche wohl einiges lernen. J. Naisbitt hat ein aufsehenerregendes Buch veröffentlicht über „Megatrends. Zehn Richtungen, die unser Leben verändern". Er zeigt auf, wie sich in den USA auf profaner Ebene neue Trends durchsetzen; z. B. von einer nationalen zu einer Welt-Wirtschaft; von der Zentralisierung zur Dezentralisierung; von der Repräsentanten-Demokratie zur direkten Demokratie; von der hierarchischen Leitung zur Gruppenarbeit; von der Entweder-Oder-Haltung zur vielfachen Option. Er fügt bei, solche Trends seien wie Pferde; man reite sie leichter in der Richtung, wie sie schon rennen; d. h., Politiker müßten auf solche Trends achten, sonst riskierten sie, Stimmen zu verlieren.[128] In der Kirche brauchen die verantwortlichen „Politiker" nicht zu fürchten, Stimmen zu verlieren; aber falls sie die Trends, die Zeichen der Zeit, nicht ernst nähmen, würden sie mitschuldig dafür, daß der Graben zwischen Volk und Hierarchie immer breiter wird.

Im Blick auf die neue Lage der Kirche in sechs Kontinenten hat K. Rahner von der Dringlichkeit eines pastoral-strategischen Planes der Weltkirche gesprochen.[129] Damit wollte gewiß nicht gesagt sein, daß man nun alle Kirchen über den gleichen Leisten schlagen solle, wohl aber, daß man gewisse Grundimpulse gäbe und gewisse Grundstrukturen schaffe, damit alle Kirchen im Rahmen dieses „Welt-Pastoralplanes" ihre eigenen kontextuellen Initiativen ergreifen und entwickeln könnten. Pastoral ist ja eine praktische Wissenschaft. Sie muß von den konkreten Situationen ausgehen, die von Land zu Land, von Kontinent zu Kontinent verschieden sind. Die meisten Länder Lateinamerikas besitzen ihre je eigenen

Pastoralpläne mit gewissen gemeinsamen, von Medellin und Puebla inspirierten Grundelementen: Evangelisierung vor Sakramentalisierung; Option für die Armen; Kirche im Rahmen der eigenen Kultur usw., die dann konkret auf die Lage des Landes angepaßt sind und auf die sich alle Priester und Laien verpflichten.

Zu den wichtigsten Grundstrukturen einer Weltkirche gehören *Dezentralisierung* und *Pluriformität*. Solche großzügige Rahmengesetze müßten nicht von den Ortskirchen erkämpft, durch eine Art Rebellion ertrotzt, sondern von Rom als Trends und Zeichen der Zeit anerkannt und als legitime Ansprüche gewährt werden im ruhigen Bewußtsein, daß Einheit der Kirche nicht durch menschliche Machtmittel auferlegt werden muß, sondern daß letztlich der eine Herr, das eine Evangelium, die eine Taufe, der eine Glaube, die eine Liebe (vgl. Eph 4,5) auch eine Weltkirche noch genügend zusammenhalten können.

Wenn ich im folgenden diese Grundpostulate weiter ausführe, wird einem manches als Zukunftsmusik, als Wunschtraum, als Utopie vorkommen. In der gegenwärtigen Periode, die eher den Trend zur Restauration und Konsolidierung verfolgt, wird man keine großen Schritte auf diese Utopie hin erwarten. Das hindert nicht, daran zu glauben, daß zur rechten Zeit wieder ein anderer Wind wehen wird, daß die Ortskirchen wenigstens vom Jahre 2001 an ihre Ansprüche durchsetzen werden, daß man deshalb das Kirchenvolk auf solche mögliche Modelle hin auf den Weg setzen darf. Mit Recht sagt man: Wenn *einer* eine Utopie entwickelt, bleibt sie ein Traum; wenn sich zehn davon faszinieren lassen, wird sie plausibel; wenn tausend ihr anhangen, wird sie eine Wirklichkeit.

Ich meine auch, daß eine konstruktive Kritik, aus Liebe zur Kirche, hilfreicher und evangelischer ist als die weit verbreitete Gleichgültigkeit oder gar Resignation. Ich berufe mich dabei auf ein Lieblingswort des heiligen Paulus, mit dem auch sein Biograph Lukas die Apostelgeschichte abschließt; gleichsam als Losungswort für die ganze nachfolgende Kirchengeschichte, nämlich daß Paulus „mit allem Freimut“ sich für das Reich Gottes engagiert habe (Apg 28,31).

10.2. Dezentralisierung als Postulat

Der Trend der gegenwärtigen Geschichte läuft ganz auf die eine Menschheit hin. Nach den langen Jahrhunderten von Geschichte im Zeichen des Nationalismus – die vielen Denkmäler der Helden, „die ihrem Lande dienten", stehen auf den Plätzen der europäischen Hauptstädte als Zeugen dafür – sind wir heute vor die Alternative gestellt: entweder mehr Universalismus, mehr Brüderschaft auf Weltebene, oder wir riskieren den Aufstand der Armen gegen die Reichen und den Nuklearkrieg zwischen den Mächtigen. Alle Aspekte der Politik, der Wirtschaft, der Strategie bekommen heute eine planetare Dimension, ganz abgesehen davon, daß der Massentourismus die Welt überflutet und die kalte Technik sie mit Autobahnen und Betonblöcken übersät.

Wie als Reaktion, um nicht in einer anonymen Welt unterzugehen, zeichnet sich ein neuer Nationalismus ab, eine Rückbesinnung auf die eigene Kultur, die eigene Sprache, die eigene Geschichte, eine z. T. übersteigerte, aber verständliche Betonung der eigenen nationalen Identität. Gleichsam als Zwischenform stellt man seit einiger Zeit auch eine bewußte Makroregionalisierung fest: Die einzelnen Kontinente pflegen ihr – wenn auch noch brüchiges – kontinentales Bewußtsein, ebenso der arabische Block, der Ost- und Westblock, und der Südblock. So ist faktisch und wohl für alle Zukunft nach der langen Phase des Monozentrismus, identisch mit Eurozentrismus, die neue Epoche des politisch-wirtschaftlich-kulturellen Polyzentrismus angebrochen.

Ähnliche Entwicklungen spielten sich auch im Rahmen der Kirche ab. Nach der Vorrangstellung der Ortskirchen und Patriarchate im ersten Jahrtausend entfaltete dann das Papsttum immer mehr seine politische und kirchliche Macht. Im Vatikanum I ging mit dem Verlust des Kirchenstaates seine politische Bedeutung unter, aber es befestigte mit der Definition des Universalprimates und der Unfehlbarkeit umso mehr seine kirchliche Stellung. Nun darf man freilich nicht vergessen, daß dieses Konzil durch den Einbruch der piemontesischen Truppen in Rom unterbrochen wurde und infolgedessen ein anderes Dokument, nämlich über die Bischöfe (heute würde man sagen, über die Ortskirchen), nicht mehr verabschiedet werden konnte. Das Konzil ist insofern unvollständig, einseitig geblieben. Nur eine Säule der Ekklesiologie wurde errichtet, jene der monarchalen Zentralgewalt, die in der Folge in einem überspitzten Zentralismus praktiziert wurde.

Mit einem Verzug von fast 100 Jahren hat dann das Vatikanum II die zweite Säule errichtet, und ergänzend die Lehre der Bischöfe, der Ortskirchen, der Kollegialität entfaltet. Das führte zu verschiedenen neuen Strukturen wie den nationalen Bischofskonferenzen, den Symposien der kontinentalen Bischofskonferenzen, der Römischen Bischofssynode. Diese Gremien haben schon viel beigetragen, um nützliche Informationen auszutauschen, neue Anregungen zu geben, die Bischöfe und das Volk zu sensibilisieren, die Kirche zu einen. Man hat aber offenbar noch nicht das gebührende Gleichgewicht zwischen den zwei Konzilien, zwischen der Zentral- und Primatialgewalt und der Peripherie-Kollegialgewalt gefunden. Die kollegialen Strukturen werden noch zu sehr als Dienst am Primat gesehen und geübt, statt umgekehrt. An einem internationalen und interkonfessionalen Kolloquium in Bologna 1980 wurde eine kritische Bilanz der Nachkonzilszeit gezogen und einhellig festgestellt, daß das vorkonziliare Kirchenbild immer noch zu stark nachwirke und man eindeutig immer noch das Amt, den Primat, die universale Kirche gegenüber der Gemeinde, der Kollegialität, der Ortskirche überbetone.[130] Nun soll aufgezeigt werden, wie sich in Zukunft die Dezentralisierung und Kollegialität in einer Kirche der sechs Kontinente auswirken könnte und sollte.

10.2.1. Die Pentarchie

Der erste Schritt zur kirchlichen Makro-Regionalisierung ist schon getan. Die lateinamerikanischen Bischöfe ergriffen als erste die Initiative und gründeten 1956 den lateinamerikanischen Bischofsrat (CELAM), der während langer Zeit unerhörte Impulse für die Erneuerung jener Kirche gab. Analogerweise hat heute Afrika SECAM (Symposium of Episcopal Conferences of Africa and Madagascar), Asien FABC (Federation of Asian Bishops' Conferences). Der Rat der Europäischen Bischofskonferenzen (CCEE) hat – wie Europa selber – am meisten Mühe, die trennenden Strukturen der Geschichte zu überwinden, ein kontinentales Bewußtsein zu schaffen und die Drohung der Säkularisierung mit neuem Schwung zu überwinden. Immerhin geben sich die Bischöfe zusammen mit dem Papst alle Mühe, den Gedanken an das Erbe des christlichen Europa wieder lebendig zu machen.[131]

Jede dieser kontinentalen Kirchen trägt ihren je eigenen Charakter und steht vor ihren je eigenen Problemen. Schon bei der Bischofssynode 1974 hat Kardinal Karol Wojtyła als Bilanz über die Lage der Evangelisierung festgehalten, in Afrika stehe das Thema der Afrikanisierung des Christentums im Vordergrund, in Asien das Thema des Dialoges mit den Religionen, in Lateinamerika das Thema der Befreiung und in Euro-Amerika das Thema der Säkularisierung.[132] Die verschiedenen kontinentalen Kirchen spornen einander zu einem gesunden Wetteifer an. Es kann aber auch zu einer gewissen Animosität kommen. Bei internationalen Kongressen hat man bereits die Erfahrung gemacht, daß die Lateinamerikaner mit ihrer geschlossenen Theologie und pastoralen Ausrichtung den Eindruck der Überlegenheit erwecken und als die neuen kirchlichen Hegemonisten und Imperialisten empfunden werden, was leicht Abwehrreaktionen auslöst.

Es läge nun in der Luft, daß diese Gremien der kontinentalen Bischofskonferenzen in Zukunft mehr Kompetenzen bekämen und viele Fragen aus der spezifischen Schau und Lage ihres Kontinentes entscheiden könnten (z. B. Bischofsernennungen, Regelung der Liturgie, Vornahme von Selig- und Heiligsprechungen usw.). Damit würde das System der Pentarchie, das im ersten christlichen Jahrtausend das Verhältnis der Kirchen untereinander regelte, in zeitgemäßer Form neu aufgelegt.

Damals haben die Kirchen, die von einem Apostel gegründet worden waren oder die wegen der politischen Lage eine besondere Bedeutung erlangt haben, eine Führungsrolle beansprucht und sich zu Metropolitan- und Patriarchatskirchen entwickelt. Da nicht alle Bischöfe mit allen andern in Kontakt stehen konnten, taten das wenigstens die Patriarchen unter sich und stellten so bei einer weitgehenden Autonomie die eine Kirche dar. Diese „fünf Patriarchate" („Pentarchia") waren: Jerusalem, Antiochien, Alexandrien, Konstantinopel und Rom.

Das römische Patriarchat hat dann mit der Bedeutung der westlichen Kirche eine überragende Machtstellung eingenommen und später geradezu Romanität und Katholizität identifiziert, während früher jeder Bischofssitz „katholische und apostolische Kirche" darstellte. Das müßte nach der alten und der vom Konzil erneuerten Ekklesiologie nicht unbedingt so bleiben.[133] Der zweite Schritt zur Makroregionalisierung läge sehr gut im Zug der Zeit, insofern die bereits bestehenden kontinentalen Kirchenstrukturen aufgewertet würden und innerhalb eines universalen Rahmengesetzes, das nicht so detailliert sein müßte wie der gegenwärtige Codex, ihre Probleme selber entscheiden könnten. Der Bischof von Rom trägt heute noch als einen seiner offiziellen Titel den Namen „Patriarch des Abendlandes". Es wäre denkbar, daß in Zukunft auch die andern Kontinente eine Art Patriarchat darstellen könnten.

Einen Sonderfall in dieser Richtung stellt gegenwärtig China dar. Eine Kirche, die sich katholisch nennt, kann an diesem größten Volk der Welt, das kürzlich die Ein-Milliarden-Grenze überschritten hat und 22 Prozent der Weltbevölkerung ausmacht, nicht vorbeisehen. Der gegenwärtige Papst sucht noch mehr als seine Vorgänger, mit China Kontakte aufzunehmen.[134] Eine Vorbedingung dazu wäre – neben dem Abbruch der diplomatischen Beziehungen mit Taiwan –, die patriotische chinesische Kirche mit ihren Bischöfen anzuerkennen. Man wird da freilich nicht erwarten können, daß jene Bischöfe mit ihrem starken nationalen Selbstbewußtsein bereit wären, sich genau im Stil der andern katholischen Bischöfe Rom unterzuordnen. Warum sollte Rom nicht zu einem großzügigen Kompromiß bereit sein und China zu einer Patriarchalkirche machen mit allen entsprechenden Sonderrechten? Beim ersten Treffen zwischen prominenten Christen aus China und aus dem Westen im Oktober 1981 in Montreal sagte ein patriotischer chinesischer Bischof: „Wir betrachten uns als ein Laboratorium. Wir probieren aus, was die Kirchen anderer Kontinente auch suchen und einmal erlangen werden, eine autonome Ortskirche zu sein in Einheit mit allen Kirchen, aber ohne die altmodische Abhängigkeit in allem von Rom."[135] Freilich darf in diesem Zusammenhang die Gefahr der Staatskirchen, die ganz dem Staat unterworfen sind und nicht frei zu reden wagen, nicht übersehen werden. Ein Rückgriff auf Rom und seine moralische Autorität wird immer von Gutem bleiben.

10.2.2. Kontinentale Konzilien

Die Konzilsgeschichte gibt uns über diese scheinbar utopische Idee wertvolle Auskünfte. Es gab früher so viele Kirchenversammlungen auf verschiedensten Ebenen, daß es gar nicht leicht ist zu unterscheiden zwischen ökumenischen Konzilien und regionalen

Synoden. Oft erlangten diese letzten eine ebenso große Bedeutung wie die ersten. Sie haben nicht bloß pastorale Wegweisungen gegeben, sondern auch eigentliche Beschlüsse gefaßt in Sachen Glaube und Disziplin. Die Synoden von China, Japan, Korea z. B. legen Zeugnis von der Bemühung um die Gründung und den Aufbau orts-, volks- und kultureigener Partikularkirchen ab. Die Kongregation De Propaganda Fide, wissend, daß eine organische Anpassung der universalen Botschaft Christi nicht von Rom aus geschehen konnte, hat solche Synoden nicht gehindert, sondern vielmehr ermuntert. Nicht selten sind Dekrete solcher Synoden dann für das allgemeine Kirchenrecht wegweisend geworden.[136]

In diesem Licht erkennt man, daß unsere gegenwärtigen Synoden auf den verschiedenen Ebenen mit ihrem rein empfehlenden Charakter weit hinter der Geschichte zurückstehen. Sie sind zu sehr geprägt von der Furcht nach oben, gegenüber Rom, und der Furcht nach unten, gegenüber der Autonomie der einzelnen Bischöfe. Der wirkliche synodale Charakter, der in der Ostkirche von Anfang an bis heute erhalten blieb – und in den Anfängen auch in Rom vorhanden war –, ist in der lateinischen Kirche, die den monarchischen Stil überbetonte, noch nicht zum Tragen gekommen.

Gegenwärtig steht vor allem in Afrika der Wunsch nach einem afrikanischen Konzil im Gespräch, um aus dem Teufelskreis zwischen Theorie und Praxis der Inkulturation auszubrechen.[137] Nach gewissen Informationen lehnen jedoch tonangebende afrikanische Bischöfe die Idee ab – aus Angst vor der Verantwortung?

10.2.3. Die Bischofsernennungen

Von der Zeit, wo die Bischöfe in freier Volkswahl erkürt wurden und wo später die Höfe und Staaten einen ausschlaggebenden Einfluß ausübten, führte ein langer Weg zum heutigen Wahlsystem, wo Rom ein und alles in der Hand hat. Wenn das auch zweifelsohne viele Vorteile bietet, so kann man doch aus historischen, theologischen und pastoralen Gründen seine Vorbehalte machen.[138] Eine Bischofsernennung ist gewiß der Natur der Sache nach unter vielen Aspekten eine heikle Sache, über die von außen schwer ein gerechtes Urteil gefällt werden kann. Aber der Außenstehende hat nun einmal doch den Eindruck, daß erstens alles mit höchster Geheimnistuerei vor sich gehe. Die Ortskirche als solche habe wenig dazu zu sagen. In Einzelfällen wurden nicht einmal die interessierten Bischöfe befragt. Der Apostolische Nuntius konsultiere, wen er wolle, und belichte dann die Kandidaten in seiner Dunkelkammer heller oder dunkler. Dann liefere er Rom mit den Unterlagen auch schon die Vorentscheidung. Zweitens lasse eben wegen dieses Verfahrens die Ernennung oft sehr lange auf sich warten. Drittens betreibe Rom dabei eine Art ekklesiologischer Inzucht und lasse nur Kandidaten zum Zuge kommen, die über das von der Sache selbst erforderliche Maß absolut „linientreu“ seien. So werde dem Aufkommen neuer Ideen in der Kirche zum voraus ein Riegel vorgeschoben.

Wenn sich dann nachträglich doch einzelne Bischöfe in ihrem prophetischen Charisma hervortun und sich nicht mehr ganz konformistisch verhalten, oder wenn gar Bischofskonferenzen mit einer relativen Geschlossenheit ihren eigenen Weg gehen, so hat es Rom in der Hand, solche Konferenzen wieder mit jungen Bischöfen, die über jeden Zweifel erhaben sind, zu durchsetzen und dafür zu sorgen, daß überall römische, aber nirgendwo niederländische, brasilianische, indonesische Kirche sei. Man kann Rom nach dem Vatikanum I das Recht nicht abstreiten, alle Bischöfe zu ernennen. Ob es das nach dem Vatikanum II noch tun soll und auf diese Weise tun soll, ist eine andere Frage.

Wie eine Insel im weiten Meer, als einziger Fall in der westlichen Kirche, ragt die Schweiz heraus, wo die Bischöfe nach alten, verbrieften Rechten kollegial, vom Domkapitel, gewählt und von Rom bestätigt werden. Auch in den mit Rom geeinten Ostkirchen wählt die Synode den Bischof. Niemand wird zu behaupten wagen, daß dieses Wahlsystem nicht kirchlich wäre oder sich nicht pastoral bewährt hätte.

10.2.4. Die Römische Bischofssynode

Schon zur Zeit des Konzils dachten besorgte Bischöfe an die Zeit nach dem Konzil und setzten die Idee in Umlauf, es müßte eine Art Nachkonzilsgremium geschaffen werden, um dem Papst und den Römischen Kongregationen in der gesetzgeberischen Tätigkeit und Leitung der Kirche zur Seite zu stehen; die einen meinten mit deliberativen Befugnissen (z. B. Kardinal Alfrink), die andern mit bloß konsultativen (z. B. Nuntius Oddi). Auch deliberative Funktionen würden natürlich die Prärogativen des Papstes nicht aufheben, wie jedes Konzil zeigt. Mit dem Motu Proprio „Apostolica sollicitudo“ vom 15. September 1965 hat dann Papst Paul VI. die Bischofssynode konstituiert und ihr einen bloß konsultativen Charakter verliehen.

Seither stellt diese Synode alle drei Jahre das große Ereignis im Leben der Kirche dar. Soweit gut und recht. Aber es bleiben die Fragen: Warum bloß konsultativ? Wäre es nicht echterer Ausdruck der Kollegialität, wenn die Bischöfe nicht bloß pastorale Probleme besprechen, sondern auch zusammen mit dem Papst an den letzten Entscheidungen für die Gesamtkirche teilnehmen würden? Ist nicht Paul VI. unter dem Kreuz seiner einsamen Verantwortung fast zusammengebrochen? Was wäre ein staatliches Verwaltungszentrum, das immer Tendenz zum Konservatismus und zum Kasten- und Karriere-Denken zeigt, wenn es nicht ein Parlament zur Seite hätte, das ihm laufend neue Impulse und Aufträge übermittelt? Warum muß einzig in Rom die Exekutive mit der Legislative im selben Gremium gekoppelt sein, das auch über der Bischofssynode steht, was Bischöfe bei der Schlußbilanz schon bekrittelt haben?

Man geht wohl nicht fehl, wenn man gegenwärtig ein gewisses Unbehagen in der Römischen Bischofssynode diagnostiziert. Es liegt darin begründet, daß das Schlußdokument der Synode 1980, „Familiaris consortio“, in mehreren Punkten die Empfehlungen nicht bloß einzelner Diskussionsgruppen, sondern der Synode als solcher nicht berücksichtigt hat, wie eine sorgfältige Studie darlegte,[138a] und daß, um einer solchen Kontrolle zu entgehen, an der Synode 1983 diese Empfehlungen höchst geheim gehalten wurden. Ferner wurden die USA-Bischöfe von einem Vertreter der Römischen Kurie öffentlich derart abgekanzelt, daß sie aus Protest sich erhoben und die Aula verließen. Schließlich wurden am Schluß in die Synodenkommission vorwiegend Männer gewählt, die durch ihre offene und mutige Haltung bekannt sind und eher in einem gewissen Kontrast zur Mentalität der Römischen Kurie stehen. Das alles sind Zeichen der Hoffnung. Man kann annehmen, daß solche Reaktionen mit der Zeit Früchte bringen.

Zum II. Vatikanischen Konzil waren 2757 Bischöfe eingeladen. Eine solche Schar gruppendynamisch zu organisieren, bedeutete eine Riesenaufgabe, die nicht voll befriedigend gelöst werden konnte. 1983 aber gab es schon 4393 Bischöfe, und ihre Zahl wird noch mehr anwachsen. Kann man für die Zukunft noch an ein Konzil im traditionellen Sinn denken? Müßte also nicht die Bischofssynode, freilich dann mit gesetzgeberischer Gewalt, eine Art Mini- und Dauerkonzil werden, das der Kurie ständig Sauerstoff und frisches Blut von der Basis der Kirche zuführte? Im Augenblick denkt man in Rom nicht an eine solche Möglichkeit, und das neue Kirchenrecht sieht sie nicht vor.[139] Das beweist noch nichts, denn auch der Codex von 1917 ist zur rechten Zeit überholt worden. So ist bis zum Jahre 2001 noch vieles möglich, und vor allem von dort an vorwärts. Erst unter dieser Hypothese würde Rom rascher auf neue Realitäten reagieren, und dann könnten die Ideen zur Dezentralisierung, wie sie in den vorausgehenden Punkten beschrieben wurden, ins Rollen kommen.

10.2.5. Die Kenosis der lateinischen Kirche

Bis zum II. Vatikanum nannten die Katholiken ihre Kirche gemeinhin die „römisch-katholische". Sie galt als identisch mit der „einen, heiligen, katholischen und apostolischen Kirche" schlechthin, wie es noch im Schema für die Kirchenkonstitution stand. Die Bischöfe des Konzils aber haben eine zweifache Korrektur vorgenommen: Erstens behaupteten sie nicht länger, jene Kirche „ist" die römisch-katholische Kirche, sondern jene Kirche „ist verwirklicht" (subsistit) in der katholischen Kirche, um nicht mehr ein ausschließliches Monopol auf all das, was mit „Kirche" angedeutet wird, zu beanspruchen. Sie ließen zweitens das „römisch" fallen mit der Begründung, die „römische Kirche" sei eine konkrete Ortskirche, ein Teil der Gesamtkirche, obwohl ihr Bischof zugleich das Haupt aller Bischöfe der katholischen Kirche sei.[140]

Diese „Entromanisierung" hat sich im römischen Sprachgebrauch noch nicht durchgesetzt. Nach wie vor gilt, was in Rom geschieht, als einzig legitimes Modell für die katholische Kirche: Man denke an das „römische Missale"; nach wie vor trauert man der verlorenen lateinischen Sprache nach und betont, daß die „römische Kirche" (man meint die ganze katholische Kirche) dieser großartigen Sprache des alten Rom eine besondere Achtung zu erweisen habe;[141] nach wie vor spricht man in Rom von den „Priestern der römisch-lateinischen Kirche", von der „Priesterweihe in der lateinischen Kirche", vom „Zölibat, zu dem sich die Priester der lateinischen Kirche bewußt und freiwillig verpflichteten".[142] Nicht nur die theologischen Überlegungen des Konzils, sondern auch die neue Kirchenpräsenz in sechs Kontinenten drängen hier zu einer gründlichen Hinterfragung dieser „römisch-lateinischen Kirche", die scheinbar zu einem absoluten Wert geworden ist, an dem man nicht rütteln läßt. Auch der neue Kodex beginnt kurz und klar: „Die Kanones dieses Kodex betreffen nur die lateinische Kirche" (Can. 1), was aber die Kirche aller Kontinente meint.

Nun aber wissen wir, daß es vor der lateinischen Kirche jüdische und griechische Kirche gab, daß es infolgedessen grundsätzlich auch nach oder besser neben ihr wieder andere Kirchen geben könnte. Wir wissen ferner, wie sehr die erste Kirche, die Judenkirche, Mühe hatte, über den eigenen Schatten zu springen und den willigen Heiden, die das Evangelium angenommen hatten, nicht auch noch das mosaische Gesetz aufzuerlegen.[143] Dann aber hat das Apostelkonzil mit ungeheurem Mut den Schritt getan und wissen lassen: „Es hat dem Heiligen Geist und uns gefallen, euch keine weiteren Lasten aufzulegen außer folgenden notwendigen Stücken . . ." (Apg 15,28). Ein Freiheitsedikt, wie es sich seither in der Geschichte kaum mehr wiederholt hat! So konnte jetzt die Heidenkirche oder die griechische Kirche entstehen im reinen Glauben an Jesus Christus.

Auch in Rom gab es damals „griechische Kirche": Man sprach und schrieb griechisch, da man das Latein für eine heidnische Sprache hielt und als zu wenig geeignet für die Theologie. Erst um die Mitte des zweiten Jahrhunderts zeigte sich die Notwendigkeit, die Bibel auch in Latein zu haben. Vom dritten Jahrhundert an setzte sich Latein allmählich durch, aber erst zu Beginn des fünften Jahrhunderts war der Gebrauch der lateinischen Sprache und Kultur in der Kirche vollendete Tatsache geworden.

Dazu hatte auch der geschichtliche Umstand beigetragen, daß vom vierten Jahrhundert an die Aufspaltung in Ost- und West-Rom immer weiter klaffte. Zuerst hatte man im einen Reich und in der einen Kirche gelebt. Jetzt aber gab es immer mehr Konflikte und die Einheit fiel auseinander. Jeder Kulturkreis pflegte nun über die eigene Sprache hinaus auch seine eigene Theologie und Mentalität: Die *Ostkirche* beschäftigte sich mit den christologischen und trinitarischen Lehren, lebte ganz im Glauben an den Heiligen Geist und den auferstandenen Herrn, ließ sich von der synodalen Verfassung führen und feierte durch die Mönche eine weltabgewandte, langdauernde Liturgie. Die *Westkirche* ließ sich stark vom römischen Rechtsdenken inspirieren, entfaltete eine monarchische Autorität, blieb weltzugewandt und betonte in der Liturgie die genaue Formulierung, das exakte Aussprechen, die scharf umschriebenen Riten. Also in einem geographisch-kulturell und politisch auseinandergefallenen Raum ist nun aus und neben der griechischen die lateinische Kirche entstanden.[144]

Daraus wird ersichtlich, daß es geschichtlich verschiedene Kirchenmodelle, verschiedene Kirchen mit verschiedenen Ausrichtungen gegeben hat und geben darf. Man kann nicht einsehen, warum nun dieser Prozeß der Ekklesiogenesis endgültig abgebrochen sein sollte und nicht als Dauerprozeß weitergehen könnte, wie auch die Schöpfung im Evolutionsgeschehen endlos weiterläuft. Die „lateinische Kirche" hat gewiß eine überragende Bedeutung bekommen, weil sie auf dem Fundament der griechisch-lateinisch-germanischen Kultur das Mittelalter aufgebaut und auch seit der Entdeckung der Neuen Welt in der Periode der europäischen Hegemonie die eurozentrische Geschichte mitgestaltet hat. Aber diese Periode ist nun endgültig zu Ende gegangen. Sie wurde abgelöst von der politisch-kulturellen Autonomie aller Länder und aller Kontinente. Die lateinische Kirche kann deshalb nicht weiter so tun, als ob sich nichts verändert hätte.

Menschen dieser jungen Nationen fragen sich heute: Mit welchem Recht mutet sich Rom zu, daß auch in Afrika und Asien, die mit römischer Kultur nichts zu tun haben, „lateinische Kirche" existieren soll? Können nicht andere Kulturen ebenso würdiges Kleid für die Botschaft des Evangeliums werden wie die Traditionen des alten Europa? Müßte nicht mit der gleichen geschichtlichen Logik, mit der damals Judenkirche, Griechenkirche, lateinische Kirche entstanden sind, heute in geographisch getrennten und kulturell-politisch ganz andern Räumen neben der lateinischen Kirche auch lateinamerikanische, afrikanische, asiatische Kirche werden, so daß dann die römisch-lateinische Kirche zwar immer einen Vorrang hätte (vgl. unten), aber im übrigen eine neben andern legitimen Formen in der wahrhaft katholischen, d. h. weltumspannenden und alle Kulturen durchdringenden Kirche wäre? Wenn die orientalische und die römische Kirche theologisch, spirituell, disziplinarisch so verschiedene Akzente setzten und Nuancen entwickelten, warum sollte diese Chance nicht auch den jungen südlichen Kontinentalkirchen zugestanden werden? Keine Kirche allein kann die Fülle des Kirche-Seins ausschöpfen. Nur zusammen könnten die in ihrer Art je verschiedenen Kontinentalkirchen eine Ahnung von dieser Fülle geben.

Diese Fragen werden ganz besonders laut in Afrika, weil dieser Kontinent mehr als die andern lange Zeit in seiner eigenen Kultur verachtet und unterdrückt war und deshalb heute umso energischer seine eigene kulturelle und kirchliche Identität und Authentizität zur Geltung bringen will. Hören wir einige Stimmen zum Thema. J. M. Ela: „Wir fühlen uns noch in der vollständigen Abhängigkeit von der westlichen Kirche, als ein Unterprodukt des christlichen Westens. Die Jungen Kirchen sind infolgedessen mit den Symptomen einer vorzeitigen Alterung geboren. Die Kirche als Struktur der Christenheit muß zerstört werden, um wieder eine Kreativität zu finden, die auf den Schock des Evangeliums im afrikanischen Milieu Antwort gibt."[145] P. E. Mveng: „Wir müssen endlich von der Unterwerfung zur Nachfolge schreiten" (de la sous-mission à la succession).[146] M. P. Hebga: „Was wir als Mindestforderung verlangen, ist ein langes Moratorium, wo man uns unter uns und mit Gott allein läßt, damit der Geist auch uns heimsuchen kann, ohne dafür die Erlaubnis von einer außenstehenden Autorität erbitten zu müssen; damit sein Licht uns durchdringen kann, ohne vorerst durch das Prisma einer fremden Kultur gebrochen zu werden."[147] E. A. Ayandele: „Es besteht im Bereich der Lehre, der Kultur, der Kirche noch weiterhin das koloniale oder neokoloniale Image, das nicht ausgelöscht werden wird, solange die Kirchen in Afrika nach London oder Rom oder New York oder Richmond schauen, statt durch Afrika hindurch zum Himmel zu blicken."[148]

Man kann an diesen Stimmen verschiedene Kritiken ansetzen, wenn man will, aber man sollte sie nicht überhören. Man erkennt in ihnen die Zeichen der Zeit, man sieht und hört in ihnen das Wetterleuchten und das Grollen der Geschichte. Man meint fast Paulus wieder umhergehen zu sehen, diesmal kämpfend für die Freiheit vom westlichen Gesetz. Man muß zugeben, daß sie das Evangelium und das Vatikanum II auf ihrer Seite haben, und müßte deshalb im Vertrauen auf den Heiligen Geist und auf den Menschen entsprechende Lösungen finden. Die „lateinische Kirche" müßte in diesem Kairos der Geschichte viel über Philipper

2,5–11 nachdenken, an ihrem „Lateinische-Kirche-Sein“ nicht mit Gewalt festhalten wollen, sondern mit Christus in die Kenosis eingehen, sich selbst entäußern und gestatten, daß alle Völker auf ihre Weise und in Eigenregie Christus, dem Herrn, ihre Gefolgschaft leisten.

Alle diese Fragen haben viel zu tun mit Ökumene. Anglikaner und Protestanten fragen im Blick auf eine mögliche kommende Einheit immer wieder, ob der Papst wirklich mit den Bischöfen zusammenspiele, oder sie einfach überspiele und befehlige. Sie möchten eine Garantie, nicht vom römischen Zentralismus verschluckt zu werden. Die meisten Kirchen sehnen sich heute nach Einheit, sie nähmen ein Zeichen der Einheit, den Primat des Bischofs von Rom, an, aber nicht so, wie er seit 100 Jahren praktiziert wurde.

In den bekannten Mechelner Gesprächen von 1921 bis 1926 zwischen Vertretern der katholischen und der anglikanischen Kirche hatte der prophetische Kardinal Mercier das Wort geprägt, es sollte möglich sein, daß die anglikanische Kirche mit Rom geeint, aber nicht von Rom verschluckt werde („united with, but not absorbed by Rome“).[149] Er wollte sagen: Die anglikanische Kirche sollte den Bischof von Rom als Haupt aller Kirchen wieder anerkennen, aber im übrigen ihre Traditionen und Sonderrechte behalten, nach der Art der Patriarchate. Fünfzig Jahre später erklärte Papst Paul VI. an Dr. Coggan, den Erzbischof von Canterbury und Primas der anglikanischen Kirche: „Diese Worte der Hoffnung von Kardinal Mercier sind nicht mehr ein bloßer Traum.“[150]

Wann wird also der Durchbruch geschehen? Und wo wird zuerst der Durchbruch geschehen? In der innerkirchlichen Sphäre, indem Rom den katholischen Kirchen der verschiedenen Kontinente eine größere legitime Eigenständigkeit gewährt? Das würde glaubwürdig wirken und müßte einen großen Einfluß auf die Ökumene haben. Oder in der zwischenkirchlichen Sphäre, indem verschiedene christliche Kirchen sich auf der Basis einer wirklichen Dezentralisierung und Pluriformität mit Rom vereinen? Das würde dann auch innerkatholisch den Ortskirchen neuen Auftrieb geben. Die Kirchen sind in ihrem Schicksal heute aufeinander angewiesen.

10.3. Pluriformität als Konsequenz

10.3.1. Die Grundsätze

Falls und in dem Maß die fällige Dezentralisierung in der Weltkirche konkrete Gestalt annähme, würde als naturgemäße Konsequenz eine reiche Pluriformität zustande kommen, und wir hätten dann auch in der Kirche ein ohne Zweifel gottgewolltes Spiegelbild der Schöpfung, wo uns eine fast unendliche Vielfalt von Arten, Formen und Farben in einer letztlich großartigen Einheit begegnet.

Bis zum II. Vatikanum sprach man in der katholischen Kirche nur von Uniformität. Man hatte in der ganzen Welt die gleichen Katechismen, die gleiche lateinische Messe, das gleiche detaillierte Kirchenrecht. In den letzten 100 Jahren der überbetonten Zentralgewalt hatte, wie F. X. Kaufmann analysierend feststellt, eine „starke Verkirchlichung des Christentums" stattgefunden. In klaffender Inkongruenz zu den Wertorientierungen der Gesellschaft, die immer mehr auf Freiheit ausgerichtet wurden, hielt man an strikter Ordnung und Einheitlichkeit fest und strapazierte den Gehorsam der Gläubigen, bis diese schließlich ihre Lösung fanden: Äußerlich gehorchten sie, aber in ihrem inneren Glauben und Verhalten gingen sie ihren Weg. Kaufmann folgert daraus: „Die Kirche bräuchte heute eher Dichter als Denker, und Mystiker als Generalvikare oder Nuntien."[151]

Im II. Vatikanum hat man erstmals und darum noch recht behutsam angefangen, von legitimer Pluriformität zu reden.[152] Man anerkannte, fast mit gewissem Neid, die Eigenheiten der Ostkirchen und hoffte, daß sich auch in der lateinischen Kirche wieder mehr lokale Besonderheiten entfalten könnten.[153] Zehn Jahre später hat „Evangelii nuntiandi" nach der impulsiven Bischofssynode 1974 schon viel mutiger und selbstverständlicher von der Pluriformität gesprochen und die Übersetzung des Evangeliums, nicht bloß in die Sprachen, sondern in die vielen Kulturen, nicht bloß als Recht, sondern als Pflicht hingestellt. Das entspräche dem Empfinden der heutigen Menschen und mache den Reichtum der Kirche aus (Nr. 63, 62).

Es wäre fällig, neben den verschiedenen bestehenden Ekklesiologien (die kerygmatische von R. Bultmann, die kommuniale von J. Hamer, die ökumenische von Y. Congar, die sakramentale von

O. Semmelroth, K. Rahner, J. Ratzinger, die pneumatische von H. Küng, H. Mühlen usw.)[154] einmal eine gründliche inkarnatorische Ekklesiologie zu schreiben und aufzuzeigen, was die Menschwerdung Jesu für die Kirche meinte: Nicht daß man alles genau nachmache, wie Jesus damals handelte – Jesus, der gegen die Gesetzesmentalität der Pharisäer kämpfte, wollte doch nicht seiner Kirche eine gleiche Mentalität auferlegen –, sondern daß man sich in jedem Einzelfall bei allem Gehorsam gegenüber den wirklichen Geboten Gottes situationsgemäß verhalte, wie es Jesus in seiner Situation tat.

Das Thema der *Inkulturation,* der *Indigenisierung,* der *Inkarnation* des Christentums ist inzwischen in vielen Büchern und Kongressen, auch in Papstreden abgehandelt und gleichsam zur Selbstverständlichkeit gemacht worden. Aber die Umsetzung in die Praxis stößt auf viel mehr Schwierigkeiten, als man dachte, weil einerseits die meisten Ortskirchen zuwenig Mut und schöpferische Phantasie an den Tag legen, und weil andererseits die römischen Zentralinstanzen aus Angst vor einem möglichen Zerfall noch zu sehr am tradierten Modell der Einförmigkeit festhalten.

Eine konkrete Bischofskonferenz aus der Dritten Welt bat vor fünf Jahren um Approbation für ein zusätzliches Eucharistisches Hochgebet für den Nationaltag mit der Begründung, bei diesem Anlaß kämen auch viele Nichtchristen von der Regierung und vom Militär in den Gottesdienst und diese kontextualisierte Form der Liturgie würde ihnen tiefen Eindruck machen. Rom aber antwortete mit Nein. Dann fragte man an, man möchte Allerseelen von Allerheiligen trennen und am zweiten Novembersonntag feiern, weil die Leute mehr Bezug zu den Toten als zu den „Heiligen" hätten und schon an Allerheiligen mit Blumen und Lichtern auf den Friedhof gingen und so die Heiligen wenig von ihrem Fest hätten. Rom sagte noch einmal nein. Drittens fragte man nicht mehr an, sondern beschloß, daß in diesem tropischen Klima die weiße Soutane oder das Ordenskleid zugleich auch als Albe gelte. Rom aber, das aus dem Protokoll das las, ließ wissen, die Bischöfe hätten ihre Kompetenz überschritten. Haben die Bischöfe des Konzils wirklich so etwas gemeint, als sie von Kollegialität und legitimer Pluriformität sprachen?

Diese Spannung zwischen Theorie und Praxis ließe sich auch auf andern Gebieten nachweisen. L. Boff zeigt z. B. auf, wie in bezug auf die Menschenrechte in der Kirche zwischen Verkündigung und Verwirklichung eine Kluft bestehe, und wie das nicht bloß von einzelnen Personen herrühre, sondern vom ererbten und immer noch weiter wirkenden Kirchenbild, das auf Zentralismus und Autoritarismus aufgebaut war. Diese Kluft zwischen „Verkündigung und Verwirklichung" mache die Belastung im Leben des einzelnen Christen aus, aber auch das Leiden an der Kirche in dieser nachkonziliären Zeit.[155]

Eine ähnliche Spannung liegt z. B. auch zwischen der äußerst schönen Enzyklika „Dives in misericordia" des Papstes Johannes Paul II., wo es als die Aufgabe der Kirche beschrieben wird, das Erbarmen Gottes auf Erden sichtbar und wirksam zu machen, und andererseits der Praxis, mit der reumütigen Priestern, die aus Gewissensgründen das Amt niedergelegt haben, die Versöhnung mit der Kirche verweigert wird, wie auch der Engherzigkeit, mit der die grundsätzliche Möglichkeit der sakramentalen Generalabsolution gehandhabt wird. So wies z. B. der Österreichische Katholikentag 1983, der mit viel Phantasie ausgedacht und großartig abgewickelt worden war, meines Erachtens einen Schönheitsfehler auf: Bei der Eröffnungsfeier auf dem Stephansplatz, wo 30.000 Leute drei Stunden lang standen, hörten, sangen, beteten und am Schluß eine ergreifende Bußfeier mitmachten, hätte man vom leitenden Kardinal König erwartet, daß er dieser Masse das Erbarmen Gottes wirksam zusagte. Aber er hütete sich geradezu ängstlich davor und gab nicht einmal so viel, wie man beim Bußakt der Messe zu geben pflegt, die deprekatorische Lossprechung, sondern er machte statt jener pastoralen Zusage bloß die allgemeine Aussage, daß Gott barmherzig sei und auch wir einander verzeihen sollen. Warum muß die Kirche so knausrig sein mit ihrer Vollmacht?

In unserem Fall liegt die Spannung in den Prinzipien selber begründet, die den Vorgang der Inkulturation nach Papst Johannes Paul II. bestimmen müssen, nämlich „die Vereinbarkeit der verschiedenen in Frage kommenden Kulturen mit dem Evangelium und der Einklang mit der universalen Kirche".[156] Kommt dieser Doppelgrundsatz nicht einer Quadratur des Kreises gleich? Vieles wäre mit dem Evangelium vereinbar, aber wird nicht von der universalen Kirche praktiziert; und was von ihr praktiziert wird, ist für die verschiedenen Kulturen nicht mehr spezifisch inkulturiert.

Jedenfalls wird das Wesen des Evangeliums besser gerettet, wenn es inkulturiert wird, als wenn es ewig ein Fremdkörper bleibt.

Selbstverständlich geht es in diesem ganzen Fragenkomplex nicht bloß um die Inkulturation in die überlieferte Kultur, sondern auch in die gegenwärtig sich schaffende, also in die Moderne. Das gilt daher für die westliche Welt so gut wie für die südliche. Die Kirche muß sich immer und überall fragen, inwieweit sie die moderne Kultur und ihre Werte wie Liebe, Vertrauen, Hoffnung, Verantwortung, Menschenrechte usw. als evangelische interpretieren, und andererseits gegenüber dem modernen Säkularismus die Öffnung zur Transzendenz als Menschenwert betonen soll. Mit einem altmodischen Verständnis des Christentums käme man nicht mehr weit. Die „Dritte Kirche" mit ihrem mutigeren Vorgehen in Sachen Pluriformität könnte vielleicht auch der „Zweiten Kirche" Anregung geben und Schützenhilfe leisten.

Es wird noch viel engagierten und konstruktiven Dialog zwischen den zwei Polen in der Kirche, zwischen den Vertretern Roms und der Ortskirchen brauchen, in dem beide Gruppen für ihren je verschiedenen Standpunkt einstehen und schließlich zu einem gesunden Ausgleich kommen. Gewisse Konflikte kann man dabei kaum vermeiden. Konflikte gehören mit zum menschlichen Leben, aber sind da, um bewältigt zu werden. Die Bischöfe sollen nie gegen Rom sein, wohl aber hie und da mit Rom kämpfen. Jedenfalls sollte der kirchliche „Nord-Süd-Dialog" nicht in einen dauernden „Nord-Süd-Konflikt" ausarten. Es sollte auch nicht weiter wahr bleiben, was jemand formulierte: „Wenn man Inkulturation ernst nimmt, kommt man mit Rom in Konflikt." Es bleibt zu hoffen, daß jetzt Pioniere der Inkulturation nicht mehr wie Matteo Ricci 400 Jahre warten müssen, bis sie in der Kirche anerkannt werden. Mit Riccis öffentlicher Anerkennung durch Papst Johannes Paul II. sind freilich die grundlegenden Probleme leider noch keineswegs gelöst, wie wir bisher schon zur Genüge gesehen haben. Im Blick auf diese Situation scheut sich Karl Rahner nicht zu sagen: „Der eigentliche Ritenstreit steht uns noch bevor."[157]

Trotz dieser noch bestehenden Spannung gehen viele Priester und Christen einfach den Weg des Evangeliums, des Konzils und ihres Gewissens. Sie fühlen sich dazu verpflichtet, um bei ihrer Gruppe überhaupt noch anzukommen. In der Großpfarrei, die heute meistens einen rechten und einen linken Flügel aufweist, muß man sich an die Normen halten, damit niemand sich beschweren kann. In der Basisgruppe braucht man nicht Angst zu haben vor der Polarisierung. Solche homogene Gruppen zeichnen sich aus durch die Offenheit für den Geist und durch die Fähigkeit zur Spontaneität und Kreativität. Sie sind der Ort für die konkrete Inkulturation. Bei aller Respektierung der kirchlichen Normen werden hier im Einzelfall neue Traditionen in Theologie, Liturgie und Disziplin geschaffen, die dann später und hoffentlich Eingang in die Großkirche finden,[158] wie es meistens in der Geschichte vor sich gegangen ist. Man denke nur an die Gruppen um R. Guardini, „Quickborn", „Normannsteiner" usw., die seit den zwanziger Jahren zum Ärger vieler Christen und Bischöfe eine neue, sinnvollere Liturgie feierten und in mancher Hinsicht Wegbereiter des II. Vatikanum geworden sind.

10.3.2. Die konkrete Gestalt

In der Liturgie: Liturgie ist nicht so sehr Erfüllung eines unter schwerer Sünde verpflichtenden Gebotes, sondern tiefster Ausdruck des Glaubens, Herzstück des christlichen Lebens. Die Konstitution über die heilige Liturgie, „Sacrosanctum Concilium", war damals von allen Texten am besten vorbereitet und ist deshalb als erstes Dokument ohne Schwierigkeiten vom Konzil angenommen worden, obwohl sie in ihren Grundsätzen später zu weitreichenden Folgerungen führte. Die Fachleute der Liturgiewissenschaft, die, geschart um Erzbischof A. Bugnini, dahinterstanden, waren sich einig, daß die liturgische Erneuerung drei Schritte zu tun habe: erstens die Gestaltung einer einfacheren, durchsichtigeren, die aktive Teilnahme fördernden Form, zweitens ihre Übersetzung in die verschiedenen Sprachen, und schließlich die Inkarnation dieser neuen Liturgie in die verschiedenen Kulturen (SC 37–40). Diese großzügige Konzeption wurde nachträglich durch verschiedene liturgische Instruktionen, bei denen die Fachleute nicht mehr mitzureden hatten, eingeengt, und schließlich hat man der liturgischen „Bewegung" und „Anpassung" ein autoritäres Halt auferlegt.

So wurde der Bischofskonferenz von Indien, wo man einige Jahre eine in Sprache, Symbolen, Riten, Anspielungen an das geistliche Erbe des Landes mehr indische Liturgie ausprobiert hatte, 1975 von der Römischen Sakramenten-Kongregation ein kategorischer Stopp-Befehl erteilt. Daß Gruppen von konservativen Laien, Priestern und Bischöfen hinter diesem Befehl standen, hebt dessen Tragik nicht auf. Einmal mehr hat man der Kirche Asiens, wie damals im bekannten Ritenstreit, Schaden angetan und ihr, sobald sie einige konkrete Schritte tun wollte, um Ortskirche zu werden, zugerufen: „Halt, im Namen der Einheit dürft ihr das nicht tun!"

Gegenwärtig läuft die ganze Tendenz Roms darauf hinaus, alle kleinsten Bestimmungen der römischen Instruktionen als „Nationale Richtlinien" getarnt zu urgieren und darauf zu achten, daß überall alles bis zum letzten Jota gleich gemacht werde. So dürfe man z. B. das Confiteor nicht singen, sondern müsse es sprechen, das Gloria und Credo nicht paraphrasieren, sondern aufsagen. Am Schluß der Liturgie dürfe man nicht den Wunsch ausdrücken: „Laßt uns gehen in Frieden", sondern: „Gehet hin in Frieden", um den Unterschied zwischen Volk und Priester einmal mehr herauszustreichen usw.

Afrika mit seinem Sinn für das Heilige, für die Gemeinschaft, für Gesang und Rhythmus war von den Möglichkeiten einer erneuerten Liturgie in ganz besonderer Weise herausgefordert. Schon vor 25 Jahren hatte J. Daniélou erklärt, wie die Kirche von Asien her eine Erneuerung der Betrachtung erwarten könne, so von Afrika her eine Erneuerung der Liturgie. Aber die nachkonziliäre römische und universale Liturgie löste in Afrika eher Enttäuschung aus. Mochte der nüchterne, sachliche Stil für Europa recht sein, dem Gefühl der Afrikaner, die Gesang, Bewegung und spontanes Beten wünschen, entsprach das nicht. Auch das Kalendarium mit den fast ausschließlich europäischen Heiligen fand wenig Anklang. Man hätte sich für Afrika vielmehr auf die Geheimnisse Christi, auf die biblischen Heiligen und einige wenige andere konzentrieren müssen; mit anderen Worten, man hätte eben Liturgie nicht in Rom für Afrika machen, sondern sie in Afrika in charismatischen Gemeinden unter Aufsicht der Bischöfe wachsen lassen sollen.[159]

Diesen Grundsatz haben die Bischöfe von Zaire dann befolgt. Sie ließen durch ihre Fachleute einen zairesischen Ritus der Messe gestalten, haben ihn 1974 begleitet mit Tonband und Lichtbildern Rom unterbreitet. Aber Rom hat ihn nur approbiert „ad experimentum", das heißt, nur in kleinen Gruppen, ohne jegliche Publizität und für eine gewisse Zeit. Aus diesen Klauseln konnte man leicht herauslesen, daß in absehbarer Zeit, wie in Indien, ein anderer Brief folgen werde, der die Zeit des Experimentes nun als abgeschlossen erkläre. Statt dessen verbreitete sich diese zairesische Liturgie wie ein Buschfeuer in vielen Diözesen, auch in großen Pfarrkirchen. Sie wickelt sich ab als ein Melodrama von zwei Stunden, wo Kinder und Erwachsene, Männer und Frauen mit Gesang, Mimik, Tanz und Gesten voll teilnehmen, eine wirkliche „Feier" der Liturgie. Sie zieht die Leute an, auch Nichtchristen. Man geht froh in die Kirche und kehrt froh ins Leben zurück.

Rom sieht das nicht gern, hat es bis heute nicht approbiert, aber weiß auch, daß es diese Entwicklung nicht mehr zurückholen kann. Das stellt einen Präzedenzfall, ich möchte sagen einen Modellfall dar, wie man „per viam facti", durch vollendete Tatsachen, die Dinge in Gang und die Geschichte voranbringen kann. An sich sollte Rom aus vollem Herzen zu solchen Entwicklungen ja sagen. Wenn es das aber aus andern Gründen nicht tut, bleibt nur die klassische Notlösung, daß das Leben sich wie ein Sturzbach seinen Weg bahnt.

Rühren wir ein noch heißeres Eisen an: die Frage nach der eucharistischen Materie. Wenn Jesus beim letzten Abendmahl Wein und Brot nahm, um ein Zeichen seiner bleibenden Gegenwart zu setzen, hat er zwar die jüdische Pascha-Tradition befolgt. Aber man könnte auf Grund des oben erwähnten inkarnatorischen Prinzips kaum daraus schließen – wie man das durch die ganze Geschichte hindurch getan hat –, daß man das immer und überall nur auf diese Weise tun dürfe. Von allen Zeichen, die für die Sakramente verwendet werden, ist nur Wasser interkontinental erhältlich und verständlich. Brot und Wein und Olivenöl sind typische Mittelmeer-Produkte. Aus Europa importierter Wein und von Schwestern aus importiertem Mehl gebackene Hostien haben in Afrika und Asien keinen Symbolwert und sind keineswegs „Frucht der Erde und der menschlichen Arbeit". Man könnte darum die Lösung des Problems sachgemäß so sehen: Für mündige Gemeinden soll man „in der Regel" Brot und Wein verwenden, um Anschluß an die Heilsgeschichte und Symbolik des Alten und Neuen Testamentes zu bekommen. Aber für junge Gemeinden, denen Brot und Wein eher als magische Zeichen erscheinen, und in Notfällen, etwa an Außenposten, dürften z. B. Palmwein und Maniok als legitime zusätzliche Möglichkeiten dienen.

In einer bestimmten Diözese in Afrika kam es vor, daß einzelne Priester einzelne Male bei besonderen Anlässen diese afrikanische Materie für die Eucharistie gebrauchten. Der Nuntius hörte davon und schrieb einen scharfen Brief an den zuständigen Bischof. Dieser ging nach Rom und wollte das Anliegen mit dem Papst besprechen. Dort wurde ihm bedeutet, das in der entsprechenden Kongregation zu tun. Wohl wissend, was die Kongregation für eine Antwort gäbe, bat er erneut um ein Gespräch mit dem Papst. Es wurde ihm wiederum verweigert. Das konnte er als Bischof nicht auf sich beruhen lassen, und er reichte, obwohl erst 56 Jahre alt, seine Demission ein. Sie wurde umgehend angenommen. So geschehen am 28. Juni 1975. Ob man vom Jahr 2001 an flexibler umgehen wird mit Fragen, die man nicht unnötigerweise zu „Dogmen" machen sollte? Wenn man erfährt, daß die meisten nichtchristlichen Religionen eine Anzahl sakramentenähnlicher symbolischer Riten kennen und daß z. B. P. H. Hochegger in einem dreibändigen Werk 2606 rituelle Gesten mit religiöser Aussage der Volksgruppen von Zaire darstellte und analysierte, muß man einsehen, daß wir erst ganz am Anfang einer möglichen liturgischen Inkulturation stehen.[160]

In der Theologie: Wenn heute in der Theologie vieles lebendig geworden ist, so besagt das nur, daß wir nach einer Zeit der statischen, scholastischen Philosophie und Theologie wieder Anschluß an die besten Zeiten der Theologiegeschichte gefunden haben. Nicht bloß Theologie war immer in Fluß, auch die Offenbarung selbst geschah als geschichtlicher, dynamischer, sich je entfaltender Vorgang. Vom Alten zum Neuen Testament, von der Predigt Jesu zur Predigt über Jesus, von den Apostelbriefen zur Apostelgeschichte wollte man nicht bloß die Botschaft tradieren, sondern sie immer auch aktualisieren. Man wollte Jesus Christus als den *jetzt* Herrschenden verkünden. Diese genannten Schriften erweisen sich als sehr situationsbezogen. Sogar die „synoptischen" Evangelisten haben keineswegs bloß voneinander „abgeschaut", sondern die gemeinsame Sache entsprechend den Empfänger-Gemeinden je neu interpretiert und mit besonderen Akzenten versehen. Die neutestamentlichen Schriften sind also nicht einfach bloß ein ein für allemal feststehendes, unwandelbares Lehrsystem, sondern vielmehr ein Keim, der wuchs, ein Impuls, der in einer Vielfalt von geistigen Welten und damit in einer Vielfalt von werdenden Theologien zum Glauben an Jesus Christus aufrief. Es gibt also keine „Theologia perennis", sondern nur ein „Evangelium perenne".[161]

Gegenwärtig erleben wir einen ungeheuren Aufbruch der Theologie, nicht nur quantitativ bezüglich der Artikel- und Buchproduktion, sondern auch qualitativ bezüglich einer viel dynamischeren und lebensnäheren Theologie. Auch der Umstand, daß nun Tausende von Laien Theologie studieren, verändert das theologische Gelände wesentlich. Im Winter-Semester 1982/83 waren allein in der Bundesrepublik Deutschland 15.300 Studenten an den theologischen Fakultäten eingeschrieben, wovon sich nur rund 10 Prozent als Priesteramtskandidaten ausgaben. Was die über 13.000 Laientheologen später tun werden, ist die eine Frage, da man nur rund 3000 Stellen für sie zur Verfügung hat. Wie werden sie das theologische Denken und das allgemeine Niveau der Kirche beeinflussen? Das ist die andere ebenfalls sehr wichtige Frage. Daß die Bischöfe in den dreißiger Jahren, als es Priesteramtskandidaten im Überfluß gab, die Hälfte und mehr von ihnen einfach abschoben, sieht man heute als eine bedauerliche und kurzsichtige Haltung an. Wie wird man einmal über unsere Jahre urteilen und die Chancen, die mit den vielen Laientheologen der Kirche gegeben waren?[162]

Was wunder, wenn nun auch in den Jungen Kirchen der Dritten Welt ein theologischer Aufbruch vor sich geht? Diese waren bisher – vom Katechismus bis zu den theologischen Lehrbüchern – die Leser, die Konsumenten der westlichen Theologie. Ihre eigene theologische Stummheit, die in Lateinamerika vier Jahrhunderte hindurch andauerte, war Ausdruck der kolonialen Situation. Inzwischen aber sind in allen drei südlichen Kontinenten theologische Hochschulen entstanden, theologische Zeitschriften, Theologen, die diesen Namen verdienen, die das Evangelium in ihre geistig-kulturelle Umwelt hineinsprechen und ihre eigene, ortsgebundene, „kontextuelle" Theologie hervorbringen. Sie geben sich nicht mehr zufrieden mit einer universellen und darum abstrakten Theologie, die überall gelten sollte, aber nirgends richtig einschlägt, sondern sie glauben, daß das Wort Gottes in jede konkrete geschichtliche Situation hineinfällt und hier Befreiung und Heil bewirken will. Sie glauben, daß eine *Ortstheologie* eine wichtige Voraussetzung darstelle für eine *Ortskirche*. Natürlich werden sie die westliche Theologie nicht ignorieren. Man will sie aber nicht bloß kopieren. Man will keinen Bruch, wohl aber eine Weiterführung.

Die *Dritte-Welt-Theologie* zeichnet sich durch drei besondere Aspekte aus: Sie ist eine ökumenische, dialogale, tolerante Theologie. Im Gegensatz zur mittelalterlichen geschlossenen, sich selbst genügenden, sich im Besitz der vollen Wahrheit wähnenden Christenheit lebt man in Afrika und Asien meistens als christliche Minderheit. Man wird darum offen nicht nur für die innerchristliche Ökumene, sondern auch für die Ökumene mit den andern Religionen. Man läßt sich vom typisch asiatischen Denken inspirieren und anerkennt, daß niemand die Wahrheit schon in ihrer vollen Entfaltung besitze, daß man in allen Religionen positive Werte vorfinde und sich an ihnen bereichern könne, daß man darum einander im Geist der Versöhnung, der Toleranz, der Harmonie achten und miteinander den Weg gehen solle. Niemals hat man im Hinduismus oder Buddhismus religiöse Gestalten als „Häretiker" ausgestoßen oder gar getötet. Das Leben galt immer mehr als die Lehre.[163] Es ist bezeichnend, daß im Weltkirchenrat in Genf die wachsende Gegenwart der asiatischen Kirchen rasch zum Ende der vorher beherrschenden exklusiven dialektischen Theologie von K. Barth geführt hat. Selbstverständlich hat das kirchliche Christentum notwendigerweise eine Lehre, die ausgesagt und unter Umständen gegen „Häresien" abgegrenzt wird und werden muß. Aber diese Selbstverständlichkeit ist vereinbar mit dem Wissen um Wachstum in der Erkenntnis durch Lernen von anderen, auch von „Gegnern", und mit der noch ausstehenden Zukunft des ewigen Lichtes der allumfassenden Wahrheit.

Nicht bloß den Dialog mit den Religionen sucht die Dritte-Welt-Theologie, sondern noch mehr den Dialog mit den Armen. Man lebt ja im fatalen Tropengürtel, der Zone der Unwissenheit, der Krankheit und der Armut. Man will darum nicht in abgeschirmten Hörsälen, gestützt auf reiche Bibliotheken, säuberlich geschieden vom Drama des täglichen Lebens, eine Theologie für die Eliten betreiben, sondern man versucht, das Evangelium mit seiner revolutionären Kraft ins Volk hinein zu sagen und diesem Volk Mut zu machen, seine Lage zu verändern. Als erster Akt einer solchen Theologie geschieht darum eine Analyse der konkreten sozial-politisch-ökonomischen Situation, der brutalen Tatsache und der verschleierten Ursachen der Armut. Im zweiten Akt dann fragt man sich, wie der Gott der Geschichte und des Lebens den Menschen aus dieser Situation befreien will, nicht durch „Wunder“, sondern durch das engagierte christliche Leben im Dienst des Bruders.

Diese Dritte-Welt-Theologie hat 1976 in Dar-es-Salaam mit der Gründung der EATWOT (Ecumenical Association of Third-World-Theologians) eine organisatorische Form gefunden. M. D. Chenu nannte diese Konferenz in Anlehnung an die bekannte Bandung-Konferenz von 1955, die der Entkolonialisierungsbewegung gewaltigen Auftrieb gegeben hat, das „Bandung der Theologie“. Die EATWOT entfaltete seither eine rege Tätigkeit mit kontinentalen Konferenzen: 1977 in Accra (Ghana), 1979 in Wennapua (Sri Lanka), 1980 in São Paulo (Brasilien). 1981 wurde in New Delhi die Bilanz aus dem Bisherigen gezogen, und im Januar 1983 fand in Genf die erste Konfrontation von Dritte-Welt-Theologen mit einer Gruppe westlicher Theologen statt.

Diese Dritte-Welt-Theologen beanspruchen keineswegs ein theologisches Monopol für sich. Im Gegenteil, sie wollen nur die Animatoren der Gemeinden, der kirchlichen Basisgruppen sein. Man wünscht wie in der Liturgie auch in der Theologie eine aktive Teilnahme des Volkes. Darin liegt also das dritte Kennzeichen dieser Theologie, daß sie nicht bloß von einzelnen gescheiten Theologen in ihren Studierzimmern geschrieben, sondern mitgetragen ist von lebendigen Gemeinden, inmitten des Lebens und als Antwort auf das Evangelium hervorgebracht wird, und darum so vielfältig ist wie auch das Leben selbst. Diese „Theologie von unten“ geht wie ein Frühling durch die Dritte Welt, wirkt Wunder, verwandelt das Leben, ist auch Spiegelbild der Freuden, der Leiden, der Kraft, der Weisheit des Volkes. Sie baut eine neue, glaubwürdige Kirche auf.[164]

Wird man erwarten können, daß die kontextuelle Theologie über die einzelnen konkreten Situationen hinaus auch für die Gesamtbeschaffenheit der einzelnen Kontinente einen je eigenen theologischen Wurf zustande bringen wird? Als das theologische Werk „Mysterium Salutis“ herauskam, meinte man, das sei nun schlechthin die nachkonziliäre Theologie für die gesamte Welt, obwohl alle Autoren der westlichen Welt entstammten und der westlich-pragmatische Gesichtspunkt meines „Heiles“ im Zentrum stand. Jetzt ist Lateinamerika bereits daran, seine Theologie mit dem Titel „Mysterium Liberationis" in die Kirche zu bringen. Sie ist auf 40 Bändchen berechnet und dreht sich um den Zentralgedanken der „Befreiung" der Gemeinschaft, vor allem der Armen, aus allen Fesseln der sozialen und persönlichen Sünde. Afrika steht noch eher in den Anfängen, in den Postulaten und Prolegumena einer afrikanischen Theologie und in einzelnen Beiträgen.[165] Es könnte aber einmal, entsprechend seinem Hauptanliegen der Inkulturation und Authentizität, ein Werk herausbringen mit dem Titel „Mysterium Incarnationis", worin auf Grund der Menschwerdung Christi als Zentralgeheimnis radikal die Konsequenzen gezogen würden für eine inkarnierte afrikanische Kirche. Asien[166] hat sich vor allem mit den Religionen auseinanderzusetzen und könnte einmal seine Theologie schreiben mit dem Titel „Mysterium Revelationis", worin vor allem die Führung und Offenbarung Gottes zu allen Zeiten und in allen Religionen aufgezeigt, die heiligen Mystiker aller Zonen geschildert[167] und die Aspekte des Geheimnisses Christi, des Logos, in seiner kosmischen Größe erhellt würden. Alles zusammen würde dann eine schwache Ahnung von der Fülle der Theologie vermitteln. Wir stehen erst an der Schwelle des dritten Jahrtausends, das uns offenbar noch einige Überraschungen bereit hält.

Gewisse Menschen befällt bei solchen Aussichten die Angst, zumal einzelne Dritte-Welt-Theologen bereits mit römischen Instanzen in Konflikt gerieten. Man kann die Risiken und Gefahren, die mit der theologischen Forschung von der Sache her verbunden sind, nicht in Abrede stellen. Erinnern wir uns daran, daß auch Thomas von Aquin Erstaunen und Widerstand hervorrief, als er sich dermaßen auf den „heidnischen" Aristoteles und die muselmanischen Philosophen einließ. Wer von der richtigen Voraussetzung ausgeht, daß Theologie immer unterwegs ist, daß sie – wie die Weltraumforschung – gegenwärtig zwar großartige Flüge unternimmt, aber dabei immer nur am ersten Rand des theologischen Alls bleibt, wird diese faszinierenden Unternehmungen mit Interesse und Zuversicht verfolgen. Er wird auch den Dritte-Welt-Theologen das „Recht" zugestehen, „Häresien" zu riskieren – wie auch wir das im Lauf der ganzen Geschichte getan haben. Diese werden dann wahrscheinlich in der Koinonia, in der Gemeinschaft mit den andern Theologen und den Bischöfen des Landes, zur rechten Zeit wieder korrigiert werden. Muß sich die Römische Kongregation für die katholische Glaubenslehre in ihrer jetzigen Zusammensetzung und Funktion gegenüber einer solchen Situation nicht überfordert fühlen? Kann sie all diesen Theologien gerecht werden? S. Kappen, einer der asiatischen Theologen, der bereits mit dieser Kongregation zu tun hatte, erklärte kurzerhand, er lasse sich nur von jemandem zensurieren, der den Hinduismus von innen kenne und der, wie er, unter den Armen lebe. Ganz unrecht hat er nicht.[168] Damit will ich nicht sagen, daß ein solcher Theologe Dogmen der Kirche leugnen dürfte. Aber er kann sie weiter entwickeln und in ihnen neue Dimensionen entdecken, die bis dahin noch verhüllt waren. Wenn die Christologie sich der griechischen Begriffe bedienen konnte, dann wird das grundsätzlich auch mit der Hindu-Philosophie geschehen können. Da wird dann gewiß nicht jemand über die Rechtgläubigkeit einer solchen Christologie befinden, der vom Hinduismus nichts versteht.

In der Kirchendisziplin: Wie kommt es nur, daß so viele Christen die Kirche als eine Last empfinden, als jemanden, der einem ständig Prügel zwischen die Beine wirft? Die Kirche klagt über Glaubensschwund. Aber ist da der Sündenbock vielleicht nicht am falschen Ort gesucht? Diese Christen pflegen die „Früchte des Geistes, die da sind Liebe, Friede, Freude, Geduld, Mitleiden, Güte, Treue ..." (Gal 5,23) Sie freuen sich an Jesus, von dessen Mission es kurzerhand heißt: „Er verkündete die frohe Botschaft vom Reiche und heilte jegliche Krankheit und jegliches Gebrechen" (Mt 9,35).

Sie haben spontan eine Umschichtung im moralischen Gewissen vorgenommen. Sie sehen Sünde und Tugend nicht mehr in erster Linie im sechsten Gebot, sondern erforschen sich, wie weit sie Mut gehabt und gemacht haben oder nicht, Verantwortung für andere ernst genommen haben oder nicht, hoffnungsvolle Initiativen für das Wohl der Menschheit ergriffen haben oder nicht. Sie würden auch von der Kirche mutige Worte annehmen in Sachen Frieden, Gerechtigkeit, Menschenwürde, Umweltschutz. Aber mit einem wieder drohenden Neo-Legalismus können sie nichts anfangen. Sie glauben, was die Kirche als Verhaltensregeln zu vermitteln scheint, decke sich einfach nicht mehr mit den Erfahrungen des Lebens und mit den Einsichten der Medizin, Psychologie und Soziologie. Die Mehrzahl der heutigen Christen, vor allem in der angelsächsischen Welt, sind faktisch „Empiristen". Sie wollen von ihrer konkreten Erfahrung her das Leben verstehen. Sie werden nicht die „Prinzipien" und die „ewigen, unveränderlichen Wahrheiten" leugnen. Aber sie meinen, diese müßten doch immer wieder der Lebenserfahrung ausgesetzt und mit ihr konfrontiert werden, damit aus deren faktischem Verständnis ihnen doch auch anhaftende Trübungen und Mißverständnisse ausgeschieden und deutlicher die Grenzen ihrer Tragweite erkannt und beachtet werden. Solche Menschen werden den Eindruck haben, daß man in der romanischen Welt und auch an den Schaltstellen der Kirche diese Prinzipien noch zu unvorsichtig handhabe, daß man zuwenig aus der Geschichte der Kirche lerne, in der sich doch zeige, daß man „amtlich" oft und voreilig mit Berufung auf solche „ewigen Prinzipien" Dinge als unchristlich abgelehnt habe, die sich hinterdrein durchaus als vertretbar herausstellten; man denke etwa an die Ideen der Demokratie, der Gewerkschaften, der Religions- und Gewissensfreiheit, an die moderne Exegese und die Einsichten der Geschichts- und der Naturwissenschaften, oder etwa an die historische Tatsache, daß die Synode von Toledo 589 dermaßen an der öffentlichen Buße festhalten wollte, daß sie die damals aufkommende Ohrenbeichte als „abscheuliche Anmaßung" (exsecrabilis praesumptio) verurteilte, während sie dann das IV. Lateran-Konzil 1215 unter schwerer Sünde vorschrieb.

Typische Vertreter dieser zwei Haltungen standen sich in der Bischofssynode 1980 gegenüber: Kardinal G. B. Hume, der von einer Vision sprach, von einer Kirche als Pilgerin auf der Wanderschaft, die den Mitwandernden Mut zuspricht, ihnen Freude zustrahlt; er betonte den Glaubenssinn der Gläubigen (sensus fidelium), die Erfahrung der christlichen Eheleute, die eine authentische Quelle der Theologie darstelle. Auf der anderen Seite stand Kardinal P. Felici, der vor der Verführung der Statistiken und vor den empirischen Daten warnte.[169] Im Grunde sind nicht jene die Utopisten, die von neuen Weisen des evangelischen und christlichen Lebens träumen, sondern jene, die meinen, mit veralteten und lebensfremden Formen und Geboten noch etwas in der Welt bewegen zu können oder gar damit der Welt Frohbotschaft zu verkünden, was doch die erste Aufgabe der Kirche ist.

Es ist höchste Zeit, daß die Kirche den Weg des Konzils weitergeht und vermehrten Anschluß findet an die geschichtliche Wirklichkeit, sonst läuft ihr diese davon, und das Reich Gottes wird sich immer mehr außer ihr abspielen. Ich möchte das Auseinanderklaffen der „Kirche von oben“ und der „Kirche von unten“ an drei konkreten Beispielen erläutern.

Der gegenwärtige Papst legt sehr viel Gewicht auf das Tragen des Priester- und Ordenskleides. Bei allen Gründen dafür gibt es aber auch gewichtige geschichtliche und psychologische Gründe dagegen. In Polen ist dieses Kleid ein Zeichen des Protestes gegen das Regime, in Lateinamerika hingegen ein Zeichen der Identität der traditionellen Kirche mit dem Regime. Warum mündigen Männern – wie ehemals den Pensionatsmädchen – eine Uniform vorschreiben? Hat Jesus sich nicht geärgert am religiösen Kleid der Pharisäer (Mt 23,5)? Hat er nicht gesagt: „Daran soll man erkennen, daß ihr meine Jünger seid, indem ihr einander liebt“ (Joh 13,35), aber nicht, indem ihr die schwarze Soutane oder den römischen Kragen trägt? Ich habe schon einer Bischofskonferenz in den Tropen Vorträge gehalten: Die Bischöfe erschienen samt und sonders in Hose und Hemd, der Kardinal in weißer, der Apostolische Nuntius in schwarzer Soutane. Dafür jammerte dieser laufend über das heiße Klima.

Am 19. Oktober 1982, zu Beginn des akademischen Jahres, wurde mit Autorität des Papstes, des Kardinal-Vikars U. Poletti, der drei Römischen Kongregationen des Klerus, der Ordensleute und der Katholischen Erziehung das Gebot eingeschärft, daß fortan alle Priester und Ordensleute in Rom stets und überall ihr entsprechendes Kleid zu tragen hätten.[170] Zu Ende des Schuljahres konnte man feststellen, daß sich praktisch fast nichts geändert hatte. Nach wie vor gingen 70 bis 80 Prozent der Priester-Studenten im Zivilkleid an die Päpstlichen Universitäten. Warum also mit solchen sekundären Fragen die höchste kirchliche Autorität aufs Spiel setzen?

Viel schwerwiegender sind die Fragen um die Ehe. Hier rührt man an den Lebensnerv der Menschen. Ich rede jetzt nicht von „Humanae vitae“ und vom Gesinnungswandel, den dieses Dokument bewirkt hat. Vorher galt noch: „Roma locuta, causa finita.“ Jetzt aber hatte das Wort Roms die Diskussion nicht abgeschlossen, sondern erst recht ausgelöst, die dann damit endete, daß jetzt die große Mehrzahl der Katholiken in der Ehe ruhig „ihren Weg geht“ und sich deshalb auch gar nicht mehr aufregte, als die Bischofssynode 1980 sich noch einmal mit aller Autorität hinter jenes Dokument stellte. Ich rede auch nicht vom Problem der Geschiedenen und Wiederverheirateten, denen man nach „Familiaris Consortio“ (Nr. 84) keine Sakramente spenden dürfte, was aber manche Priester trotzdem als „pastorale Lösung“ tun; wobei freilich nicht wenige nicht bloß Notlösungen, sondern radikale Lösungen anstreben und sich mit der Theologie der Ostkirchen[171] fragen, ob total zerrüttete, unheilbare Ehen nicht sich selbst aufgelöst hätten und ob ein sakramentales Band ohne Liebe nicht ein Unsinn sei.

Ich möchte mich jedoch einen Augenblick mit einem spezifisch *afrikanischen Eheproblem* beschäftigen. Ausgehend von der pastoralen Tatsache, daß an vielen Orten in Afrika 70 Prozent der erwachsenen Christen wegen ungeregelter Ehe von den Sakramenten ausgeschlossen bleiben (ungefähr das gleiche gilt auch von Lateinamerika), stellt man sich die Frage, ob nicht an einer solchen Kirchendisziplin etwas nicht stimme. Die Kirche sei doch schließlich nicht da für eine elitäre Gruppe, sondern für das breite Volk.

Unter den verschiedenen Hindernissen nimmt der „afrikanische Weg zur Ehe“ einen wichtigen Platz ein. Im größeren Teil Afrikas, bei den mutterrechtlichen Ackerbauern, geht die Ehe in Etappen vor sich: Die zwei Clans verhandeln, tauschen die ersten Geschenke aus, besuchen einander. Dann geht der Junge ins Gehöft des Mädchens, baut sich eine Hütte, und von einem bestimmten Zeitpunkt an lebt er mit dem Mädchen zusammen. Im Lauf von ein paar Jahren hat er unter Beweis zu stellen, daß er arbeiten kann, das Mädchen gut behandelt, die Schwiegereltern ehrt, und daß sie miteinander Kinder haben können. Wenn das alles klar ist und inzwischen das Brautgeld abbezahlt ist, wird im Stamm die Ehe gefeiert. Für die Kirche galt das stets als öffentliches Konkubinat, als Zustand der schweren Sünde; und die jungen Christen, die der Tradition des Stammes folgten und folgen mußten, waren während der besten Jahre der christlichen Reife von den Sakramenten ausgeschlossen. Eine schreckliche Belastung für den Missionar, aber auch für die jungen Christen.

Schließlich fragte man sich, ob dieser Weg wirklich so schlecht und mit dem Evangelium unvereinbar sei; und man fing da und dort an, die „pastorale Lösung“ zu praktizieren, d. h. man verkündete nicht einfach von der Kanzel, daß solche Leute nun zu den Sakramenten zugelassen werden, sondern man legte den

Einzelfall der Ortskirche vor. Diese aber fand: „Es sind im Grunde zwei gute Christen, sie leben nach der Sitte unseres Stammes, wir lassen sie also zu den Sakramenten zu."

Bei der Bischofssynode 1980 über Ehe und Familie baten fünf afrikanische Bischöfe je im Namen ihrer Bischofskonferenzen um Verständnis für diesen afrikanischen Weg zur Ehe. Man solle das nicht „Konkubinat, Probeehe, ungeregeltes Verhältnis" nennen, sondern „Etappenehe, progressive Ehe". Wie das Taufkatechumenat schrittweise zur Taufe führe, so auch das Ehekatechumenat. Man solle deshalb nicht von „vorehelichem" Verkehr reden. Das alles sei bereits von der Ehe umfangen, die nicht in einer augenblicklichen Zeremonie geschlossen werde, sondern in einem Werdeprozeß. Man bat also darum, diesen Weg anzuerkennen und ihn mit entsprechenden liturgischen Feiern zu begleiten.

Im Schlußdokument der Synode, in „Familiaris Consortio", scheint der Papst die afrikanische Etappenehe und die im Westen nun aufkommende Probeehe einfach einander gleichzusetzen und gemeinsam zu verurteilen. Das letzte Wort ist damit offenbar noch nicht gesagt.[172]

Noch heikler ist die *Frage des Amtes* in der Kirche, nicht nur in der theologischen Diskussion,[173] sondern in der gegenwärtigen pastoralen Applikation. Auch hier hängt wieder sehr viel vom Kirchenbild ab, ob man sich Kirche noch vorkonziliär vor allem als Klerus vorstellt, der von oben, von außen, von der Ferne einer Gemeinde zugeteilt wird, oder ob man an Kirche als Ereignis des Heiligen Geistes glaubt, als Gemeinde von Menschen, die sich mit der Sache Jesu abgeben, als Kirche, die wächst und aus innerem Bedürfnis und Recht auch die verschiedenen Ämter hervorbringt, wie es in den paulinischen Gemeinden der Urzeit der Fall war, was alles durchaus vereinbar ist mit der kirchlichen Lehre, daß das Amt in der Kirche auf einer Sendung von Christus her beruht und nicht einfach dem „demokratischen" Belieben der „Basis" anheimgegeben ist.

Die Frage wird sehr akut in den Tausenden von priesterlosen Gemeinden in Lateinamerika und Afrika und bald auch in Europa. Wir haben schon bei der „neuen Kirchenpräsenz" die sich überall verschlechternde Lage im Überblick gesehen. Die dramatische Situation für Lateinamerika ist schon längst bekannt. Man muß nun aber auch für Afrika diesbezüglich von einer grassierenden

„Lateinamerikanisierung“ reden. Der gute Afrika-Kenner A. Hastings meinte 1967, als in Afrika auf einen Priester 1800 Katholiken fielen, im Jahr 2000 würden es sicher 3500 sein. Nun wurde aber diese Zahl schon im Jahre 1981 erreicht, und im Jahre 2000 muß man für Afrika mit wenigstens 5500 Katholiken auf einen Priester rechnen und für Lateinamerika mit 10.000. Man kann nicht Freude haben an diesem ungleichen Wachstum von Christen und Priestern.

Pastoraltheologen und Bischofskonferenzen stellen immer wieder das Postulat, bewährte Männer, auch wenn sie verheiratet sind, zu Priestern zu weihen, jene Gemeindeleiter, die großartige Arbeit leisten, die einige Jahre pastoral-theologische Schulung durchgemacht haben, die alles tun, aber – weil sie verheiratet sind – zwei Formeln nicht sagen dürfen, die Wandlungsworte und die Lossprechungsworte. Die Antwort Roms bleibt immer dieselbe: „Nein und noch einmal nein! Sich keine Illusionen machen! Die lateinische Kirche blieb dem Priester-Zölibat treu und wird es bleiben!“[174] Im Gebet für die Priester zum Gründonnerstag 1982 legt der Papst in Form einer rhetorischen Frage, die stärker ist als eine Aussage, geradezu ein Schweigen über dieses Thema auf: „Ist es am Platz – entgegen der Stimme des letzten Ökumenischen Konzils und der Bischofssynode –, immer noch zu fordern, die Kirche müßte auf diese Tradition und dieses Erbe verzichten?“[175]

Man macht also diesen guten, aber doch historisch kontingenten Priestertyp nach dem Modell des Trienter Konzils (Mann, 18 Jahre Studium, zölibatär) zum absoluten Wert: entweder diesen Priester oder keinen Priester! Der absolute Wert jedoch ist die Gemeinde, nach deren Bedürfnissen der Priestertyp sich richten sollte. Mit dem jetzigen System wird man für alle Zukunft in Afrika und Lateinamerika an den vielen Außenposten mit einigen Hundert Christen keine Priester haben, denn Priester mit solcher Bildung und dem entsprechenden Lebensstil bleiben in den Zentren. In jeder Verwaltung kennt man untere, mittlere und höhere Angestellte mit je verschiedenem Bildungsgrad, ebenso Primar-, Mittel- und Hochschullehrer. Warum soll in der Kirche nur ein einziges Modell von Priester erlaubt sein, sowohl für die Städte wie für den „Busch“?

Als kirchentreuer Christ steht man hier vor einer heiklen Lage: Wie kann man seine Loyalität dem Papst erweisen und dem Volk?

Der Kirche von oben und der Kirche von unten? Wie Gehorsam üben und Prophetie? Wenn man weiterhin keine neuen Wege erschließt, um diesen priesterlosen Gemeinden Priester zu geben, so macht man sie praktisch auf dreifache Weise zu protestantischen Christen: Erstens haben sie nur die Hl. Schrift und den Glauben – obwohl das schon sehr viel ist! Zweitens kommt es da und dort bereits vor, daß solche Gemeinden bei bestimmten Anlässen auf ihre Weise „Eucharistie feiern", indem die Gemeinde jemanden beauftragt, das für sie zu tun, und zwar mit örtlich gegebener Materie. Wer Jungmanns „Missarum Solemnia" gelesen hat, weiß, in wie vielen verschiedenen Formen im Laufe der Geschichte Eucharistie gefeiert wurde und folglich gefeiert werden kann. Drittens entfaltet man nun sehr die Laiendienste und stellt fest, daß die Gemeinde im Grunde lebt, daß also die Kirche so oder so, mit oder ohne Priester, vorankommen kann. Also wenn man das tridentinische Priestermodell zu sehr strapaziert, wird man es ganz verlieren!

Der jetzige Papst ist überzeugt, daß dank seiner Festigkeit und seines Elans die Priesterkrise überwunden werde. Man muß ihm diesen Kredit geben, daß er gemäß seiner Überzeugung handeln darf. In gewissen Ländern, vor allem der Dritten Welt, nimmt die Zahl der Priesterkandidaten bereits beträchtlich zu, und zwar aus zwei Gründen, weil in der wirtschaftlichen Krise der Priesterberuf eine gesicherte Existenz gewährleistet und weil in den Kreisen der Basisgruppen und der apostolisch engagierten Laien die Bereitschaft reift, sich auch ganz in den Dienst der Kirche zu stellen. Man darf sich aber nicht voreilig von solchen Nachrichten täuschen lassen. Man weiß nicht, wie viele der Kandidaten sich vor der Weihe wieder anders besinnen und ob nicht auch später manche von ihnen in den vierziger und fünfziger Jahren wiederum aus Gewissensgründen das Amt niederlegen werden, und sich dann die oben erhobenen Fragen mit neuer Schärfe stellen werden. Man wird also in zehn oder zwanzig Jahren wiederum darüber reden. Unterdessen kann ganz abgesehen von der Problematik des Priesterzölibates aus pastoraler Dringlichkeit und theologischer Ehrlichkeit sowohl in der westlichen wie in der südlichen Kirche die Frage der *Frauenordination* und der Weihe von bewährten, verheirateten Männern nicht zur Ruhe gebracht werden.[176]

Zu den meisten der hier entwickelten neuen Ideen und Vorschlägen kann man einwenden, daß sie dem neuen Kodex des Kirchenrechtes zuwider seien. Nun, ein neues Gesetzbuch sucht – soweit ihm das gelingt – den gegenwärtigen Stand der Dinge aufzuarbeiten und zu kodifizieren. Dann steht das Recht still, das Leben aber geht weiter. Darum muß das Recht immer wieder erneuert werden, wenn es dem Leben dienen und ihm nicht Fesseln anlegen will. *Kirchenfuturologie* hat genau die Aufgabe, Ideen vorzubereiten, die bei einer kommenden Revision des Kirchenrechtes vielleicht berücksichtigt werden könnten.

Der neue Kodex macht gegenüber dem vorherigen eindeutig den Eindruck, daß er mehr im Rahmen der Kirche als Weltkirche denkt. Ohne ausdrücklich von „legitimer Pluriformität" oder von „Kontextualisierung" zu reden, werden doch viele Dinge grundsätzlich in dieser Optik gesehen: Der Dialog mit den Nichtchristen soll helfen, daß die Botschaft des Evangeliums in der Art und im Stil jener Kultur verstanden werden kann (Can 787 § 1); die pastorale Ausbildung der Studenten soll den konkreten Bedürfnissen von Zeit und Ort entsprechen (Can 255); in Anbetracht der verschiedenen Verhältnisse kann es verschiedene Arten von Seminarien geben (Can 233–238), und jede Nation kann ihren eigenen Studienplan haben (Can 242); in den entsprechenden Kulturen soll es Kurse für vergleichende Religionswissenschaft geben (Can 821); die Bischofskonferenzen sollen das Apostolat der Kirche in einer Weise regeln, die den Verhältnissen von Zeit und Ort entspricht (Can 447); die Liturgie der Ortskirchen soll den geistigen Voraussetzungen des Volkes angepaßt sein (Can 837; 899). Soweit gut und recht.

Auf der andern Seite wird aber unermüdlich wiederholt, daß alle liturgischen Handlungen von Rom gutgeheißen werden müssen (Can 826 § 2; 838 § 2; 928); daß alle Studienpläne für die Seminarien von Rom approbiert werden müssen (Can 242); daß alle Entscheidungen der Bischofskonferenzen dem Hl. Stuhl unterbreitet werden müssen zur Approbation (Can 455–456) usw. Das bedeutet doch, daß Rom praktisch doch wieder für sehr strikte Uniformität nach dem römischen Modell besorgt sein wird, wie es die bisherige Erfahrung zeigt. Nach dem Jahr 2001 wird sich ohne Zweifel eine Revision des Kirchenrechtes aufdrängen, worin den Ortskirchen mehr faktischer Spielraum zugestanden und die Aussage ernster genommen wird, daß die Bischöfe als Leiter der Ortskirchen Nachfolger der Apostel sind (Can 375).[177]

Die Kirche hat viel mehr Macht über sich selbst, als sie meint. Sie könnte in vielen Fällen zu guten Ideen ja sagen, aber sie sagt fast immer nein. Sie ist darum bekümmert, die retrospektive, oft verkrustete Tradition getreulich aufrechtzuerhalten, und denkt zuwenig daran, in einem Dauerprozeß, der dem Leben entspricht, auch prospektive, kreative Tradition zu schaffen. Fehlt es an Mut? An Kompetenz? An Einsicht in die Zeichen der Zeit? Wer ist denn diese „Kirche", die so blockierend wirkt?

10.4. Rom gemäß dem neuen Kirchenverständnis

10.4.1. Die Gefahr der Spaltung

Wir mußten bisher schon mehrmals feststellen, daß Kirche von oben und Kirche von unten, Kirche als Hierarchie und Kirche als Volk Gottes mehr und mehr auseinanderfallen, obwohl das Konzil deren tiefste Einheit wiederhergestellt hatte. Wer z. B. Ehevorbereitungskurse und Religionsunterricht in oberen Klassen hält, könnte von dieser klaffenden Spaltung ein Liedlein singen. Er hat alle Mühe, die kirchliche Lehre zu vertreten; und dies nicht bloß in Sachen Sex und Ehe, sondern auch für das Sonntagsgebot, die Frauenordination, das traditionelle Verständnis der Jungfrauengeburt, der Aufnahme Mariens in den Himmel mit Leib und Seele, der Transsubstantiation, von Himmel und Hölle usw.[178] Wer eine systematische Dissonanzanalyse macht und der Frage nachgeht, wie weit die Lehre, die die Kirche vorlegt, und die Werte, die sie fordert, mit dem Denken und mit den Werten der Leute übereinstimmen, kommt weitgehend zum Schluß, daß die Kirche nicht in unsere Zeit hineinpaßt, und zur pastoralen Forderung, daß jede Form von verkappter „Zuweisung, Verordnung, Erzwingung" von Christlichkeit nicht mehr ankommt, daß Glaube und Religion heute nur noch auf dem Boden der Freiheit wachsen können.[179] Wer da weiterhin mit Bürokratie, Autorität, Distanzverhalten, Mangel an Dialog vorgeht, trägt mit dazu bei, daß die Kirche, nach einem Wort von A. Exeler, die Jugend und die Leute „nicht nur verliert, sondern geradezu vertreibt".[180]

Wie es heute mit protestantischen Christen schon weitgehend eine praktische Einheit gibt, wenn auch die Strukturen noch getrennt bleiben, so kommt es umgekehrt innerhalb der katholischen Kirche mehr und mehr zu einem praktischen Schisma, wenn auch die Struktur offiziell noch intakt bleibt. In der exklusiven Kirchenzeit der konstantinischen Epoche hätte man sich beiderseits gerauft und das Urteil von Schisma und Häresie verhängt. Heute läßt man die Dinge einfach schlittern. Faktisch wird die Kirchenleitung von immer größeren Gruppen als belanglos ignoriert. Das Armeekommando sitzt noch in der Garnison und erteilt Befehle, während die Truppen in das Feld der Freiheit ausgeschwärmt sind.

Das einstige Bollwerk der Christenheit hat sich inzwischen in drei Blöcke aufgelöst:

– Die *Religionslosen,* die Säkularisierten, die praktischen oder militanten Atheisten, mit denen man nur noch einen gemeinsamen Boden hat: das Menschsein, die Sehnsucht nach Gerechtigkeit und Frieden. Darüber kann man auch mit ihnen einen Dialog führen. Vielleicht liegt darin die Chance, daß einmal Glaubende und Nichtglaubende aus je verschiedenen Motivationen Hand in Hand arbeiten an einer besseren Welt; und Jesus wird den Nichtglaubenden dann beim Letzten Gericht kundmachen, daß auch ihr Tun „christliches" Leben war (vgl. Mt 25,37–40).

– Die sogenannten *braven Christen,* die Rest-Kirche, die 10, 20, 30 Prozent der Kirchgänger, die den Seelsorgern den Eindruck erwecken, daß es mit der Kirche noch nicht aus sei. Unter ihnen befinden sich Jugendliche und Erwachsene, die sich ehrlich bemühen, Jesus-Jünger heute zu sein. Aber ein anderer, nicht geringer Teil dieser „Kirchgänger" hat nie Anschluß ans Konzil noch ans Evangelium gefunden. Es sind die "Si-Si-No-No-Katholiken" in Italien, die „Fels-Petri-Katholiken" in Deutschland, die „Lefèbvre-Katholiken" in den verschiedenen Ländern, und all die frommen Egoisten, die die Kirche als Service-Stelle für ihre religiösen und sozialen Bedürfnisse besuchen, die das darstellen, was man schon „Leute-Religion",[181] „bürgerliche Religion",[182] „Altkirchen-Religion"[183] genannt hat. Welch klägliches Bild der Kirche Jesu vermitteln diese Kreise der Welt! Jesus würde wohl in vielen von ihnen die „gerechten Pharisäer" von heute sehen, die – fast möchte man sagen: leider! – keine Erschütterung im Glauben kennen und meinen, ohne Sünde zu sein. Dafür aber sehen sie überall Sünde und blicken verächtlich auf die Sünder hinab, statt für die Sünder Verständnis zu haben und trotz Sünde Hoffnung und Liebe auszustrahlen und so die Sünde zu überwinden. Es herrscht im Himmel und auf Erden mehr Freude über einen Sünder, der andern verzeiht, als über 99 Gerechte, die auf die Sünder Steine werfen.

– Die *kritischen Christen,* die sagen: Jesus ja, Kirche nein!; die nach dem Evangelium und nach dem Gewissen leben, oft in Basis-Gemeinden; die ihrer Freiheit froh sind, aber im Grunde an der Kirche, wie sie ist, leiden; die Kontestatoren, die Utopisten, die Propheten, die von der Kirche verstoßen werden, um einmal posthum anerkannt zu werden. In der alten Kirche gehörten die Propheten unter den verschiedenen Charismen an den ersten Platz, sie wurden gewöhnlich gleich nach den Aposteln genannt.[184] Wir wissen heute alle, wer die Nachfolger der Apostel sind. Aber wer und wo sind die Nachfolger der Propheten?[185] Sie sind alle jene, die mit Mut einstehen für Pluriformität, für Gerechtigkeit, für Freiheit, für volle Anerkennung der Laien, auch der Frauen in der Kirche, für das reine und einfache Evangelium.[186]

Im Blick auf die Dritte Welt kann man nicht übersehen, daß an gewissen Orten, in gewissen Kreisen, eine gewisse Gefahr besteht, daß aus der latenten Spannung eine offizielle Abspaltung erfolgen könnte. Bei katholischen panafrikanischen Kongressen wird auffallenderweise oft von der Faszination der „Unabhängigen Kirchen", die wir „Sekten" nannten, gesprochen, die zu Tausenden zählen, die ihren Weg gehen, ganz afrikanisch sind und auch glauben, ganz christlich zu sein. Rom hat eine berechtigte Angst vor diesem Phänomen. Man kann ihm aber nicht zuvorkommen durch Anziehen der Zügel, sondern nur durch kluges Vor- und Nachgeben, durch wirkliche Anerkennung der legitimen Pluriformität. Falls irgendwo irgendwann eine nationale Kirche sich im Interesse ihrer vollen Afrikanisierung wirklich von Rom abspalten und unter der Kontrolle der Bischöfe versuchen würde, eine gesunde Mittelform zwischen der universalistisch-uniformistischen katholischen Kirche und den „Unabhängigen Kirchen" zu gestalten, würde man in einer späteren Zeit wahrscheinlich auch davon sagen, wie heute von der Reformation, es sei heilsgeschichtlich von Gutem gewesen, um so gewisse Werte zu verwirklichen, die in der katholischen Kirche noch nicht mutig genug zugestanden waren.

10.4.2. Das Problem der Römischen Kurie

Wenn wir heute nur mit Melancholie an den guten Papst Johannes XXIII. zurückdenken, an seine kühne Konzilseröffnungsrede, an die Konzilszeit selbst, und wenn viele Christen, Priester und Laien, sich Mühe geben müssen, nicht der Resignation zu erliegen, so hängt vieles von diesem Stimmungswechsel an der Rolle, welche die Römische Kurie inzwischen gespielt hat.

Niemand kann die kirchengeschichtlichen Tatsachen abstreiten, daß die Kurie vom schlauen, oder besser gesagt vom geisterfüllten Papst mit der Konzilsidee überlistet worden war; daß die im Kurien-Geist bearbeiteten Schemata dann vom Konzil durch neue ersetzt werden mußten, um zeitgemäß zu erscheinen; daß die Kurie dann nachträglich, als das „Gewitter“ vorbei war, sich wieder aufrichtete und versuchte, die Anstöße des Konzils so aufzufangen, daß sie sich möglichst harmlos in die frühere Kirchenpraxis einfügten und sich nicht, auch nicht bei der Herausforderung vor neuen Situationen, über das Maß des unmittelbar vom Konzil Verfügten hinaus auswirkten.

Am Schluß des Konzils standen die Bischöfe da mit der unerledigten bangen Frage: „Was wird aus der Kurie werden?“ Man hatte so viele Kritiken und Wünsche zu ihrer Reform ausgesprochen. Sollte das alles in der Aula verhallen? Papst Paul VI. griff diese Fragen, Vorwürfe, Vorschläge auf, als er kurz vor Konzilsschluß in einer Homilie die Kurie zwar gegen die Übertreibungen in Schutz nahm, sie sei „überaltert, unfähig, egoistisch, korrupt“, aber doch zugab, daß eine Erneuerung sehr notwendig sei. Er legte das formale Versprechen ab, die Verantwortung für diese Erneuerung zu übernehmen. Sie werde zwar langsam vor sich gehen und insofern nur als Stückwerk erscheinen.[188]

Was dann mit dem Erneuerungsdekret „Regimini Ecclesiae“ von 1967 und den Ausführungsbestimmungen von 1968 gekommen ist, hat das Versprechen keineswegs eingelöst, war eigentlich ein Schlag ins Wasser. Es wurden einzelne Kompetenzen neu verteilt, einzelne Namen geändert. Es wurden auch vermehrt ausländische Kardinäle an die Spitze der Römischen Kongregationen berufen, aber immer nur einer nach dem anderen. Ein einzelner aber kann ein System nicht verändern. Er muß sich anpassen, oder er bleibt ein Außenseiter. Zudem erwiesen sich jene Berufenen oft als „römischer“ denn die italienischen Kardinäle.

Die Orden und die religiösen Institute sind damals viel radikaler vorgegangen. Sie hielten Erneuerungskapitel ab, studierten die Konzilsideen, wählten dann die neue Regierung, indem sie die besten Elemente von der Basis als Gruppe an die Spitze stellten. Diese konnten der Gemeinschaft eine nachkonziliäre Ausrichtung geben. Ein solch radikaler Stabswechsel ist im Vatikan leider nie vorgekommen.

Das hatte zur Folge, daß die Römische Kurie bei aller Liebenswürdigkeit der einzelnen Beamten nicht als Führungsgremium, sondern als Bremsklotz, als Last, als Machtstruktur empfunden wurde, fast wie das Zentrum einer multinationalen Gesellschaft, deren Filialen die Diözesen wären. Man schenkte hier vor allem den (An-)Klagen der rechts stehenden Kreise Gehör, die nicht verfehlten, laufend Briefe nach Rom zu schicken; man suchte, bei den verschiedenen Arten von Synoden durch die von Rom zu ernennenden Mitglieder konservative Kräfte hineinzubringen, um dieser Richtung die Mehrheit zu garantieren; man ernannte zwar in den Römischen Kongregationen die vom Konzil gewünschten Kommissionen von Experten, gab ihnen aber keine Funktion und kein Gehör; man betonte immer wieder Einheit und Einförmigkeit, Autorität und Gehorsam, und ließ auch Bischöfen bedeuten, daß man keine Abweichung von der römischen Linie dulde. So muß man in vielen Generalvikariaten einen menschlich und kirchlich ungesunden Zustand diagnostizieren: Falls und in dem Maß man dort nach unten schaut, die Realitäten des Lebens kennt, auf den Glaubenssinn des Volkes Gottes hört, möchte man zu vielen Dingen ja sagen; wenn man dann aber nach oben blickt, verklemmt man das Ja und muß nein sagen. Es fehlen dort die prophetischen Gestalten!

Doch nicht ganz. Zwei Beispiele aus Geschichte und Gegenwart illustrieren das. Wilhelm Massaia (1809–1889), Kapuziner, der erste Apostolische Vikar der Galla in Äthiopien, später Kardinal, mußte in seiner eigenen pastoralen Lage in vielen Dingen, z. B. zur Heranbildung des einheimischen Klerus, zur Herausgabe eines sehr vereinfachten Katechismus, seine eigenen Entscheidungen treffen. Er hielt aber Rom stets auf dem laufenden. Dann hat Rom, ohne weitere Konsultation, den Bischof wiederholt desavouiert und sein Handeln verurteilt. Jetzt läßt Massaia seine prophetische Sprache hören: „Schon zum vierten Mal faßt Rom Beschlüsse ohne mich.

Mit einer solchen Institution kann ich unmöglich im Frieden leben. Ich lege meine Demission vor. Ich will die heilige Sache nicht prostituieren, weder aus Ehrsucht noch aus Furcht... In Sachen des Glaubens gehorche ich Rom, aber in Sachen Pastoral bin ich Bischof, ich setze mich aufs Pferd und leite die Schlacht. Wenn der König eine Schlacht von seinem Palast aus leiten wollte, wäre sie zum voraus verloren...[189]

Auch in der Gegenwart ertönen solche Stimmen. Eine Bischofskonferenz von immerhin 33 Bischöfen hat 1980 beim Ad-Limina-Besuch in Rom folgende Ansichten und Wünsche präsentiert: „Solange die Römische Kurie sich noch an überkommenen Strukturen und Praktiken festklammert, die Gepflogenheiten einer früheren Zeit entstammen, ist ihre Glaubwürdigkeit wie ihr so nötiger Dienst an der Kirche in Frage gestellt... Wir schlagen vor, daß eine kritische Studie über die gegenwärtige Struktur und Ausübung von Autorität der Römischen Kurie gemacht werde, um auseinanderzuhalten, was zu ihrem wesentlichen Dienst gehört und was nur altmodische geschichtliche Form ist; um sich zu fragen, wie Autorität als Dienst statt als Macht ausgeübt werden kann, mehr mit pastoraler als mit juridischer Grundhaltung, mehr in Einklang mit einer prophetischen als bloß repressiven Art von Führung, und wie man bei Meinungsverschiedenheiten mehr zum Dialog als zu autoritären Befehlen greifen sollte..."[189]

Die beste Kur wäre offenbar, wenn ein Papst einmal den Mut hätte, die Hälfte der Kurienangestellten für drei Jahre in die Seelsorge zu schicken, wo sie sich im Kontakt mit den Realitäten des Lebens, mit dem Denken des Volkes Gottes und mit dem pastoralen Handeln guter Priester eine neue Haltung aneignen könnten, und so nachher die zweite Hälfte, um sich am Schluß die noch nötigen Leute für die inzwischen stark dezentralisierte und damit reduzierte Kurie auszuwählen.

Papst Johannes Paul II. muß sich offenbar auch Rechenschaft gegeben haben, daß diesbezüglich noch vieles fällig wäre und daß man gerade von ihm, dem ersten Nicht-Italiener-Papst nach 450 Jahren, erwarte, dieses Anliegen endlich zu einem guten Abschluß zu bringen. Deshalb rief er ein Jahr nach seiner Amtseinsetzung, im November 1979, alle Kardinäle zusammen, um als Hauptthema die Erneuerung der Kirchenstrukturen und vor allem der Römischen Kurie zu besprechen. Am Schluß bat er diese seine engsten Berater, ihm im Lauf von drei Monaten ihre konkreten diesbezüglichen Vorschläge schriftlich einzureichen.[190] Seither wartete man und hoffte man, hoffte gegen alle Hoffnung, war gespannt auf das zweite Kardinalstreffen im November 1982, wo aber nur um den Brei herum geredet wurde von „fälligen Veränderungen im Sinn der Kollegialität und der pastoralen Haltung", aber sonst eine eigentümliche Stille herrschte: Stille vor dem Sturm.[191] Im Vorsommer 1983 hörte man Gerüchte, daß der Papst die Tribüne der Bischofssynode vom Oktober 1983 benützen werde, um den großen Wurf vorzulegen. Es geschah nicht. So wartet und hofft man weiter.

10.4.3. Die bleibende Funktion Roms

In der hoffnungslosen Zeit der Juden im Exil und Nachexil trat Jesaja auf, der Prophet der Erwartung, der messianischen Hoffnung. Auch die gegenwärtige gedrückte Situation regt als Reaktion Kirchenträume an und eine ganze Anzahl von Romanen, von Visionen, von Filmen eines kommenden Papstes und einer kommenden Kirche.[192] Auffallenderweise wiederholen sich darin zwei Motive: Der Papst, der ein Prophet ist, bekommt Schwierigkeiten mit der Kurie und zieht den kürzeren; und er hat als vertrauten Freund einen Bibliker.

Kein Zweifel, die Kirche braucht ein Zeichen der Einheit. Heute umso mehr, wo sie über sechs Kontinente verbreitet ist und wo sie sich in Zukunft zu einer radikalen Dezentralisierung und Pluriformität entscheiden wird. Ich werde im letzten Punkt noch von der *horizontalen Koinonia* sprechen, welche die Kirchen untereinander verbindet. Wir können aber auch auf die *vertikale Koinonia* nicht verzichten, auf die Gemeinschaft aller Kirchen in einer letzten Spitze. Sogar die Kirchen der Reformation sehnen sich nach Einheit. Nach P. von Allmen ist für sie die Frage nicht: ein Papst oder kein Papst?, sondern nur: was für ein Papst?[193]

Der gegenwärtige Papst hat – das wird ihm jedermann zugestehen – eine ungeheure Strahlung. Er kann die Massen, sogar die Jugend, faszinieren. Wo immer er auftritt, kommt er an. Zum Teil liegt das vielleicht auch daran, daß er in einer Welt, die vor 20 Jahren noch große Figuren wie Kennedy, De Gaulle, Adenauer, De Gasperi, Nehru usw. hatte, die man heute umsonst sucht, als einzige überragende Gestalt dasteht. Die UNO und der Weltkirchenrat sind Organismen der Einheit, aber es mangelt ihnen ein Zeichen der Einheit. Kirchen und Menschheit streben heute nach Einheit, entbehren aber eines repräsentativen Sprechers. Papst Johannes Paul II. füllt spontan und providentiell diese Lücke aus.

Er und seine Nachfolger sollen diese Funktion weiterhin ausführen. Aber sie sollten nicht zugleich Manager dieses Riesenapparates der Römischen Kurie sein. Je mehr der Papst juridisch abnimmt, desto mehr wird er spirituell und evangelisch wachsen. Je weniger Rom Rom ist, desto mehr kann der Papst Papst sein, oder ökumenischer gesprochen: desto besser kann er den Petrusdienst ausüben. Zur Zeit des Sostituto G. B. Benelli liefen Gerüchte herum, der Vatikan sei deshalb so sehr interessiert, in Jerusalem Gebäude zu erwerben und daß die Stadt zur internationalen Stadt erklärt werde, weil der Papst in Zukunft seine Residenz, umgeben von einem Dutzend Experten, dort aufschlagen könnte und in Rom für die verschiedenen Funktionen seine „Vize" zurücklassen würde; das im Blick auf die christliche Ökumene, wofür von der ganzen Geschichte her weder Rom noch Genf sympathischer Sitz sein könnten, wohl aber Jerusalem. Eine utopische Idee, die jedoch – die radikale Dezentralisierung vorausgesetzt – plötzlich machbar und sinnvoll erscheinen könnte.

In jedem Fall behalten die Päpste im Dienst der Weltkirche folgende bleibende Funktionen, die verglichen mit dem Papsttum der letzten hundert Jahre sehr reduziert erscheinen, aber keineswegs das Dogma des I. Vatikanums in Frage stellen – wenn wir auch die dogmatischen Aspekte hier unberührt lassen. Im Blick auf das Vatikanum II wie auf die Geschichte des ersten Jahrtausends, im Blick auf die biblische Kenosis, und schließlich im Blick auf die neue Kirchenpräsenz in sechs Kontinenten könnte diese Schau sehr gut gedacht und gewünscht werden.

Die Aufgabe der Evangelisation: Der eigentliche Auftrag des Petrus, zu dem ihm das besondere Gebet des Herrn verheißen wurde, war es, den Glauben zu verkünden und die Brüder im Glauben zu stärken (Lk 22,32). Mit dem Angebot evangelischer Botschaft wird der Nachfolger Petri nie übertreiben können. Mit Ansprachen in allen Gruppen, Liturgien in allen Kirchen, Reisen in alle Länder kommt er überall an. Der gegenwärtige Papst hat insofern einen neuen Stil des Petrusdienstes entwickelt, der von Katholiken, anderen Christen, Nichtchristen angenommen und bewundert wird.

Dieser Auftrag ist heute notwendiger denn je, da der Glaube nicht mehr eine Selbstverständlichkeit ist und die Glaubenden nicht mehr die Mehrheit der Gesellschaft ausmachen; delikater als je, da man nicht mehr den Gegner in apologetischen Streitgesprächen überwinden, sondern ihn nur noch mit der Kraft des gelebten Evangeliums überzeugen kann; heilbringender als je, da es nicht mehr bloß um Seelenheil, um übernatürliche Gnade, um ewiges Leben geht, sondern auch um integrales, immanentes, geschichtliches Heil, das den Menschen für hier und jetzt ein besseres, gerechteres, menschenwürdigeres Leben verkündet und erkämpft.[194] Diesbezüglich stellt Papst Johannes Paul II. ohne Zweifel die höchste moralische Autorität der Welt dar. Er soll der erste und oberste Evangelisator der Welt sein! Dieses Amt darf und soll weiterdauern.

Die Aufgabe der Approbation bzw. Reprobation: „Weide meine Schafe, weide meine Lämmer“ (Joh 21,15). „Dir gebe ich die Schlüssel des Himmelreiches . . .“ (Mt 16,18). Man hat diese Worte im Lauf der Geschichte oft mißbraucht, ideologisch verbrämt, aus ihnen eine absolute monarchische Gewalt begründet. Man hatte vergessen, daß Jesus selbst diese Macht verleihenden Worte sofort relativiert hat, indem er zwar dem Petrus zugestand, aus göttlicher Inspiration, nicht bloß „aus Fleisch und Blut“ gesprochen zu haben, aber ihm zugleich auch einen scharfen Verweis gab, nicht die göttliche Sehweise zu haben, sondern „Satan“ zu sein (Mt 16,23).

Man kann also dem Nachfolger Petri biblisch, geschichtlich, dogmatisch eine letzte Führungsgewalt, oder besser gesagt einen Führungsdienst nicht absprechen, aber dessen Begrenzung ist ebenso biblisch, geschichtlich, dogmatisch begründet.[195]

Rom bleibt also letzte Appellationsinstanz und soll die wichtigen Dinge in der Kirche approbieren; Rom kann notfalls auch ein Veto einlegen und nein sagen, aber das sollte doch eher Ausnahme bleiben; Rom darf in letzter Entscheidung handeln, tut es aber nur glaubwürdig und wird nur angenommen, wenn solche Entscheidungen nicht bloß mit Autorität, sondern aus Kompetenz erfolgen, wenn die Männer, die dahinter stehen, nicht bloß von der isolierten Pyramidenspitze herunterreden, sondern aus lebensnahem, blutwarmem Kontakt und Dialog mit den Ortskirchen.

Man muß heute die Niederländische Synode in Rom 1980 eher als abschreckendes Beispiel dieser Appellationsfunktion betrachten. Als sie angekündet wurde, erwartete man, Papst Wojtyła werde mit seinem Charisma die zwei polarisierten Gruppen der Bischöfe untereinander ins Gespräch und zum Ausgleich bringen. Statt dessen wurde die stärkere Gruppe einfach mit der römischen Linie konfrontiert, durch die Gegenwart der stimmberechtigten Kurienkardinäle in die Minderheit versetzt und hatte keine andere Wahl, als gedrückt sich dem Diktat zu fügen.

Die Aufgabe der Animation: „Eure Ältesten werden Träume träumen": Die Ereignisse von Pfingsten ließen die Beobachter an diese Worte des Propheten Joel denken (Apg 2,17). Von der pfingstlichen Kirche, somit auch von Rom, sollen also vor allem Träume, Inspirationen, Utopien, Modelle, Hoffnungen ausgehen. Zusätzlich sollte es den Austausch solcher Werte unter den Ortskirchen fördern. Wenn einmal die Ortskirchen den nötigen Freiheitsraum haben, werden die toten Gebeine zu neuem Leben erstehen (vgl. Ez 37,1–10), wird von der Basis her frisches Blut in den Organismus der Kirche fluten, werden die Ortskirchen theologisch und pastoral neue Vorstöße machen, neue Aspekte entfalten, neue Erfahrungen sammeln; und wenn diese sich als gut erweisen, würden sie von andern Kirchen übernommen werden.

Der schon früher erwähnte J. Naisbitt stellt in seinem Buch über die Megatrends fest, daß eigentlich alle diese Trends, diese neuen Ideen und Initiativen, bloß von 5 der 50 Staaten der USA ausgegangen sind, aber sich dann über die ganze nationale Ebene ausbreiteten. So brauchen nicht alle Ortskirchen gleicherweise aktiv zu sein. Es besitzen nicht alle dieselben Charismen. Gott fügt es, daß es gebende und empfangende Kirchen gibt und so alle zur *horizontalen Koinonia* zusammenwachsen. Rom aber hätte die Aufgabe, von der *vertikalen Koinonia* her diesen Austausch zu steuern und anzufeuern, gleichsam Marktplatz der besten Ideen der Kirchen zu sein. Einen Modellfall dieser Art haben wir erlebt im Jänner 1983 in Rom beim Treffen zwischen einer Delegation der USA-Bischofskonferenz und Vertretern verschiedener europäischer Bischofskonferenzen über die Fragen der Nuklearwaffen und der Abrüstung, wobei der Vatikan die Gesprächsleitung führte. Das löste dann eine ganze Kettenreaktion von ähnlichen Verlautbarungen europäischer Bischofskonferenzen aus, so daß die Kirche heute in der Friedensfrage ihre unüberhörbare prophetische Stimme gefunden hat.

11. Die neue Kirchentätigkeit

11.1. Die verengte Mission

Nun muß ich mich fast entschuldigen, bisher vorwiegend von binnenkirchlichen Strukturen und Problemen gesprochen zu haben. Das war mit dem Thema gegeben und hat seine Bedeutung. Es muß nun aber sehr klar gesagt sein, daß die Kirche sich sehr hüten muß, in Narzißmus und in Selbstbetrachtung zu verfallen. Das wäre eine sehr verhängnisvolle Abirrung vom wahren Weg. Alle Kirchenprobleme werden plötzlich fast belanglos gegenüber den Problemen der Welt. Man soll nie sagen: „Die Welt mag zugrunde gehen, wenn nur die Kirche überlebt", sondern vielmehr – obwohl das nie eintreten wird –: „Die Kirche mag zugrunde gehen, wenn nur die Welt überlebt." Die erste Liebe Gottes galt von Anfang an der einen und ganzen Menschheit; und die Kirche wurde gewollt und gegründet als prophetische Vorhut der Menschheit auf ihrem Weg durch die Geschichte.

Man kann die Mission der Kirche so umschreiben: Sie soll die Welt interpretieren: das heißt den Menschen samt und sonders, aller Zonen und Religionen, zum voraus und ohne viele Klauseln, ein neues Weltbild vor Augen stellen, das von Gottes allumfassender Liebe geprägt ist, wie es Jesus uns gelehrt hat. Das war gemeint mit dem „Reich Gottes", von dessen Kommen Jesus der Zeuge und Garant war. Das war gemeint mit dem Auftrag zu „evangelisieren", Gottes Botschaft zu verkünden bis an die Grenzen der Erde, zu „shalomisieren", Shalom, Frieden, Heil, Gerechtigkeit der ganzen Menschheit in Aussicht zu stellen.

Kirche soll die Welt transformieren: Jesus hat die Jünger nicht mit leeren Händen in die Welt gesandt. Sie sollten sich zwar für ihre persönlichen Bedürfnisse keine Sorgen machen, kein Geld und kein zweites Hemd mitnehmen, aber für die Menschen sollten sie sehr besorgt sein, „Zeichen" an ihnen tun, die Krankheiten heilen und Teufel austreiben, d. h. die Menschen vom physischen und vom psychischen Übel befreien. Jesus hat das getan, als er täglich von den Massen umdrängt war; die Jünger sollen das nun in einer Explosion der Liebe tun bis an die Grenzen der Erde. Was die Kirche im Lauf der Jahrhunderte an Kultur und Caritas leistete, liegt auf dieser Linie. Im heutigen Kontext würde das freilich heißen, nicht mehr bloß Almosen geben, nicht mehr bloß im Einzelfall helfen, sondern die Wurzeln des Übels ausreißen, die Systeme der Ungerechtigkeit verändern, die Welt transformieren.

Kirche soll die Welt christianisieren: Wenn die Jünger Jesu auf diese genannte Weise das Reich Gottes verkünden und verwirklichen, dann wird es immer Sympathisanten geben, die die Christen beobachten und bewundern, die mehr von ihnen und ihrem Jesus wissen möchten, die dann vielleicht in die Schar der Katechumenen eingereiht und schließlich getauft werden, nicht mehr so sehr, um dadurch „ihre Seele zu retten", als ob sie vorher verdammt gewesen wäre, sondern um volles Mitglied dieser Kirche zu werden und selber ganz an ihrer Mission teilzunehmen; und es beginnt wieder von vorne: interpretieren, transformieren, christianisieren.

Die Kirche sollte also „Salz der Erde, Licht der Welt" sein (Mt 5,13 f.), Mittel zum Zweck, ganz auf die Menschheit ausgerichtet. Sie hat dann aber allzubald ihren institutionellen Aspekt derart entwickelt, daß er Selbstzweck wurde, daß man eine große und mächtige Kirche aufbauen wollte, daß man in die Missionen ging, um möglichst rasch möglichst viele „Heiden" zu taufen und sie dem Unheil zu entreißen, weil man inzwischen Gottes allumfassende Liebe auf den kleinen Kreis der „Christenheit" eingeengt hatte und außerhalb dieses Bereiches nur Götzendienst und Barbarei sah. Man hat die Lautsprecher des Heiles nur noch im eigenen Kirchenraum erschallen lassen, aber nicht mehr auf den öffentlichen Plätzen der Welt. Man hat das Fest der Brüderlichkeit nur noch im eigenen „Clan" gefeiert, aber mit allen andern nur Streitgespräche und geradezu Krieg geführt. Wir waren so lange eine Anti-Kirche, gegen die Juden, gegen die Muslime, gegen die Heiden, gegen die Ketzer. Wir können an dieser Geschichte wahrhaft keine Freude haben und nur froh sein, daß sie der Geschichte angehört und wir heute mit all diesen Gruppen Dialog und Gebetsgemeinschaft pflegen.[196]

Auch die Konzilien der Geschichte waren im Grunde immer auf die Kirche als Kirche ausgerichtet. Auf die andern schleuderte man das „Anathema sit". Man sprach so oft von „Erneuerung der

Kirche an Haupt und Gliedern", aber nie wurde, wie schließlich im Vatikanum II, von der positiven Heilsmöglichkeit aller Menschen, von einer positiven Heilsfunktion auch der nichtchristlichen Religionen, von der allumfassenden Liebe Gottes zu allen Menschen gesprochen, wie es doch der Lehre Jesu entsprochen hätte.

11.2. Die Öffnung des Vatikanum II

Umso mehr atmete man auf über die Öffnung im Vatikanum II. Vorausgehend hatte der charismatische Johannes XXIII. mit seinem neuen Stil in wenigen Wochen das Klima der Welt verändert. Schon in seiner ersten Audienz war das Eis gebrochen, als er schlicht erklärte: „Habt nicht Angst vor mir, ich bin Joseph, euer Bruder!" In kurzer Zeit war eine neue Atmosphäre geschaffen gegenüber den andern Christen, den Nichtchristen, sogar gegenüber den Marxisten. Dementsprechend hat dann das Konzil in seiner pastoralen Ausrichtung die wirklich neuartigen Erklärungen abgegeben: „Unitatis redintegratio" für den Dialog mit den andern Christen, „Nostra aetate" für den Dialog mit den Nichtchristen, „Gaudium et spes" und „Dignitatis humanae" für den Dialog mit den Menschen schlechthin, ob gläubig oder säkularisiert. Dann sind auch die entsprechenden neuen Sekretariate errichtet worden, um diese Öffnung zu konkretisieren und auch für die Zukunft zu garantieren: das Sekretariat für die Einheit der Christen, jenes für die Nichtchristen und jenes für die Nichtglaubenden. Beizufügen wäre noch die Päpstliche Kommission „Justitia et Pax" für den Dialog mit den Armen und Entrechteten. Während die zehn traditionellen Römischen Kongregationen ekklesiozentrisch ausgerichtet sind und sich um die Sakramentalisierung der Katholiken kümmern, geht es bei den neuen vier Gremien um Christozentrik, um das Reich Gottes und um die Evangelisierung der gesamten Menschheit. Man ist froh um diese Ergänzung, die fällig war und der Anfangsintention Jesu sicher sehr entspricht.

Die Frage ist, wie weit diese Neuorientierung an der Spitze sich schon genügend an der Basis ausgewirkt hat. Muß man nicht mit einer verallgemeinerten Proportion, die von Stadt zu Stadt, von Land zu Land variieren würde, sagen, daß 80 Prozent der Priester sich mit 20 Prozent des Volkes, den sogenannten Kirchgängern, beschäftigen? Daß der durchschnittliche Priester 95 Prozent seiner Arbeitszeit für Predigten, Religionsunterricht, Messelesen, Sakramentespenden, Wallfahrten, Andachten braucht, also für das geschlossene katholische Volk? Daß dieses katholische Volk zur Mehrzahl aus introvertierten Christen besteht, nicht aus Multiplikatoren, aus dialogfähigen, missionarischen Jüngern Christi?

Wir haben früher gesehen, daß die Kirche heute überall in „missionarischer Situation" lebt, daß also die Herausforderung der Evangelisierung größer ist als je. Für die kommenden Jahre stellt sich die Aufgabe, die Ideen und Absichten der vier nachkonziliären Römischen Gremien vermehrt in die christliche Verkündigung einzubauen und die überzeugten Christen in ihren Basisgruppen aller Art zu ermuntern, auf Lokalebene Pioniere zu sein des Dialoges mit den andern Christen, mit den Nichtchristen, mit den Unglaubenden, Pioniere für Gerechtigkeit und Frieden.

Man kann sich nicht verhehlen, daß eine solche Tätigkeit mit einem gewissen Mißtrauen von seiten der traditionellen Christen, vielleicht sogar der Hierarchie, zu rechnen hat, wie auch in Rom eine gewisse Spannung herrscht zwischen den neuen Sekretariaten und den alten Kongregationen. Man fürchtet sofort, daß man zu weit gehe und die eigene Position preisgebe. Das entspricht noch genau der falschen Vorstellung, als ob die „eigene Position" ein Selbstzweck wäre, den man wie einen Schatz in der Truhe bewahren solle. Diese „eigene Position", die Kirche als Institution, hat nur den Zweck, Ausgangsbasis zu sein für den Dialog mit der Welt, und aller Welt das Heil Gottes auszurufen.

Nicht nur auf Lokalebene, auch auf Globalebene soll heute Ökumene im weitesten Sinn und auf großzügigste Weise praktiziert werden. Die Zeit der Polarisierungen, Exklusivismen, Spaltungen gehört der Vergangenheit an, nicht der Zukunft. Die großen innerchristlichen Spaltungen, zu Beginn des zweiten Jahrtausends mit den Ostkirchen (1054), in der Mitte des Jahrtausends mit den Kirchen der Reformation, sollten das Ende des Jahrtausends nicht überdauern. Nachdem die Jahre 1960–1980 die Entfaltung des ökumenischen Gesprächs gesehen haben, sollten die Jahre 1980–2000 die konkreten ökumenischen Taten erleben können, so daß wir dem dritten Jahrtausend als Erbe nicht das Ärgernis der christlichen Spaltung übergeben, sondern den Auftrag zur Osmose von Kirche zu Kirche und zwischen Kirche und Welt.

12. Die neue Kirchenunion

Im Blick darauf, daß es einmal soweit sein wird, daß die Kirchen mit großer Dezentralisierung in den sechs Kontinenten ihren Aufgaben nachgehen und daß das Wort „Pluriformität" ein Äquivalent für „Katholizität" geworden ist, stellt sich doch die bange Frage: Wer oder was hält dann all die vielen Kirchen zusammen? Wem die ökumenische Einheit am Herzen liegt, der kann nicht zugleich zugunsten der zentrifugalen Kräfte sprechen. Oder doch? Die christliche Dialektik besteht darin, die Einheit in der Vielfalt zu erstreben. Von der legitimen Pluriformität wurde schon zur Genüge gesprochen. Auch die vertikale Koinonia wurde bereits als Kraft der Einheit erwähnt. Es bleibt noch die horizontale Koinonia auszuführen, wodurch die vielen Kirchen unter sich zu einem lebendigen Gefüge zusammenwachsen.

In der Vergangenheit betrieb man die einseitige „Missionshilfe", ein Einbahnsystem, den Fluß von Geld, Personal, Ideen aus dem Norden nach dem Süden. Dieses System bewirkte eigentlich nicht Einheit, sondern eher Abhängigkeit, damit Verdemütigung, damit Widerstand. Heute geht es um den „zwischenkirchlichen Dienst". Alle Kirchen haben etwas zu geben, sind aber auch bedürftig, etwas zu empfangen. Dieses gegenseitige Geben und Empfangen schafft dann Einheit. Es verläuft auf fünf hierarchisch geordneten Ebenen.

12.1. Austausch von Geld

Wenn auch Mission von vielen Christen praktisch als Geldangelegenheit betrachtet wurde – wenn der Missionar gepredigt hatte, öffnete man den Geldbeutel und gab seinen Obolus –, wenn auch Geld tatsächlich immer noch einen wichtigen Beitrag der reicheren an die ärmeren Kirchen darstellt und schon vom Apostel Paulus zugunsten der Gemeinde von Jerusalem empfohlen wurde (2 Kor 8), so liegt diese Hilfe doch auf der untersten Ebene der Koinonia.

Das heißt nicht, daß sie belanglos sei, wohl aber, daß die andern Ebenen bedeutend wichtiger seien. Das Volk erweist sich immer noch großzügig gegenüber den kirchlichen Hilfswerken. In Deutschland z. B. hat Missio im Jahr 1982 163 Millionen DM an freiwilligen Abgaben erhalten; die 111 missionierenden Orden und Institute gemeinsam haben die zusätzliche Summe von 161 Millionen eingesammelt.[197] Man kann natürlich noch keinen Rückfluß an Geld aus dem Süden erwarten, aber auch die armen Kirchen unter sich helfen sich bereits mehr und mehr aus.

Den Missions-Informanten fällt die Aufgabe zu, die Gelder richtig zu kanalisieren, sie zusehends auch für ökumenische Projekte zu verwenden oder auch als Ermutigungsbeiträge für Aufbau-Projekte der örtlichen Regierungen. Sie haben auch über das Kirchenvolk hinaus ihre Stimme zu erheben an die Adresse der Staaten und der multinationalen Gesellschaften, damit von hier aus mehr Gerechtigkeit geschehe. Zu Beginn des ersten Entwicklungsjahrzehnts 1960 haben die reichen Länder sich verpflichtet, 1 Prozent ihres schweren Nationaleinkommens für die Entwicklung der armen Völker auszugeben. Bei der UNCTAD-Konferenz 1981 in Paris und Cancun (Mexiko) aber mußte man feststellen, daß man im Durchschnitt nur auf 0,062 Prozent gekommen war, also nicht einmal ein Zehntel dessen, was man versprochen hatte. Die 31 ärmsten Länder haben immer noch ein Pro-Kopf-Einkommen von 70 bis 150 Dollar im Jahr.

Europa muß seine Stellung in der Welt ganz neu überdenken. Mit der „konstantinischen Wende“ und mit der ganzen späteren Kolonialzeit war es eigentlich in die Mentalität des Alten Testamentes zurückgefallen. Es glaubte, allein das auserwählte Volk zu sein und gegenüber allen andern Völkern einen göttlich garantierten Vorrang zu genießen. Die Spanier und Portugiesen zogen nach Südamerika, die Franzosen und Briten nach Nordamerika mit dem Bewußtsein, das „Rote Meer“ zu durchkreuzen und das „Verheißene Land“ zu erobern. Sie hatten keine Hemmungen, jene Einwohner zu unterjochen oder auch einfach auszurotten. Das gleiche traf zu auf die Kolonialmächte in Afrika und Asien, vor allem auf die weißen Buren in Südafrika.

Inzwischen ist der Kolonialismus infolge der Entkolonialisierungswelle zu Ende gegangen, ist aber durch den Neokolonialismus ersetzt worden. Wenn die armen Entwicklungsländer bis 1982 mit

548 Milliarden Dollar verschuldet waren, so kommt das zu einem nicht geringen Teil auch daher, daß die Produkte der Industrieländer, die sie kaufen müssen, in den letzten zwanzig Jahren rund um das Fünffache im Preis gestiegen sind, während die Rohstoffe, welche die Entwicklungsländer verkaufen können, im Preis um rund 50 Prozent gefallen sind. Wenn Europa sich selber in der neuen Weltkonstellation wiederfinden will, muß es seine Funktion zum Wohl der Völker neu sehen und von der bisherigen Mentalität des Herrschens und Ausbeutens zum neutestamentlichen Geist des Dienens, des Teilens und der Gewaltlosigkeit übergehen: „Wer unter euch der Größte sein will, sei wie euer Diener ... Wer zwei Mäntel hat, gebe einen dem, der keinen hat ... Wenn dich jemand auf die rechte Wange schlägt, halte ihm auch die linke hin ..." Die Weltentwicklung führt uns dazu, daß solche Ideen, die bisher als Utopien einiger Schwärmer galten, bald zu harten Postulaten der Realpolitik werden müssen, wenn die Welt heiler werden will.

Gegenwärtig herrscht über der gesamten Welt, vor allem über der Dritten Welt, eine lähmende Krise. Man hat in den ersten zwei Entwicklungsjahrzehnten ein System wachsen lassen, in dem Korruption, Bürokratismus, individueller und kollektiver Egoismus weitgehend das Szepter führten und das arme Volk um seine Hoffnungen betrogen. Man muß wieder ganz unten anfangen und das dritte Entwicklungsjahrzehnt mit vermehrter Selbstverantwortung (self-reliance) verbringen und mit Berücksichtigung des eigenen Lebensraumes und der eigenständigen Wirtschaft, durch eine von innen gesteuerte Entwicklung gemäß dem Prinzip der Teilhabe und der Subsidiarität den Weg in die bessere Zukunft gehen, was Hilfe von außen nicht überflüssig macht, aber ihr bessere Voraussetzungen schafft.[198] Die Hoffnung der Welt ist heute unteilbar. H. Dietz ermahnt Europa, nicht bloß an die eigene Hoffnung zu denken und die Hoffnung der Notleidenden außer acht zu lassen. Damit würde man die humane Bestimmung des Abendlandes verraten. „Es gilt jetzt vor allem, Hoffnungen zu erfüllen, die an den Grenzen Europas wach sind ... Der Kampf um Europa entscheidet sich an der Qualität des Hoffens, aber nicht nur des eigenen Hoffens und des Überlebenswillens, sondern an der Entzündung eines universalen Hoffens: vor allem in der Welt der Hoffnungslosen. Die Dritte Welt entscheidet unser Schicksal."[199]

12.2. Austausch von Personal

Der Austausch von Menschen steht schon bedeutend höher als der von kaltem Geld. Übrigens sind diese Menschen, um die es hier geht, nicht bloß „Personal“, Arbeitskräfte eines Betriebes; sie sind die Mittler zwischen den Kirchen. Von ihnen hängen auch die andern Stufen der Koinonia ab.

Wir haben schon oben gesehen, daß die westlichen Missionare stark im Rückgang sind. Nach J. Schoemackers „schreiben die niederländischen Missionare das letzte Kapitel ihrer Geschichte, ihrer massiven Gegenwart und ihres Einflusses in den Jungen Kirchen. Die Mehrheit ist daran, ihre ganze Aufgabe den Kräften der Ortskirchen zu übergeben“.[200] Das gleiche müßte gesagt werden von den Missionaren der andern Länder.

Obwohl die Jungen Kirchen Mühe haben, die entstehenden Lücken auszufüllen, denken sie nicht bloß an sich, sondern sind bereit, ihre eigene Missionsverpflichtung auf sich zu nehmen. Keine Kirche darf bloß Ortskirche sein. Sie muß immer an der missionarischen Aufgabe der Gesamtkirche teilnehmen. Papst Paul VI. hat beim ersten Afrikabesuch 1969 in Uganda die Afrikaner aufgerufen, nun ihre eigenen Missionare zu sein. Einen gleichen Appell hat er beim ersten Asienbesuch 1970 in Manila an die Asiaten erlassen. Bereits wird nun der Nord-Süd-Fluß durch den Ost-West-Fluß ergänzt. Es gibt gegenwärtig z. B. 225 katholische japanische und 800 philippinische Missionare im übrigen Asien oder in Afrika und Lateinamerika. In Indien sind seit der Sperrung der Grenzen für fremde Missionare Hunderte von Priestern und Tausende von Schwestern von Süd- nach Nordindien gezogen, wo sie eine neue Sprache lernen und sich in eine neue Kultur einleben mußten und insofern ebenso in die „Missionen“ gingen wie früher die Missionare. In Afrika sind in Nigeria, Zaire, Uganda, Tanzania religiöse Institute entstanden, die Missionare für ärmere Kirchen ausbilden. Auch Lateinamerika, wo die Proportion der Katholiken auf einen Priester am schlimmsten steht, wird sich bewußt, daß jede Kirche missionarisch sein muß. Nachdem einzelne Bischöfe zunächst die Bewegung Zentrum–Peripherie ausgelöst haben, indem die seßhaften Katholiken der Städte für die zugewanderten Armen Gemeindezentren und Animatoren zur Verfügung stellten, dann eine Bewegung für ärmere Gegenden des Landes, z. B. von Süd-

Brasilien nach Nordost-Brasilien, hat nun eine Tagung in Lima 1981 den Impuls gegeben, auch in die andern Kontinente hinauszugehen, vor allem zwischen dem katholischsten Kontinent Lateinamerika und dem am wenigsten christlichen Kontinent Asien eine Art Brücke des Austausches zu schlagen.[201]

Auch wenn die westlichen Missionare in Zukunft stark abnehmen, sie werden nie ganz aussterben. Gott wird immer den Missionsberuf denen geben, denen er ihn geben will. So wird es immer Missionare geben. Die Welt von morgen wird mehr und mehr völkisch, rassisch und religiös gemischt sein. In früheren Jahrhunderten zogen westliche Kolonialbeamte, Soldaten, Händler, Missionare in die andern Kontinente; heute kommen von dorther Diplomaten, Studenten, Arbeitsuchende, Flüchtlinge in den Westen: Zeit der modernen Völkerwanderung! Alle suchen nach neuen Ufern. In den Londoner Schulen zählte man Schüler mit 55 verschiedenen Muttersprachen; im Fall von zwölf Sprachen betrug die Zahl jeweils über tausend. Die Kommission für Rassengleichheit kam in ihrem Gutachten an die Regierung zum Schluß, diese Sprachen aller ethnischen Gruppen seien nicht als „Fremdsprachen", sondern als Sprachen der verschiedenen Gemeinschaften im Vereinigten Königreich zu bezeichnen. Die Gegenwart solcher Menschen in Großbritannien sei eine Folge der imperialen Vergangenheit. Jetzt gehe es darum, die größere und vollere Gemeinschaft aller Menschen aufzubauen.[202]

In einer solchen multirassischen Welt wird es auch immer Missionare brauchen und geben, Botschafter Gottes an seine Menschen, Botschafter zwischen den Kirchen und Kulturen, um Werte auszutauschen, Hoffnung zu geben und die eine Menschheit aufzubauen.

12.3. Austausch von Theologie

Die Dritte-Welt-Theologie bringt nicht bloß jene Jungen Kirchen zur Selbstfindung, sie wird auch für die westliche Kirche zur Herausforderung und Bereicherung. Bei der EATWOT-Konferenz in New Delhi 1981 sprach man betont von einem Einbruch-Aufstand (irruption) der Dritten Welt, insofern die armen, unterdrückten, mißachteten Massen aufstehen und ihren „Exodus heute" vollziehen; aber auch insofern die Dritte-Welt-Theologie für die westliche Theologie eine Herausforderung darstellt.[203]

Eine Kenntnisnahme dieser *kontextuellen Theologie* kann uns helfen, unseren engen Rahmen zu sprengen und über viele unserer Probleme leichter hinwegzukommen. Ein indischer Jesuit erklärte mir: „Wir werden nicht mehr die europäische Theologie wiederkauen, die bei uns im Seminar gelehrt worden ist. Damals hat man uns alles Selbstvertrauen und alle Kreativität geraubt. Inzwischen haben wir gelernt, uns selber auszudrücken, für unsere eigentlichen Probleme unsere eigene Theologie zu schaffen: für die Realität der 650 Millionen Nichtchristen, die arm sind und hungern und für die Christus eine Antwort auf ihre Fragen sein muß. Unsere Probleme sind nicht mehr Interkommunion mit den Protestanten, sondern wie wir mit unseren Hindu-Freunden die ‚communicatio in sacris' pflegen können, die die einzige echte Kommunikation ist." Natürlich redete dieser Gesprächspartner einseitig. Natürlich antwortet die göttliche Offenbarung nicht bloß auf *unsere* Fragen und Nöte, sondern eröffnet einen Fragehorizont, den wir von uns aus gar nicht hätten. Natürlich kann man nicht einfach eine „communicatio in sacris" im alten Sinn des Wortes mit den Hindus pflegen. Aber solche Aussagen sollten uns zu denken geben und uns auf Dinge aufmerksam machen, die auch von den kirchenamtlichen Stellen bisher aus einem europäischen Superioritätsgefühl heraus ignoriert wurden.

Mit Recht fordert man heute eine „vergleichende Theologie",[204] um das theologische Gespräch auf Weltebene zu führen und einander zu kennen, einander zu inspirieren, voneinander zu lernen. Man muß jenen Verlegern dankbar sein, die unter gewissen Risiken diese Dritte-Welt-Theologie im Westen bekannt machen.[205] Die theologischen Grenzen verlaufen heute nicht mehr so sehr zwischen den Konfessionen und Religionen, sondern durch sie hindurch. Mit Recht wurde die EATWOT von Anfang an auf ökumenischer Basis aufgebaut, wie es auch die meisten Theologischen Gesellschaften der westlichen Länder sind. Häufig lädt man heute gegenseitig Gastprofessoren ein, in Zukunft auch mehr und mehr nicht bloß zwischen den Kirchen, sondern auch zwischen den Religionen, denn schließlich sind wir alle als Menschen philosophierende, theologisierende, sinnsuchende Wesen.

12.4. Austausch von pastoralen Erfahrungen

Wieder eine Stufe höher als die Theologie liegt der Austausch von pastoralen Erfahrungen, Haltungen, Praktiken, wie das blühende Leben über aller grauen Theorie steht. Man fordert darum auch eine „vergleichende Pastoral".[206] Man soll da nicht einfach andere Kirchen kopieren. Der Heilige Geist will keine Kopien, sondern Originale. Er hat jeder Kirche auch eine je eigene Botschaft zu sagen (Offb 2–3). Aber dieser selbe Geist verleiht seine Inspirationen auch mittels anderer Menschen und Kirchen. Wie es am Anfang paulinische Gemeinden gab mit dem Schwerpunkt Freiheit, johanneische mit dem Schwerpunkt Liebe, petrinische mit dem Schwerpunkt Autorität, so könnte es heute westliche, lateinamerikanische, afrikanische, asiatische Kirchen geben, die alle ihre Eigenheiten haben und haben sollen und doch voneinander lernen können und zusammen die eine Kirche bilden. Die westlichen Kirchen z. B. täten gut daran, von den Ostkirchen das mystische Element etwas zu übernehmen; und diese umgekehrt hätten von den westlichen Kirchen etwas mehr Weltzuwendung und Einsatz für Gerechtigkeit zu lernen. Etwas Ähnliches würde dann auch unter den verschiedenen kontinentalen Kirchen geschehen.

Nachdem die westlichen Kirchen infolge der eigenen Krise eher mürbe und müde geworden sind, öffnen sie sich leichter für Inspirationen aus andern Kontinenten, aus Lateinamerika für die Erfahrung der Basisgemeinden und der priesterlosen Gottesdienste, aus Afrika für die kreative Liturgie, aus Asien für den großzügigen Dialog. Wiederum geschieht ein solcher Austausch nicht bloß zwischen den katholischen Kirchen, sondern durch die verschiedenen Konfessionen hindurch. Protestantische Kirchen in Afrika bewundern z. B. die liturgische Erneuerung der katholischen Kirche, ermutigen zur häufigeren Feier der Eucharistie und empfehlen dazu das Römische Missale und Lesebuch.[207] Umgekehrt üben die Unabhängigen Kirchen in Afrika mit ihrer radikalen Treue zum Evangelium und zur afrikanischen Kultur eine Faszination auf katholische Beobachter aus, die unter den starren Strukturen ihrer Kirche leiden.[208]

Dem Zweck des pastoralen Austausches dienen auch Besuche, die heute Priester, Bischöfe und Bischofskonferenzen einander machen. Die lutherischen Bischöfe der skandinavischen Länder hielten ihre Synode 1982 in São Paulo (Brasilien) ab, um mit dieser Kirche Kontakt zu nehmen und von ihren Erfahrungen zu lernen. Eine Gruppe indischer Bischöfe machte 1978 einen Pastoralbesuch in Deutschland und 1982 eine Gruppe deutscher Bischöfe in Indien. Man beabsichtigte damit, über das Geld hinaus zu echten Partnern in der einen Kirche zu werden.[209]

12.5. Austausch von Lebensmodellen

Hier nun kommen wir auf der höchsten Stufe des kirchlichen Austausches an. Alle Kirchen stehen heute vor der gleichen Bedrohung und der gleichen Herausforderung, den Glauben in einer säkularisierten und in einer ungerechten Welt zu leben. Die einzige glaubwürdige Antwort ist die Orthopraxie, das selbstverständliche Tun von Menschen, die Christus begegnet sind und nun als seine Jünger durch die Welt gehen, für ihn Zeugnis ablegen, wie er umherziehen, überall Wohltaten spendend und die Menschen von allem Unheil befreiend (Apg 10,38).

Alle Kirchen stehen heute im Schaufenster der Welt. Keine lebt bloß in Privatgemächern. Nachdem die katholische und westliche Kirche zu lange ein Monopol auf „Heilige“ hatte und deren Verehrung in alle Welt ausführte, fangen wir nun an, auch „Heilige“ aus Lateinamerika, aus Afrika, aus Asien kennenzulernen,[210] auch mit Verwunderung „heilige Protestanten“ und „heilige Heiden“ zu entdecken.[211] Im heutigen geistlichen Wettbewerb auf Weltebene kommt man nicht mehr allein mit dem Rechtsstandpunkt an, mit dem Hinweis auf gültigere Strukturen, sondern eher mit dem größeren Angebot von Gotteserfahrung und von glaubwürdigem Leben. Das ist eine gesunde Entwicklung und eine heilsame Notwendigkeit für alle Kirchen und Religionen. Wir leben in der Tat in einer höchst lebenswerten Kirchenzeit.

Schluß: Nun haben wir versucht, etwas den Weg abzustecken, den die Kirche auf Grund der jetzigen Trends und Zeichen der Zeit in den nächsten Jahrzehnten vielleicht gehen könnte. Wer weiß es genau? Die Wirklichkeit stellt uns vor immer neue Überraschungen. Die Geschichte, vor allem die Kirche, folgt nicht notwendigen Gesetzen. Sie trägt menschlich und theologisch ein unauslotbares Geheimnis in sich.

Schlimm wäre es aber, sich deshalb nicht um die Zukunft der Kirche zu kümmern. In den USA wurde ein Buch über die mögliche Zukunft des Landes publiziert.[212] Man spricht da erstens von der idealen Zukunft, von einer Utopie, wo schöpferische Phantasie Alternativen aufstellt, wo alle im Dienst der andern stehen, wo die Menschenrechts-Charta Wirklichkeit geworden ist. Aber die Experten sagen, daß diese Schau nur 30 Prozent Wahrscheinlichkeit habe, verwirklicht zu werden. Als zweites folgt die plausible Zukunft, die von Fachleuten konstruiert und manipuliert wird. Diese haben für alle Probleme eine Lösung und sind überzeugt, daß auch die Engpässe der Wirtschaftskrise, der Ökologie, des Wettrüstens überwunden werden können. Dieser Schau gibt man 50 Prozent Chancen. An dritter Stelle folgt die wahrscheinliche Zukunft, wo alles weitergeht wie bisher, wo man am „Konsumerismus" festhält, mehr Quantität als Qualität sucht, praktisch in den Tag hineinlebt und sich mehr vom Rückspiegel als vom Blick nach vorne bestimmen läßt. Dieser Zukunft wird 70 Prozent Wahrscheinlichkeit zugeschrieben. Im Grunde eine trübe Aussicht. Könnte das vielleicht auch auf die Kirche angewandt werden?

Wenn man diesen Pfad der Geschichte verlassen und wirklich einer neuen Zukunft entgegengehen will, muß man zuerst die Menschen verändern, damit sie neu sehen, neu fühlen, neu denken, neu wollen. Das war der Zweck dieses Buches. Es liegt an uns, durch entsprechende Sensibilisierung die Proportionen der Wahrscheinlichkeit zu verändern, so daß vielleicht sogar die utopische Zukunft Wirklichkeit werden könnte. Es wäre schon viel, wenn im Jahr 2001 die Nachhut der Kirche dort ankommen würde, wo heute die Vorhut vorbeigewandert ist.

13. Perspektiven der Pastoral der Zukunft

Von Karl Rahner

Da ich mich stets bemühte, meiner Theologie eine pastorale Note zu geben, möchte ich auch in diesem Beitrag eine Brücke zwischen Dogmatik und Pastoral schlagen und eine Thematik behandeln, die es im allgemeinen Bewußtsein der Kirche und ihrer Pastoraltheologie eigentlich in wirklicher Deutlichkeit und Ausdrücklichkeit noch gar nicht gibt, aber doch wohl geben sollte. Was ich meine, ist schon schwer mit gängigen Worten zu bezeichnen und kann darum erst im Laufe dieser Überlegungen deutlich werden. Ich meine die Notwendigkeit der Entdeckung eines pastoral-strategischen Planes der Weltkirche als solcher. Natürlich ist nicht gemeint, daß dieser Plan von mir entdeckt und entwickelt oder gar hier auf ein paar Seiten vorgetragen werden könnte. Ich meine ja gerade, daß es diesen pastoral-strategischen Plan der Weltkirche als solcher noch gar nicht gibt, er also selbstverständlich von mir hier nicht entwickelt werden kann. Ich meine aber, man sollte in der Kirche allmählich sehen, daß ein solcher Plan, eine solch globale Strategie der Weltkirche als solcher als Postulat der Zeit der Weltkirche gesehen und entwickelt werden sollte. Dabei kann die Frage letztlich hier offen bleiben, *wer* der konkrete Träger der Entwicklung eines solchen Planes sein könne, ob dieser Träger einfach der Gesamtepiskopat mit und unter dem Papst, oder die Gesamtheit der Pastoraltheologen in der Welt, die sich dieses Themas auch bewußt werden, oder eine zu schaffende Römische Sonderinstitution sein solle oder ob schließlich eine solche Strategie aus dem Zusammenwirken all dieser genannten Träger entstehen müsse. Wenn ich sage, das Bewußtsein für diese Aufgabe sei eigentlich in der Kirche noch kaum gegeben, so urteile ich natürlich nicht über das, was im pastoraltheologischen Bewußtsein *der* Männer vorgeht, die eine unmittelbare Verantwortung für die Gesamtkirche haben, noch will ich leugnen, daß es Ansätze greifbarer Art für die hier postulierte Planung einer pastoraltheologischen Strategie der Weltkirche als solcher gibt, wie sie etwa gerade in den früheren Arbeiten von Walbert Bühlmann vorgetragen wurde und hier fortgeführt wird. Ich meine nur, daß es in einer genügenden reflexen Deutlichkeit und Selbstverständlichkeit dieses Thema in der Kirche und auch in Rom, und zwar in institutioneller Greifbarkeit, nicht gibt. Was hier in einem schüchternen Versuch gesagt wird, hat nur die Absicht, zur Weckung des Bewußtseins ein klein wenig beizutragen, daß es eine Aufgabe der Kirche in ihrer Pastoraltheologie und pastoralen Planung wäre, ein solches ausdrückliches Konzept für ihre pastorale Aufgabe als Weltkirche zu entwickeln. Man könnte ja sagen, daß mit der Einrichtung der Bischofssynode durch Paul VI. eine solche Aufgabe gesehen und in Angriff genommen worden ist. Wenn dies der Fall ist, dann will ich Ziel und erreichte Ergebnisse dieser Bischofssynoden wahrhaftig nicht in ihrer Bedeutung unterschätzen und verkleinern. Aber ich meine, keine solche Synode hat bisher, wenn auch gemeinsam, darüber nachgedacht, was die einzelnen Lokalkirchen und ihre Bischöfe je als solche einzelne zu tun haben, und zwar in der Erfüllung ihrer unmittelbaren Gegenwartsaufgaben. Ich frage mich, ob die Kirche als *Welt*kirche und als eine *ganze* in diesen Bischofssynoden mit genügender Ausdrücklichkeit über ihre pastorale Strategie als die der einen und ganzen Kirche, und zwar für eine eigentliche *Zukunft,* nachgedacht hat. Selbst wer diese Frage glaubt uneingeschränkt bejahen zu können, muß darum ja noch nichts gegen die hier tätige Absicht haben, Notwendigkeit und Möglichkeit einer solchen globalen pastoralen Strategie der Kirche darzulegen.

Es sei zunächst eine Vorbemerkung zu diesem Beitrag erlaubt. 1981 feierte das Wiener Pastoraltheologische Institut sein 50jähriges Bestehen. Ich durfte dabei einen Festvortrag halten, der sich mit einem Thema beschäftigte, das nicht unmittelbar mit den Aufgaben und Zielen dieses Instituts in Beziehung steht und über das zu sprechen mir dennoch erlaubt wurde. Der Vortrag wurde in der Wiener pastoraltheologischen Zeitschrift „Diakonia" veröffentlicht. Ich meine nun aber, daß er sich auch sehr gut zu einer Art „Resümee" eignet für das hier vorliegende Buch meines Freundes Walbert Bühlmann. Darum habe ich sehr gern seiner Bitte entsprochen, ihn an das Ende seines Buches stellen zu dürfen. Ich habe dabei den Text von früher ein klein wenig überarbeitet. Natürlich werden in einem solchen abschließenden Beitrag Dinge gesagt, die von Bühlmann im Buch selbst ausführlicher und genauer behandelt wurden.

Vielleicht ist aber doch noch zu dem eben Gesagten hinzu eine weitere Vorbemerkung angebracht. Man könnte nämlich der Meinung sein, daß diese geforderte *Weltstrategie der Weltkirche* schon gesucht und ausgeführt werde durch die verschiedenen Dikasterien der römischen Zentralregierung der Kirche. Es gibt eine römische Kongregation für die Evangelisierung der Völker (also einen Generalstab der Missionen), eine Kongregation für die Ostkirchen, eine für die Bischöfe, für den Klerus, für die Disziplin der Sakramente und die Liturgie, für die Ordensleute und Säkularinstitute, für das katholische Unterrichtswesen usw.; es gibt ein Staatssekretariat. Man könnte also denken, daß alle diese römischen Behörden weitsichtig sind, sich Gedanken machen nicht nur über das unmittelbar hier und jetzt Erforderliche innerhalb ihrer Aufgabenbereiche, sondern fragend und wägend in die fernere Zukunft schauen, und so zusammen eben doch den gesamtstrategischen Plan der pastoralen Aufgaben der Weltkirche haben und weiterentwickeln. Wenn und insofern solches Wirklichkeit ist, soll es nicht geringgeschätzt werden. Aber man kann doch mit einer gewissen Skepsis fragen, ob dieser Plan in genügender Weise in Rom besteht und entwickelt wird. Denn zunächst einmal wäre er dann das verborgene Geheimnis der römischen Zentralregierung. Man müßte aber doch in der Gesamtkirche von ihm wissen. Denn er kann ja letztlich nur gut entworfen werden, wenn die ganze Kirche ihre Erfahrung darin einbringt. Ich glaube aber nicht, daß ein Mitglied der Bischofssynode schon einmal etwas von einem solchen Grundkonzept der pastoralen Strategie der Weltkirche als solcher gehört hat. Weiter kann man sich fragen, ob die historisch sehr zufällige Entwicklung und Einteilung der römischen Dikasterien, die auch heute trotz der Kurienreform Pauls VI. gegeben ist, ein schlagkräftiges und durchsichtiges Instrument zur Verfügung stellt für die Findung und Ausführung eines solchen Planes. Man kann sich fragen, ob die einzelnen Dikasterien in ihrer traditionellen Isolation voneinander geeignet sind, einen gemeinsamen Plan zu haben und an seiner Verwirklichung zusammenzuarbeiten. Die Kompetenzschwierigkeiten, die zwischen dem Staatssekretariat und den einzelnen Kongregationen und Sekretariaten bestehen, zeigen, daß eine ideale Gliederung und eine darauf basierende Zusammenarbeit aufgrund eines einen und durchdachten strategischen Planes wohl noch ein Desiderat ist. Und schließlich: Selbst wenn es in Rom schon all das in relativ idealer Weise geben sollte, worum es hier geht, wäre es immer noch nicht verboten, bei einer solchen Aufgabe bescheiden mitzudenken.

Wenn zunächst über Wesen und Notwendigkeit der pastoralstrategischen Planung der Aufgabe der Weltkirche als solcher im allgemeinen und grundsätzlichen nachgedacht werden soll, dann muß von zwei Überlegungen ausgegangen werden, die sich auf zwei Tatsachen beziehen, die es nicht immer schon gegeben hat, aber heute die Situation der Kirche charakterisieren und die in ihrem Zusammentreffen Möglichkeit, Wesen und Notwendigkeit eines solchen pastoralstrategischen Planes der Weltkirche als solcher und des Trägers eines solchen Planes verständlich machen. Es gibt heute erstens eine *Weltkirche,* und es gibt wenigstens in Ansätzen zweitens eine profane *Weltstrategie* für die Zukunft. Beides zusammen macht Wesen und Notwendigkeit des pastoralstrategischen Planes der Weltkirche als solcher verständlich.

Es gibt heute eine Weltkirche. Das Christentum war mit seiner Heilsbotschaft natürlich immer für die ganze Menschheit bestimmt, potentiell immer Weltkirche. Aber aktuell war die Kirche weder als judenchristliche noch als Kirche der römisch-hellenistischen Kultur und des Abendlandes Weltkirche im aktuellen Sinn. Und als sie im 16. Jahrhundert im Zuge des europäischen Imperialismus und Kolonialismus ihren Gang in die ganze Welt und zu allen Völkern antrat, war, wenn auch unvermeidlich, das Ergebnis der neuzeitlichen Missionsarbeit der Kirche doch zunächst nur ein in alle Welt exportiertes abendländisches Christentum. Die Kirche blieb aktuell eine abendländische Kirche mit Missionaren in aller Welt. Heute, wie kirchenamtlich im II. Vatikanischen Konzil greifbar geworden ist, beginnt die Kirche aktuell Weltkirche als solche zu werden. Überall gibt es einen einheimischen Episkopat und Klerus. Die Autonomie und Eigenständigkeit der großen Regionalkirchen ist grundsätzlich anerkannt auf dem letzten Konzil. Überall, wenn auch in verschiedener Intensität, sind Ansätze für den verschiedenen Kulturkreisen entsprechende Theologien gegeben. Überall ist wenigstens grundsätzlich als Pflicht der Kirche die *Inkulturation* des Christentums in die verschiedenen Kulturen anerkannt. Dies aber bedeutet doch, daß durch eben diese Inkulturationen in verschiedene Kulturen, die verschieden bleiben trotz einer gewissen allgemeinen Weltzivilisation, diese Christentümer auch verschieden sein und in dieser Weise sich unterscheidende Teilkirchen in der einen Kirche bilden werden. Schon beginnen, wenn auch nur sehr schüchtern, die früheren Missionskirchen ihren positiven und aktiven Beitrag für das Leben der Gesamtkirche zu erbringen. Überall beobachtet man Schwierigkeiten und Lösungsversuche für die Frage, wie die Einheit der Kirche konkret mit einem legitimen Pluralismus der Teilkirchen vereinbart werden kann, so daß sich die Kirche wirklich als Weltkirche vollzieht und darstellt.

Die neue Eigenart der Kirche als *Welt*kirche ist faktisch, wenn auch nicht in ihrem eigentlichsten Wesen, mitbedingt durch eine neu gewordene Einheit der Menschheit und durch die damit gegebene und notwendige globale Einheit des gesellschaftlichen Handelns und Planens dieser so eins gewordenen Menschheit. Früher waren Geschick und Geschichte der einzelnen Völker und Gruppen der Menschheit durch ein „Niemandsland“ getrennt; Wirklichkeit und Geschichte Preußens in der Zeit des Großen Kurfürsten waren praktisch und konkret unabhängig von der Wirklichkeit und Geschichte Thailands zur selben Zeit. Heute hängt alles in allem. Leben und Geschick jeder Region der Erde sind sehr entschieden und greifbar mitbestimmt durch alles, was sonstwo in der Welt geschieht. Darum hat es Weltkriege gegeben, die vorher gar nicht möglich waren; darum gibt es eine UNO und Supergroßmächte, deren Einfluß- und Machtsphären zusammen mit unserer Erde identisch sind. Die Einheit der menschlichen Geschichte ist heute gegeben; die Menschheit ist nicht nur *eine* von ihrem Ursprung her und als nachträglich gebildeter Begriff in unseren Köpfen, sondern als eine unmittelbar greifbare Realität.

Gleichzeitig und in einem gegenseitigen Bedingungsverhältnis ist diese Menschheit eine *reflex* ihre Zukunft *planende* und planen müssende Menschheit geworden; diese eine Menschheit hat begonnen, ihre Zukunft reflex zu planen. Während früher die Zukunft ein sich mehr oder weniger ungeplant und unreflex einstellendes Resultat dessen war, was den Menschen als passiv erlittenes Geschick von der Natur her zustieß und was sie selber in ihrer Gegenwart tun konnten, ohne weit vorausplanen zu wollen und zu können, ist jetzt ein Bewußtseinsstadium der Gesamtmenschheit eingetreten oder wenigstens am Kommen, für das die Zukunft die Ausführung eines *Zukunftsplanes* ist und so die Welt und die Natur nicht so sehr der vorgegebene und selbstverständlich hingenommene Lebensraum des Menschen ist, sondern auch das Material für einen Lebensraum, den sich der Mensch selber planend erbaut. Darum gibt es Kunststoffe, die in der Natur selber gar nicht vorkommen, Erschließung von Energien, die sich dem Menschen gar nicht von selbst anbieten, und so weiter. Natürlich ist diese globale Planung der Menschheitszukunft noch in den ersten Anfängen, weil sich so etwas wie eine irgendwie friedliche Weltregierung erst noch herausbilden muß. Natürlich hat eine solche Planung notwendig ihre Grenzen, schon weil für einen totalen Universalcomputer der rationalen Weltplanung gar kein Subjekt vorhanden wäre, das die Resultate dieses Computers entgegennehmen könnte, von allen anderen Grenzen abgesehen. Natürlich hat diese *rationale Weltplanung* ihre ungeheuren Gefahren einer Selbstzerstörung der Menschheit in den verschiedensten Weisen, deren Anfänge wir heute schon beobachten können: atomare Vernichtung; Überbevölkerung mit all ihren Folgen; Zerstörung der immer notwendig bleibenden natürlichen Voraussetzungen des menschlichen Lebens; psychische Gefahren für das Gesamtbewußtsein der Menschheit, die wir noch kaum ahnen. Aber das alles ändert eben doch nichts daran, daß die Menschheit im Begriffe ist, ein eines, aktives, seine Zukunft planendes und planen müssendes Subjekt zu werden. Der Gedanke, die Menschheit könne in ein naiveres, unreflexeres Bewußtseins- und Handlungsstadium zurückkehren, ist eine nostalgische Utopie, deren Verwirklichung ja durch eine Auslöschung eines Großteils der Menschheit bezahlt werden müßte. Die Menschheit ist in das Stadium einer Selbstplanung reflexer, rationaler Art eingetreten; mindestens der Anfang dieser Selbstplanung ist greifbar. Marxistischer Sozialismus mag auf weitere Sicht eine Mode sein, die bald überholt wird; das ändert nichts daran, daß jener Individualismus, den sich das Abendland bei einer geringen Bevölkerungsdichte früherer Zeiten leisten konnte, ebenso eine Lebensweise der Vergangenheit sein wird und die Menschheit überall neue und höhere Formen der Sozialisierung wird geplant finden müssen. Die Aufgabe einer globalen politischen Planung steht vor uns, für die die UNO nur ein bescheidener Anfang sein kann; sie zielt auf eine Art Weltregierung hin (bei allem hoffentlich bleibenden Pluralismus der Völker und der Kulturen), die schon vor hundert Jahren der neuscholastische Rechtsphilosoph Th. Meyer aus naturrechtlichen Gründen gefordert hatte. Man wird eine biogenetische Steuerung und Veränderung vielleicht praktisch nicht entwickeln können und ethisch nicht verantworten dürfen; daß die biologische Existenz der Menschen dennoch irgendwie und nicht nur durch eine gezielte Bremsung des Bevölkerungswachstums geplant und gesteuert werden wird und werden muß, ist dadurch noch lange nicht einfach ausgeschlossen. Daß in Zukunft Verwaltung, Vermehrung und Schutz der Voraussetzungen menschlichen Lebens in der Natur rational und global geplant werden müssen, ist auch selbstverständlich. Alle diese einzelnen Bestrebungen und Planungen sind nur anfanghafte Anzeichen dafür, daß das Gesamtbewußtsein der Menschheit langsam in das Stadium einer reflexen Planung der Menschheit selbst eintritt.

Und nun: Die Kirche ist (wenigstens anfanghaft) aktuelle Weltkirche geworden, und zwar in einem Stadium der Menschheit, in dem diese langsam das planend aktive Subjekt ihrer Selbstverwirklichung wird. In einer solchen Situation eines neuen theoretischen und praktischen Bewußtseins der Menschheit muß darum die Kirche sich und ihre Zukunft planen in einer neuen und bisher so nicht gegebenen Weise. Es muß eine globale, aktive pastoralstrategische Planung der Weltkirche als solcher geben.

Bevor wir diese These noch etwas konkretisieren wollen, ist natürlich ein Vorbehalt anzumelden gegen diese unsere Grundthese, ein Vorbehalt freilich, der sich aus dem Wesen kreatürlicher, also grundsätzlich nie absoluter Freiheit ergibt. Es ist zunächst klar, daß die aktive Selbstplanung der Menschheit als profaner Größe grundsätzlich nie vollendbar ist. Die Planenden bleiben immer auch die Verfügten, die Zukunft ist immer auch die Ankunft des Überraschenden. Da wir auch in der höchsten Freiheit immer auch mit einem vorgegebenen Material handeln, dieses Material aber nie restlos durchschaubar ist, entspringen aus ihm trotz aller Planung immer wieder unvorhergesehene Überraschungen, schon im voraus dazu, daß die Freiheit selbst per definitionem immer auch noch einmal ihren eigenen Plänen souverän mit ungeplanten Entscheidungen gegenübersteht. Erst recht wird alle Planung der Kirche, alle ekklesiale Futurologie grundsätzlich unvollendbar sein, wird die Kirche auf unberechnete Zukünfte hin ihren Weg gehen müssen. Ja, man wird darüber hinaus sogar sagen müssen, daß die Kirche die Gemeinschaft *der* Menschen ist, die das Unplanbare in reflexem Bekenntnis als ihr Heil erwarten, die Unbegreiflichkeit Gottes in der Ankunft seines Reiches als ihre Seligkeit entgegennehmen und das Wachsein und Wachbleiben für diese unberechenbare Zukunft in der Menschheit gerade als eine fundamentale Aufgabe der Kirche halten. Die Kirche ist in der Welt das Sakrament der ungeplanten Zukunft, weil diese Zukunft die ewige Unbegreiflichkeit Gottes selber ist.

Aber für die Freiheit des Menschen und für die Aufgabe der Kirche ist damit Planung nicht abgeschafft. Der Mensch kann den seligen Himmel über sich offen sehen, wenn alles, was er gebaut hat, über ihm zerbricht; aber dennoch muß er vorsehen, planen, das Haus seines Lebens hier immer neu und immer besser zu bauen versuchen. Und die auf die Ankunft der Unbegreiflichkeit Gottes hoffend ausschauende Kirche muß darum immer auch eine Kirche gesellschaftlicher Gefügtheit, eine Kirche der Ordnung, der aktiven Missionierung, des Rechtes und also auch der menschlichen Planung sein. Das war sie grundsätzlich immer, sie muß es aber heute unter den Voraussetzungen der einsgewordenen Welt, der globalen Menschheitsplanung, der rationalen Futurologie *als* die eine *Welt*kirche sein. Daß hier noch Aufgaben anstehen, die noch kaum gesehen sind, die gelöst werden müssen, für deren Lösung vielleicht ganz neue, neustrukturierte Träger in der Kirche gefunden werden müssen, dafür sollen nun noch einige Hinweise gegeben werden, auch wenn sie weder Anspruch auf Systematik noch auf Allseitigkeit erheben.

So meine ich, um ein erstes Beispiel einer Strategie der Weltkirche als solcher zu nennen, müßte eine eingehende Reflexion und Planung bezüglich des kirchlichen Bewußtseins, des konkreten Glaubensbewußtseins der Kirche unternommen werden. Die Differenz zwischen dem, was amtlich als Glaube der Kirche gelehrt wird, und dem, was faktisch bei dem Großteil des Kirchenvolkes geglaubt wird, ist aus den verschiedensten Gründen, die hier jetzt nicht analysiert werden können, außerordentlich viel größer geworden, als das früher der Fall war. Auch wenn es in der Kirche keine Steuerung des kollektiven Bewußtseins wie in den totalitären Staaten geben soll und geben kann, so ist der heute erforderliche Zusammenhang zwischen der kirchenamtlichen Lehre und dem Faktischen an der Basis nicht mehr allein in genügender Weise mit *den* Mitteln zu verwirklichen, die früher dazu ausreichten. Heute genügen eben die Glaubenskongregation in ihrer heutigen Verfassung, die Enzykliken, die Ansprachen des Papstes in den traditionellen Formulierungen, die Hirtenbriefe mit ihrem traditionellen Tonfall und Inhalt, die übliche Predigt von den Kanzeln, die inhaltlich meist binnenkatholisch ist und viel zuwenig oder zu schüchtern das Ohr der Ungläubigen oder der Randkatholiken sucht, die Katechismen, die auch heute noch ebenso binnenchristlich sind wie früher, nicht mehr, um die wunderbare Botschaft des Christentums an die faktischen Menschen heranzutragen und so auch jene Kluft zu verkleinern zwischen dem amtlichen Glauben der Kirche und dem, was an christlicher Überzeugung wirklich in den Köpfen der Christen und im Wissen der Nichtkatholiken vorhanden ist. Wie eine solche neue Bildung und Steuerung des faktischen Glaubensbewußtseins geplant und organisiert werden könnte, wie genauer der Träger solcher Planung gedacht werden müßte, wie die Belehrung der Menschen heute von einem immer wirkungsloser werdenden, bloßen Bestehen auf die kirchliche Lehrautorität wegkommen kann zu einer Belehrung, die von der inneren Herrlichkeit der Sache selbst her überzeugt usw., das alles sind Fragen, die ich letztlich auch nicht zu beantworten weiß, die sich aber aufdrängen und im Rahmen einer solchen pastoralen Weltstrategie der Kirche beantwortet werden müßten. Bei dieser Aufgabe sind viele theologische Einzelsachprobleme gegeben. Bei ihrer Beantwortung aber kann das kirchliche Lehramt nicht einfach passiv auf die Antwort der Theologen warten, sondern muß aktiv mithelfen und mitorganisieren, daß solche Fragen wirklich gesehen und nach Kräften behandelt werden. Ich habe neulich einmal gefragt, warum es denn keine päpstliche Enzyklika über den Atheismus von heute gebe; ich wundere mich immer noch darüber, daß päpstliche Enzykliken (natürlich wahr) über die Inkarnation des ewigen Wortes handeln, ohne den leisesten Versuch dabei zu machen, dem Ungläubigen von heute, dem eine solche Lehre als bare Absurdität erscheint, einen Zugang zu dieser fundamentalen Lehre des Christentums zu ebnen. Vor ein paar Jahren sagte mir ein Mitglied der Glaubenskongregation, das Lehramt habe nur darüber zu wachen, daß die christliche Lehre nicht verfälscht oder gemindert werde, die positive Interpretation und Apologetik dieser Lehre sei Sache der Theologen. So geht es heute nicht. Die heute notwendige Apologetik und Interpretation der christlichen Glaubenslehre durch die Theologen müßten mindestens vom Amt ermutigt und befördert werden; eventuell müßte das Amt doch wenigstens die Theologen auf unbearbeitete Fragen aufmerksam machen. Deren gibt es sehr viele; aber mir scheint, das Amt merke dies meist noch später als die Theologen. Stecken z. B. hinter der erschreckenden Abnahme der Beichtfrequenz nicht theologische Fragen vielfältiger Art, die vom Amt und den Theologen fast nur liegengelassen werden?

Wie denke ich mir am Christkönigsfest die Herrschaft Jesu über den ganzen Kosmos, wenn ich diesen gleichzeitig als eine Welt von 20 Milliarden Lichtjahren denken möchte? Sagt die Moraltheologie nicht oft „naturrechtlich", wo es sich in Wahrheit um die Denkweise des abendländischen Kulturkreises handelt? Das alles sind nur beliebige Beispiele. Aber müßte es nicht in der Kirche eine reflex gebildete Strategie der Meinungsbildung über diese tausend Fragen in der Kirche geben?

An einem bestimmten Punkt, so meine ich, werde, was eben allgemein gesagt wurde, deutlich. Ich vermute, daß in der alten Kirche ein Mensch von damals wußte, was er zu glauben habe, wenn er das Apostolische Glaubensbekenntnis (mindestens zusammen mit einer doch sehr kurzen Erklärung) hörte. Ich vermute, daß trotz aller normativen Bedeutung, die dieses Bekenntnis hat und auch in Zukunft haben wird, ein Mensch von heute nichts oder fast nichts versteht, wenn ich ihm dieses Bekenntnis vorsage, auch nicht, wenn ich es ihm kurz zu erklären versuche. Er fragt mich doch schon, was er sich unter Gott eigentlich vorstellen solle, wenn er doch nicht im „caelum empyreum" wohne, sondern in Millionen Lichtjahren von uns entfernt auch noch am Werke sei, wenn es ihn gibt. Wo sind (es kommt mir nicht auf das Wort an, aber auf die Sache) die neuen heutigen Kurzformeln des Glaubens, mit deren Hilfe auch ein Ungläubiger von heute wenigstens richtig verstehen kann, was die Christen wirklich glauben?

Eine Wissenschaftspolitik in der systematischen und praktischen Theologie müßte unbefangen und mutig auf eine *Weltläufigkeit* allgemeiner Art in der Theologie und in der Verkündigung hinarbeiten. Gewiß kann und darf das Christentum in Theorie und Praxis seinen geschichtlich partikulären Ursprung nicht verleugnen. Überall in der Welt und in allen ihren Kulturen darf man auch in Zukunft merken, daß es aus Palästina herkommt und durch die abendländische Kultur hindurchgegangen ist. Aber wenn und weil das Christentum nun einmal Weltreligion, das heißt auch Religion *der* Völker und Kulturen werden soll, für die der Mittelmeerraum und das Abendland eben nicht die Ursprungsorte ihres Wesens und ihrer Geschichte sind, bleibt dem Christentum gar nichts anderes übrig, als weltläufig zu werden, d. h. in Theorie und Praxis geschichtlich blasser zu werden, geschichtliche Herkünfte, soweit sie nicht sein eigentliches Wesen mitbedingen, ruhig in eine bloße geschichtliche Gewesenheit zurücktreten zu lassen. Man wird sich fragen müssen, wie Theorie und Praxis des Christentums aussehen werden, wenn in der Welt außerhalb des Abendlandes Elemente seiner geschichtlichen Herkunft und Bedingtheit in so ferne Vergangenheiten zurückweichen, wie etwa schon bei uns heute selbst die jüdische Theologie zur Zeit Jesu unbekannt und gleichgültig geworden ist. Solche Veränderungen werden unweigerlich kommen, man sollte sie aber heute schon als Aufgabe einer reflexen Wissenschaftspolitik in der systematischen und praktischen Theologie zu sehen lernen.

Ein ganz anderer, aber wichtiger Fragenkomplex für eine wirkliche globale Strategie der Kirche ist in dem immer noch dunkel gebliebenen Verhältnis zwischen der Gesamtkirche und den großen regionalen Partikularkirchen gelegen. Das II. Vatikanische Konzil hat zwar feierlich erklärt, daß die Teilkirchen nicht nur Verwaltungsbezirke der einen homogen strukturierten Gesamtkirche seien, die sich bloß durch ein paar höchst sekundäre Nebensächlichkeiten unterscheiden könnten. Aber im großen und ganzen (wenn wir von den kleinen unierten Kirchen des Nahen Ostens absehen) ist es bei der Aussage dieses allgemeinen Prinzips geblieben. In Rom strebt man immer noch nach einem möglichst homogenen Kirchenrecht für die ganze Kirche, auch wenn der neue Codex nur für die „lateinische“ Kirche gilt, die Liturgien sind eben bisher faktisch doch nur die Übersetzungen der römischen Liturgie. Man kann sich natürlich immer darauf berufen, daß die Einheit der Kirche diese und jene Einheitlichkeiten in der Gesamtkirche notwendig mache. Aber so kann man billig das Prinzip der Eigenständigkeit und Differenziertheit der großen Regionalkirchen sabotieren und zu einem bloßen Lippenbekenntnis machen. Welche Eigenständigkeit und Initiativen konkreter, greifbarer Art hat Rom wirklich den Kirchen in Südamerika oder Indonesien eingeräumt? Natürlich sind die Konsequenzen aus dem dialektischen Verhältnis von Gesamtkirche und Partikularkirchen praktisch nicht leicht zu entwickeln. Aber wo ist die Instanz, die solche Probleme mutig und unter Mitarbeit der Gesamtkirche prinzipiell durchdenkt und dafür sorgt, daß solche Konsequenzen realisiert werden?

Die Kirche hat sich im II. Vatikanischen Konzil ausdrücklich und laut zu ihrer Weltverantwortung, zu ihrer Verantwortung für Friede und Gerechtigkeit in der Welt bekannt. Sie hat auch in dieser Hinsicht in den letzten Jahrzehnten gewiß nicht wenig getan, auch wenn nicht weniges, was vom höchsten Amt in der Kirche diesbezüglich erklärt und getan wurde, unten wieder durch Trägheit oder stillschweigenden Widerstand sabotiert wurde. Aber könnte man sich nicht in der Christenheit diesbezüglich noch mehr und vor allem Konkreteres denken? Hat die Kirche heute den Mut, auch konkretere Forderungen für soziale Veränderungen, für Frieden und Abrüstung zu erheben, auch wenn dann solche auf Ablehnung innerhalb der Kirche selbst, vor allem bei den Politikern, stoßen? Gibt es in Rom eine Stelle, die wirklich systematisch, genau und nicht nur von dem löblichen Wohlwollen dieser oder jener Amtsträger getragen, alle diese Fragen gründlich studiert und wirklich mutig auf konkrete Lösungen hin vorantreibt? Natürlich gibt es in Rom Leute, die sich mit solchen Fragen beschäftigen, die den Heiligen Stuhl auf allen möglichen Kongressen und Versammlungen vertreten, aber ein einheitlicher, mutiger, aktiver Repräsentant dieser ganzen Weltverantwortung der Kirche ist doch für den Normalchristen in der Welt in Rom nicht deutlich zu sehen. Ja, es scheint, daß der Mut hinsichtlich dieser Aufgabe in Rom trotz der Weltreisen des Papstes eher abnimmt als zunimmt und man in Rom eher ängstlich und nervös ist und eher in die Sakristei zurückpfeift, wenn die Christen in der Welt aktiv ihre gesellschaftskritische Aufgabe wahrzunehmen versuchen.

Eine weitere Aufgabe (natürlich neben vielen andern ungenannten) scheint mir diese nicht recht greifbare globale Pastoralstrategie der Weltkirche als solcher zu haben. Ich möchte diese Aufgabe das Problem der globalen Diasporasituation der Kirche nennen. Praktisch arbeitet die Kirche meist doch noch unter der stillschweigenden Voraussetzung, es gäbe, wie vielleicht in Polen, doch noch mehr oder weniger intakte homogene katholische Christentümer gesellschaftlicher Art, wie es bis ins 20. Jahrhundert hinein der Fall war. Da war z. B. die Ehe unter zwei Katholiken das Selbstverständliche und man konnte eine Mischehe als den seltenen, nur vorsichtig geduldeten Ausnahmefall behandeln; da konnte man leicht katholische Standesvereine bilden, katholische Schulen urgieren, das kulturelle Leben in Kunst, Literatur und Geselligkeit noch weitgehend unter katholischer Leitung binnenkirchlich durchzuführen suchen. Heute ist das eigentlich fast nirgends mehr der Fall. Die Christen leben überall in der Diaspora so sehr, daß selbst in kirchenamtlich betreuten Gruppen die dezidiert und allseitig katholisch lebenden Menschen oft nur eine bescheidene Minderheit sind. Diese Situation, die nicht nur in den sogenannten „Missionen", sondern auch in den traditionell christlichen Völkern gegeben ist, hat, so meine ich, noch nicht eine wirklich systematische und mutige theologische und pastoral-theologische Reflexion in der Kirche gefunden.

Diese Diaspora-Katholiken überall reden ja die Sprache ihrer Umgebung, die heidnisch ist. Wie muß dann die religiöse Sprache der Kirche sein, damit sie wirklich verstanden werden kann? In einem schulamtlichen Verzeichnis der Wörter, die ein Kind in den ersten Volksschulklassen nach der Norm eines deutschen Bundeslandes lernen und verstehen muß, hat vielleicht ein Prozent dieser Wörter eine religiöse Relevanz. Welches sind heute die Selbstverständlichkeiten existentieller Art, von denen man ausgehen muß, wenn man das Christentum verständlich und glaubwürdig machen will? Wenn in der alten Kirche eine Moral mit Sklaverei geduldet wurde, wie sie die normale Bevölkerung praktizierte, welches sind dann heute die objektiv vielleicht moralisch bedenklichen oder falschen „Selbstverständlichkeiten", über die die Kirche stillschweigend (aber heute mit reflexer Bewußtheit) hinwegsehen könnte, ohne ihre Kraft durch erfolglos bleibende Proteste zu verbrauchen? Kann sie heute noch so ohne weiteres wie früher präsumieren, daß außerhalb und sogar innerhalb der Kirche bei sogenannten Ehen jener Ehewille am Anfang steht, der als Voraussetzung für eine wirklich unauflösliche Ehe notwendig ist? Müssen für eine konkrete kirchliche Bemühung um die Sittlichkeit nicht die gesellschaftspolitischen Voraussetzungen der verschiedenen Kulturkreise mehr und unbefangener berücksichtigt und einkalkuliert werden als früher, da die abendländisch-christliche Moral unbefangen und unverändert in die Missionsländer exportiert wurde? Was nützt es, so hat neulich ein südamerikanischer Bischof gefragt, wenn die Kirche in einem Land harmlos den Lobpreis auf die Ehe anstimmt, in dem die Mehrzahl der Kinder unehelich geboren werden? An welchen konkreten Fronten des moralischen Kampfes (und eben nicht an allen zumal) müßte die Kirche eindeutig und entschieden kämpfen, um der heidnischen Welt Größe und Würde der christlichen Moral zu bezeugen? Wenn nun einmal wie in allen Zeiten der Kirche die christliche Moral auch heute gewisse Schwerpunkte setzt und setzen darf, ohne andere Prinzipien deshalb abzuschaffen oder zu leugnen, dann könnte es ja z. B. so sein, daß die Verwerfung einer irrsinnig werdenden Aufrüstung für das moralische Durchschnittsbewußtsein der profanisierten Welt ein wichtigeres Merkmal der christlichen Moral ist als die Ablehnung der Pille. Solche Verschiebungen in den moralischen Akzentsetzungen hat es natürlich immer gegeben (die Päpste zur Zeit Ludwigs XIV. haben sich sicher keine grauen Haare über die unmoralische Kriegspolitik dieses Königs wachsen lassen, ohne daß man dies diesen Päpsten übelnehmen sollte). Aber heute sollten und könnten vielleicht solche Akzentverschiebungen doch auch geplant werden in einer pastoralen Globalstrategie. Wenn man diese Diasporasituation nicht nur irgendwie sieht, um sie zu verdrängen, muß man dann in unseren Landen immer noch mit tausend Mitteln und Auskünften daran festhalten, daß die Seelsorge möglichst gleichmäßig verteilt und „flächendeckend" überall sei, oder sollte die Kirche eher danach streben, in einer profanisierten Welt wie in einer Wüste *blühende Oasen* zu entwickeln, auch wenn dann diese gleichmäßig dünne und wenig attraktive Präsenz der Kirche nicht mehr überall gegeben ist? Auf jeden Fall sind einer notwendigen pastoralen Globalstrategie durch die überall gegebene Diasporasituation Aufgaben gestellt, die noch längst nicht genug deutlich gesehen und erfüllt sind.

Man spricht heute schon nicht mehr ganz selten von einer Abkehr von einem bürgerlichen Christentum, von einer Service-Kirche. Es ist hier natürlich nicht möglich, zu entscheiden, was an einer solchen Forderung richtig ist, was heute diesbezüglich geschehen kann, was Programm für eine fernere Zukunft ist, was richtige oder vielleicht unangebrachte Übertragung von Modellen anderer Länder und Kulturen auf unsere europäischen Verhältnisse ist, was bloße Utopie ist, die gerade in der Entwicklung der profanen Gesellschaft in der Zukunft nicht realisierbar ist. Aber sicher steckt in dieser Forderung eine wichtige und richtige Zukunftsperspektive, die gesehen, reflektiert und geplant werden müßte. Wenn z. B. die Kirche in Zukunft auch noch wirklich am Zölibat festhalten will, dann sind damit aber auch implizit sehr tiefgreifende Wandlungen in der Kirche in anderen Hinsichten mitgegeben, die vielleicht von der heutigen Amtskirche gar nicht deutlich gesehen und noch weniger eigentlich angestrebt werden, die aber unerbittlich kommen werden, wenn die Kirche nicht gleichzeitig zu einer kleinen Sekte zusammenschrumpfen soll. Die Laienschaft wird bei einem unvermeidlich *kleinen* zölibatären Klerus zwangsläufig eine größere Selbständigkeit, Macht und Bedeutung bekommen, als sie sie jetzt hat; weithin wird die Laienschaft von unten in Basisgemeinden der Träger des Selbstvollzugs der Kirche werden. Als normaler orthodoxer Christ wird man natürlich überzeugt erwarten, daß die Kirche der Zukunft immer noch die Kirche des alten und vollen christlichen Glaubens auch mit jenen gesellschaftlichen Strukturen sein wird, die ihr heutiger Glaube als göttliches, unabschaffbares Recht erklärt. Aber im Jahre 2200 wird die Kirche dennoch in ihrem empirischen Erscheinungsbild ganz anders aussehen und aussehen müssen, als wir es heute gewohnt sind. Ist dieses künftige Erscheinungsbild nur und allein etwas, was ungefragt und unbedacht auf die Kirche zukommen wird, was nur in kleinen Schritten ohne große Voraussicht, jeweils von der Gegenwartssituation stückweise abgetrotzt, „passieren" wird, so wie die Kirche des mittelalterlichen Feudalismus auf die Kirche der Väterzeit folgte, oder muß es beim heutigen Stand des kollektiven menschlichen Bewußtseins auch, wenn auch nicht nur, wenn auch nicht in erster Linie, eine Aufgabe der Kirche sein, dieses künftige Erscheinungsbild der Kirche nach Kräften *vorauszuahnen* und *vorauszuplanen*? Kann und muß es nicht in der Kirche eine weiter als bisher vorausschauende globale Strategie der Seelsorge geben? Das scheint mir eine echte, nicht deutlich genug gesehene Frage für die heutige Kirche zu sein. Diese Frage zu stellen, wenn auch höchst unbeholfen und stotternd, scheint mir auch eine Weise zu sein, in der Pastoraltheologie getrieben werden muß. Das geschieht – vielleicht nur ansatzweise, aber wirklich – in diesem Buch Bühlmanns.

Anmerkungen

1 Die beiden Amerika werden heute gewöhnlich als 2 Kontinente gerechnet.

2 Die hier gemachten Überlegungen sind belegt und weiter ausgeführt in meinen Büchern: Wo der Glaube lebt (Herder [7]1978); Missionsprozeß in Addis Abeba (Knecht 1977); Alle haben denselben Gott (Knecht 1978); Ein Missionsorden fragt nach seiner Zukunft (Vier-Türme-Verlag, Münsterschwarzach 1979). Wenn Gott zu allen Menschen geht. Für eine neue Erfahrung der Auserwählung. Freiburg 1981.

3 LG 13, 23; SC 37–40; AG passim; EN 63.

4 Z. B. L. Bertsch/F. Schlösser (Hg.), Kirchliche und nichtkirchliche Religiosität, Freiburg 1978; Österreich. Pastoralinstitut (Hg.), Kirchlich distanzierte Christen, Wien 1978; J. Höffner, Pastoral der Kirchenfremden, Bonn 1980.

5 L'Osservatore Romano vom 21. 12. 1978.

6 Vgl. z. B., was diesbezüglich in den USA unternommen wurde; W. Bühlmann, Evangelisierung der kirchlich Distanzierten. Modelle aus den Vereinigten Staaten, in: Diakonia, Wien 1980, 210–212.

7 Vgl. H. J. Prien, Die Geschichte des Christentums in Lateinamerika, Göttingen 1978, 33–57. America, in: Enciclopedia Italiana, Roma, I (1968), 515–535.

8 Prien a. a. O., 58–326. R. Ricard, La «conquête spirituelle» du Mexique, Paris 1933.

9 M. J. MacLod, Spanish Central America. A socio-economic history 1520–1720. University of California Press 1973, 47–54.

10 Zit. in Prien a. a. O. 167. J. Höffner, Christentum und Menschenwürde, Trier 1947, 90. Vgl. W. Bühlmann, Die Rechte der Person und der Nation und ihre Bedeutung für die Mission, in: Neue Zeitschrift für Missionswissenschaft (1957), 192–207, 241–255.

11 R. Konetzky, Süd- und Mittelamerika, Frankfurt a. M. 1965, I, 334–42. Er ist sehr ausgeglichen im Urteil.

12 Vgl. W. Henkel, Proposte del Terzo Sinodo Provinciale Messicano (1585) per una più efficace evangelizzazione, in: Euntes Docete, Roma 1979, 455–464.

13 Prien, a. a. O. 33.

14 G. T. Taynal, Histoire philosophique et politique des établissements et du commerce des Européens dans les deux Indes, Paris 1762; Vgl. Bitterli, Die „Wilden" 433, 270–288.

15 Vgl. J. Comblin, The Church and the National Security State, Maryknoll 1979.

16 V. Bennholdt u. a. (Hg.), Lateinamerika, Analysen und Berichte, Berlin, 4 Bände, 1977/80, I, 7 f.

17 A. a. O. 12–52.

18 Vgl. Herder Korrespondenz 1983, 6–8.

19 Vgl. Prien a. a. O. 1026–1041. G. Gutierrez, A theology of liberation, Maryknoll 1973.

20 Vgl. J. Holland und P. Henriot, Social analysis: linking faith and justice, Washington 1980.

21 Vgl. die verschiedenen gedruckten Berichte über diese Tagungen. Über New Delhi vgl. SEDOS-Bulletin, Rom 1982, in den Ausgaben von Juli bis November. L. Wiedemann (Hg.), Herausgefordert durch die Armen. Dokumente der Vereinigung von Dritte-Welt-Theologen 1976–1983. Freiburg 1983.

22 J. P. Miranda, Marx against the Marxists. The christian humanism of Karl Marx, Maryknoll 1980.

23 B. Joinet, Tanzania. Manger d'abord, Paris 1981.

24 Vgl. V. Matthies, Das „Horn von Afrika" in den internationalen Beziehungen, München 1976. I. Grey, The communist challenge to Africa. An analysis of contemporary Soviet, Chinese and Cuban policies, Surrey 1977. A. Mbuyinga, Panafricanisme et néo-colonialisme: la faillite de l'O. U. A., Publ. U. P. C. 1979.

25 Vgl. Bühlmann, Wenn Gott, 93–95, mit entsprechender Literatur. Ferner A. Imfeld (Hg.), Verlernen, was mich stumm macht. Lesebuch zur afrikanischen Kultur, Zürich 1980, 26–60.

26 Premier Congrès International des Ecrivains et Artistes Noirs, Paris 1956.

27 V. Mulago, L'Africanité et Evangélisation, in: Evangelizzazione e Culture Roma (Università Urbaniana) 1976, III, 7–20. Vgl. auch M. Ntetem, Die negro-afrikanische Stammesinitiation. Religionsgeschichtliche Darstellung, theologische Verwertung, Möglichkeit der Christianisierung, Münsterschwarzach 1983; A. T. Sanon und R. Luneau, Enraciner l'Evangile. Initiations africaines et pédagogie de la foi, Paris 1983.

28 Vgl. z. B. die Sammlung „Classiques africains" bei der Edition Armand Colin in Paris, mit schon über 20 Bänden.

29 W. Bühlmann, Sie folgten dem Ruf. Afrikanische Zeugen des Glaubens, Mainz 1982, 95–99. Vgl. auch Th. Sundermeier, Christus, der schwarze Befreier, Erlangen 1973.

30 Vgl. Bühlmann, L'autre face de l'histoire des Missions, in: NZM (1982) 127 f.

31 D. Barrett, World Christian Encyclopedia, Oxford 1982, Vorwort.

32 Bühlmann a. a. O. 129–132. M. P. Hebga, Emancipation d'Eglises sous tutelle. Essai sur l'ère post-missionnaire, Paris 1976. R. Luneau et J. M. Ela, Voici le temps des héritiers. Eglises d'Afrique et voies nouvelles, Paris 1981.

33 Vgl. die Übersicht in: Herder Korrespondenz, Jänner 1983, 23–30: G. Evers und H. Janssen, Theologie in Afrika und afrikanische Theologie.

34 Evangelizzazione e Culture III, 51–68: K. Julian, Christian sacrements and African religious rites.

35 W. Brandmüller, Konzilsgeschichte, Paderborn 1979 ff. VV.AA., Pour un Concile Africain, Paris 1978.

36 H. Nakamura, Ways of thinking of Eastern peoples, Honolulu 1974.

37 R. Panikkar, The Vedic experience. An anthology of the Vedas for modern man and contemporary celebration, London 1977.

38 D. S. Amalorpavadass, Research Seminar on non-biblical Scriptures, Bangalore 1975.

39 P. Rossano, Sulla presenza e attività dello Spirito Santo nelle religioni e nelle culture non cristiane, in: Univ. Gregoriana, Prospettive de Missiologia oggi, Roma 1982, 59–71. Th. Michel, Criteria for discerning the movement of the Holy Spirit in Islam, in: Credo in Spiritum Sanctum. Atti del Congresso Teologico Internazionale di Pneumatologia, Roma 1983 (Univ. Urbaniana) II, 1411–1426.

40 Vgl. die Berichte darüber bei W. Bühlmann, Alle haben denselben Gott, Frankfurt 1978.

41 P. Gerlitz, Kommt die Welteinheitsreligion? Hamburg 1968. Vgl. auch die prophetische Stimme des Kardinals Nikolaus von Kues (1401–1464) „De pace et de unitate fidei".

42 S. Kappen, Censorship and the future of Asian theology, in: Anawim, New Delhi, Nr. 29, 1981, 1–10.

43 Vgl. P. Schwarzenau, Der größere Gott. Christentum und die Weltreligionen, Stuttgart 1977, 13.

44 D. Acharuparambil, The problem of presenting Christianity to Hinduism, in: Evangelizzazione e Culture III, 163–182. Eine Hilfe, wie diese Probleme im Religionsunterricht der Schulen behandelt werden können, bietet das Buch H. Schultze und W. Trutwin, Weltreligionen – Weltprobleme. Ein Arbeitsbuch für Studium und Unterricht, Düsseldorf 1973.

45 Zum ganzen Rahmen vgl. W. Bühlmann, Wenn Gott zu allen Menschen geht, Freiburg 1981, 71–119.

46 A. Goodier, Saints for sinners. The Failure of St. Francis Xavier, London 1936. Ferner G. Schurhammer, Franz Xaver. Sein Leben und seine Zeit, 2 Bde., Freiburg 1955/1973.

47 Vgl. W. Henkel, Christentum und Kultur bei Chateaubriand und sein Einfluß auf das 19. Jahrhundert, in: Evangelizzazione e Culture, II, 364–373.

48 Vgl. J. Schmidlin, Katholische Missionsgeschichte, Steyl 1924, 1 f. Ders., Konfessionelle Missionspolemik, in: Zeitschrift für Missionswissenschaft, Münster (1920) 93–101.

49 Vgl. die Ausführungen bei M. D. Chenu, Dieu est noir, Paris 1977.

50 Zürich 1955. Das englische Original: Asia and Western dominance, London 1953.

51 J. Schütte, Die katholische Chinamission im Spiegel der rotchinesischen Presse, Münster 1957.

52 Nosipho Majeke, The rôle of the missionaries in the conquest, Johannesburg 1952.
53 Des prêtres noirs s'interrogent, Paris 1956.
54 Premier Congrès International des écrivains et artistes noirs, Paris 1956.
55 W. Bühlmann, Missionsprozeß in Addis Abeba, Frankfurt 1977. Ders., L'autre face de l'histoire des Missions, in: Neue Zeitschrift für Missionswissenschaft (1982) 124–135.
56 Vgl. J. Meier, Zehn Jahre „Studienkommission für Lateinamerikanische Kirchengeschichte", in: Neue Zeitschrift für Missionswissenschaft (1983), 61–66.
57 München 1960.
58 Leiden 1970.
59 Trier 1947. Ferner z. B. U. Bitterli, Die „Wilden" und die „Zivilisierten". Grundzüge einer Geistes- und Kulturgeschichte der europäisch-überseeischen Begegnung, München 1976.
60 H. Deschamps (Hg.), Histoire Générale de l'Afrique Noire, 2 vol., Paris 1970/71.
61 J. Ki-Zerbo, Histoire de l'Afrique Noire, Paris 1972.
62 J. D. Fage und R. Oliver (Hg.), The Cambridge History of Africa, 8 vol., Cambridge 1976/83.
63 UNESCO, Histoire Générale de l'Afrique, Paris 1980.
64 Göttingen 1978.
65 Vgl. J. Splett, Die theologische Dimension der Geschichte, in: Zeitschrift für katholische Theologie (1978), 302–317.
66 Vgl. E. Biser, Friede, in: LThK IV, 366–369. R. Friedli, Frieden wagen. Ein Beitrag der Religionen zur Gewaltanalyse und zur Friedensarbeit, Freiburg-CH 1981. M. van Lay, Kirche im Entkolonisierungskonflikt, Mainz 1981. B. Häring, La pace sulla terra, in: Liberi e fedeli in Cristo, III, Roma 1981, 483–527.
67 Häring, a. a. O. 581.
68 Während Papst Paul VI. zu verschiedenen Malen Schuldbekenntnisse ablegte, scheint Papst Johannes Paul II. die Tendenz zu haben, alles zu beschönigen, z. B. in Redemptor hominis n. 12 und Familiaris consortio n. 10.
69 Zu diesem ganzen Abschnitt vgl. W. Bühlmann, Wenn Gott zu allen Menschen geht, Freiburg 1981, 71–119. Ders., Missionsprozeß in Addis Abeba, Frankfurt 1977.
70 Vgl. J. B. Metz, Zur Theologie der Welt, Mainz 1969, 93.
71 Vgl. u. a. VV. AA. The emergent Gospel, Maryknoll 1977.
72 Vgl. A. Pecci (Präsident des Clubs von Rom), Die Zukunft in unserer Hand, Wien 1981, 108.
73 La S. Sede e il disarmo, Città del Vaticano 1977.
74 Vgl. H. Rzepkowski, Deutsche Missionare, in: Missio pastoral, Aachen 1980, 33–39.
75 A. Tévoédjiré, La pauvreté, richesse des peuples, Paris 1980.
76 Vgl. Herder Korrespondenz, Dez. 1981, 624–630.

77 Friedli, a. a. O. 181.
78 Friedli, a. a. O. 176–186, 201–218.
79 Vgl. dazu den ganzen Band III von Häring a. a. O. Ferner Ch. Grannis, The risk of the cross. Christian discipleship in the nuclear age, New York 1981.
80 Vgl. z. B. die neue Buchreihe bei Herder: Theologie der Dritten Welt, herausgegeben vom Missionswissenschaftlichen Institut Missio.
81 K. Esser, Franz von Assisi und die Katherer seiner Zeit, in: Archivium Franciscanum-Historicum 51 (1958), 225–264; ders., Die religiösen Bewegungen des Hochmittelalters von Franz von Assisi, in: Festschrift J. Lortz, Glaube und Geschichte, II, 1958, 287–315.
82 W. Bühlmann, Das Missionsverständnis des heiligen Franziskus nach der Regula non bullata, in: A. Camps und G. Hunold (Hg.), Erschaffe mir ein neues Volk, Mettingen 1982, 13–29.
83 Grand Larousse Encyclopédique, IV, Paris 1961, 867.
84 G. Theissen, Soziologie der Jesusbewegung, München 1977.
85 So H. Fries, in: R. Bärenz (Hg.), Die Kirche und die Zukunft des Christentums, München 1982, 46.
86 Für die Statistiken der katholischen Kirche benütze ich das Annuarium Statisticum Ecclesiae 1970, Città del Vaticano 1973, und folgende Jahrgänge, ferner das Annuario Pontificio 1960 und folgende; für die Statistiken aller christlichen Kirchen D. B. Barrett (Hg.), World Christian Encyclopedia. A comparative survey of Churches and religions in the modern world AD 1900–2000, Oxford 1982, wo eine Fülle von Material verarbeitet vorliegt.
87 Diese Zahlen stammen effektiv nicht von 1900, sondern von 1912, aus der ersten Auflage von C. Streit, Atlas Hierarchicus, Paderbornae 1913. Für 1900 fehlen uns vergleichbare Angaben. Da sich aber in jenen ersten zwölf Jahren des Jahrhunderts in den Zahlen und Proportionen wenig verändert hat, kann man die Angaben von 1912 annähernd für 1900 gelten lassen.
88 Vgl. für Afrika: V. V. A. A., Des prêtres noirs s'interrogent, Paris 1956; H. W. Mobley, The Ghanaian's image of the missionary, Leiden 1970; für Asien: K. M. Panikkar, Asia and Western dominance, London 1953; Th. Ohm, Asiens Nein und Ja zum westlichen Christentum, München 1960.
89 W. Bühlmann, Wo der Glaube lebt, Freiburg i. B. ^{7}1978, 29.
90 Bühlmann, a. a. O. 28.
91 Ebd. 158–160.
92 Christus dominus, 10.
93 Diese Zahlen stimmen nicht mit der oben genannten Zahl der Nuntiaturen überein, da öfters derselbe Nuntius mehrere Nuntiaturen bedient.
94 H. Rzepkowski, Deutsche Missionare, in: Missio pastoral, Aachen 1/1980, 33–39.
95 Barrett, a. a. O. 17.
96 Wir reden von sechs Kontinenten, weil es üblich geworden ist, die

beiden Amerika als zwei Kontinente zu zählen. Barrett a. a. O. teilt die Welt sogar in acht Kontinente ein, indem er die UdSSR als einen eigenen Kontinent zählt, ferner Asien unterteilt in Ostasien und Südasien.

97 Vgl. die entsprechende z. T. polemische Literatur: J. Power, Le Missioni non sono finite, Bologna 1970; J. Masson, La Missione continua, Bologna 1975; G. Butturini, La „fine delle Missioni", Bologna 1979; E. Kendall, The end of an era. Africa and the missionary, London 1979; Bühlmann a. a. O., 215–224.

98 Vgl. dazu W. Bühlmann, Wenn Gott zu allen Menschen geht, Freiburg i. B. 1981, 186–249.

99 Lumen gentium 1, 5, 9, 48, 59; ebenso die andern Konzilsdokumente.

100 Vgl. neben verschiedenen Biographien auch: Gandhi ci parla di Gesù, EMI, Bologna 1980.

101 Vgl. The image of christianity in Japan, Tokio 1980.

102 Barrett a. a. O., vor allem 18 f., 117–122, 796–798, ferner die vereinfachte Tabelle von 798.

103 Vgl. dazu T. Rendtdorff, Christentum außerhalb der Kirche, Hamburg 1969; J. Amstutz, Über die Allgegenwart der Gnade, in: Neue Zeitschrift für Missionswissenschaft, Immensee 1982, 81–109, bes. 107 f.

104 Vgl. die 60seitige Schrift der Deutschen Bischofskonferenz, Muslime in Deutschland, Bonn 1982.

105 D. Bonhoeffer, Widerstand und Ergebung. Briefe und Aufzeichnungen aus der Haft (Hg. von E. Bethge), München 1964.

106 T. Moser, Gottesvergiftung, Suhrkamp Taschenbuch 1980. Ferner H. J. Türk (Hg.), Glaube und Unglaube, Mainz 1971.

107 P. M. Zulehner, „Leutereligion". Eine neue Gestalt des Christentums auf dem Weg durch die achtziger Jahre, Freiburg i. B. 1982, 57; ders., Religion im Leben der Österreicher, Freiburg i. B. 1981, 35.

108 Entkirchlichung in der Großstadt: München Statistik, in: Herder Korrespondenz, Freiburg i. B., September 1975, 428–430.

109 Y. Daniel, Aux frontières de l'Eglise, Paris 1978.

110 J. W. Varroll (Hg.), Religion in America, New York 1979, vor allem das Nachwort von G. Gallup, A coming religious survival? 111–115.

111 Barrett a. a. O. 5.

112 Theologische Bedeutung der Position des Christen in der modernen Welt, in: K. Rahner, Sendung und Gnade, Innsbruck [4]1966, 13–47; ders., Strukturwandel der Kirche als Aufgabe und Chance, Freiburg i. B., [3]1973, 21–48.

113 Vgl. P. M. Zulehner, Religion nach Wahl, Wien 1974; L. Bertsch und F. Schlösser (Hg.), Kirchliche und nichtkirchliche Religiosität, Freiburg i. B. 1978; Österreichisches Pastoralinstitut, Kirchlich Distanzierte heute, Wien 1978; J. Höffner, Pastoral der Kirchenfremden, Bonn 1980; N. Mette, Kirchlich distanzierte Christenheit. Eine Herausforderung für die praktische Kirchentheorie, München 1982.

114 L'Osservatore Romano (OR) 21. 12. 1978.

115 Für die USA vgl. W. Bühlmann, Evangelisierung der kirchlich Distanzierten. Modelle aus den USA, in: Diakonia 11 (1980) 210–212.
116 Wegen der mangelnden Ergebnisse hat auch die Presse recht wenig darüber berichtet.
117 Vgl. dazu die reiche Literatur über die Ämterfrage in der Kirche z. B. K. Kertelge, Gemeinde und Amt im Neuen Testament, München 1972; E. Schillebeeckx, Das kirchliche Amt, Düsseldorf 1981; J. Fuellenbach, Ecclesiastical office and the primacy of Rome, Washington 1980; H. J. Venetz, So fing es mit der Kirche an. Ein Blick in das Neue Testament, Zürich 1981.
118 A. Acerbi, Due ecclesiologie. Ecclesiologia giuridica ed ecclesiologia di comunione nella „Lumen gentium", Bologna 1975; H. Wieh, Konzil und Gemeinde, Frankfurt a. M. 1978.
119 E. Sauser, Woher kommt die Kirche? Ortskirche in der Frühzeit und Kirchenbewußtsein heute, Frankfurt a. M. 1978; H. Frankemölle (Hg.), Kirche von unten. Alternative Gemeinde. Modelle – Erfahrungen – Reflexionen, Mainz 1981. J. Cappellaro und J. Mira und J. Jimenez, Pfarrgemeinde der Zukunft. Eine Gemeinschaft von Gemeinschaften, Thaur/Tirol 1979; G. Hartmann, Christliche Basisgruppen und ihre befreiende Praxis, Mainz 1980.
120 A. Seipolt, Der aufgeweckte Siebenschläfer, Würzburg 1962.
121 Zum ganzen vgl. Bühlmann, Wenn Gott zu allen Menschen geht, 71–119.
122 Zitiert in D. Günter Jacob, Die Zukunft der Kirche in der Welt des Jahres 1985, in: Junge Kirche. Protestantische Monatshefte, Dortmund 7/1967, 1–16.
123 M. Singleton, Let my people go. A study of the Catholic Church in West Nigeria, Brussels 1974, 303.
124 P. Angela, La vasca di Archimede, Garzanti 1975, 11–18; D. Meadows, The limits to growth, New York 1972; Club of Rome, Das menschliche Dilemma. Zukunft und Lernen. Bericht für die achtziger Jahre, München 1979.
125 Th. Mommsen, Römische Geschichte, 5 Bände, Berlin 1868–1885; W. B. Durant, Caesar und Christus. Eine Kulturgeschichte Roms und des Christentums, Bern 1956, 466–468, 531–533, 748–753.
126 W. D. Hussey, The British Empire and Commonwealth, Cambridge 1968; J. Morris, Heaven's Command. An imperial progress, London 1973; Lord Hailey, An African survey, Oxford 1957, 51 f., 201 f., 414–417.
127 World Conference on agrarian reform und rural development, FAO, Rome 1979.
128 J. Naisbitt, Megatrends. Ten new directions transforming our lives, New York 1982.
129 Vgl. K. Rahners Nachwort in diesem Buch.
130 G. Alberigo (Hg.), Kirche im Wandel, Düsseldorf 1982. Zum ganzen vgl. auch J. M. R. Tillard, L'évêque de Rome, Paris 1982, 65; R. Minnerath, Le Pape, évêque universel ou premier des évêques? Paris

1978; P. Granfield, The Papacy in transition, Dublin 1981, 17–33; G. Feliciani, Le Conferenze Episcopali, Bologna 1974.

131 Vgl. z. B. die Ansprache des Papstes an den CCEE vom 21. 12. 1978 sowie die Erklärung der europäischen Bischöfe zu Subiaco vom 28. 9. 1980, ferner die verschiedenen Ansprachen des Papstes beim Österreichischen Katholikentag in Wien 1983.

132 Synodus Episcoporum, De Evangelisatione mundi huius temporis. Pars altera, Vaticanus 1974, 18 f.

133 W. de Vries, The origin of the Eastern Patriarchates and their relationship to the power of Rome, in: Th. E. Bird (Hg.), Archiepiscopal and Patriarchal autonomy, New York 1972, 14–21; K. Mörsdorf, Patriarch, in: Lexikon für Theologie und Kirche, Freiburg i. B., VIII, 174–177; J. Spiteris, La critica bizantina del Primato romano nel secolo XII., Roma 1979.

134 Vgl. seine Rede zum Anlaß des 400. Jahrestages der Ankunft von Matteo Ricci in China, in: OR 25. bis 26. 10. 1982.

135 Mitteilung von Prof. A. Camps, der an diesem Treffen teilnahm. Vgl. auch J. J. Spae, Church and China towards reconciliation? Chicago 1980; Wei Tsing-Sing, Le Saint Siège et la Chine, Allais 1971.

136 W. Brandmüller, Konzilsgeschichte, Paderborn 1979 ff., besonders Bd. 1: H. J. Sieben, Die Konzilsidee der alten Kirche, 1979, 511–516; Bd. 2: J. Metzler, Die Synoden in China, Japan und Korea, 1980, VII f., 301.

137 Colloque International de Kinshasa 1978: Religions africaines et christianisme 289–291: Hier wurde eine entsprechende Resolution gefaßt; schon ein Jahr vorher wurde die Idee angemeldet in: Société Africaine de Culture, Civilisation noire et Eglise catholique. Colloque d'Abidjan 1977, Paris 1978, 342; ferner V. V. A. A., Pour un Concile africain, Paris 1978.

138 W. Bassett und R. Goedert, The choosing of bishops, Hartford 1971.

138a J. Grootaers und J. A. Selling, The 1980 Synod of Bishops on the role of the family. An exposition of the event and an analysis of its texts, Leuven 1983.

139 Vgl. J. Tomko, Il Sinodo dei vescovi, luogo di comunione ecclesiale, in: OR 20. 10. 1982; Codex Juris Canonici 1983: in den Can. 342–344 wird mehrmals der bloß konsultative Charakter herausgestrichen.

140 Lumen gentium 8; vgl. LThK, Konzil I, 173–175.

141 Vgl. z. B. Dominicae Coenae, der Brief des Papstes an alle Bischöfe zur Fastenzeit 1980, in: AAS 1980, n. 10; dazu alle Jahre ein Aufruf zugunsten des Latein, wie z. B. in OR 27.–28. 11. 1978, obwohl die Kongregation für die Sakramente und den Gottesdienst aus einer Befragung der Bischöfe erfahren mußte, daß die Zeit für Latein vorbei sei und nur noch alte Leute und gewisse Intellektuelle eine lateinische Messe besuchen: Notitiae, Roma 1981, n. 12, 509–611, bes. 604–606.

142 Dominicae Coenae n. 11; ferner Redemptor hominis, n. 21.

143 Bühlmann, Wenn Gott zu allen Menschen geht, 60–68.

144 H. Jedin, Handbuch der Kirchengeschichte, I, Freiburg i. B. 1965,

172–180, 279–281, 307–387; A. G. Weiler, Geschichte der Kirche, I, Zürich 1963, 332–337; M. Testard, Chrétiens latins des premiers siècles, Paris 1981.

145 Abidjan (vgl. Fußnote 55) 207.

146 Ebd. 267.

147 M. P. Hebga, Emancipation d'Eglises sous tutelle. Essai sur l'ère post-missionnaire, Paris 1976, 159 f.

148 Abidjan 56; vgl. zum ganzen W. Bühlmann, L'autre face de l'histoire des Missions, in: Neue Zeitschrift für Missionswissenschaft, Immensee 1982, 124–135. R. Luneau und J. M. Ela, Voici le temps des héritiers. Eglises d' Afrique et voies nouvelles, Paris 1981; V. J. Donavan, Christianity rediscovered. An epistle from the Masai, Maryknoll 1982; J. G. Healey, A fifth Gospel. The experience of black christian values, Maryknoll 1981.

149 LThK VII, 222 f.

150 AAS 1977, 284.

151 F. X. Kaufmann, Soziologische Überlegungen zur Zukunft des Christentums, in: R. Bärenz, Die Kirche und die Zukunft des Christentums, München 1982, 68–95, bes. 76–88.

152 Lumen gentium 13, 23; Sacrosanctum concilium 37–40.

153 Orientalium ecclesiarum 6; Unitatis redintegratio 14, 17.

154 Vgl. B. Mondin, Le nuove ecclesiologie, Roma 1980.

155 L. Boff, Iglesia: carisma y poder. Enseyos de ecclesiologia militante, Santander 1982, 65–77.

156 So z. B. in Familiaris consortio von 1981, n. 10, auch in den verschiedenen Reden in Afrika.

157 Vgl. die uneingeschränkte Anerkennungsrede von Johannes Paul II. über Matteo Ricci, in OR 27. 10. 1982, wo leider mit keinem Wort erwähnt wurde, daß diese Pioniertat so lange von Rom verboten blieb. Vgl. Rahners Wort in: Entschluß, Wien (1983), Heft 7/8, S. 28.

158 W. Bühlmann, Die Basisgemeinden: Ort der aktiven Kirche, in: Franziskanische Studien, Werl 1983, 9–15.

159 Vgl. B. Luykx, Culte chrétien en Afrique, Immensee 1974.

160 H. Hochegger, Le langage des gestes rituels, 3 Bde., CEEBA, Bandundu, Zaire 1983. Ferner K. Julian, Christian sacraments and African religious rites, in: Università Urbaniana (Hg.), Evangelizzazione e culture, III, Roma 1976, 51–68.

161 Vgl. M. Pomilio, Il quinto Evangelio, Milano [4]1975; J. Müller, Missionarische Anpassung als theologisches Prinzip, Münster i. W. 1973.

162 G. Stachel, Dreizehntausend Laien studieren Theologie für etwa dreitausend Stellen, in: Diakonia 1983, 212–218.

163 Vgl. H. Nakamura, Ways of thinking in Eastern peoples, Honolulu 1974, bes. 168–172, 286–294.

164 L. Boff, Theologie hört aufs Volk, Düsseldorf 1982; A. Exeler und N. Mette (Hg.), Theologie des Volkes, Mainz 1978; F. Castillo, Theologie aus der Praxis des Volkes, München 1978; H. Frankenmölle (Hg.), Kirche von unten. Alternative Gemeinden, Mainz 1981.

165 Vgl. z. B. O. Bimwenyi Kweshi, Alle Dinge erzählen von Gott. Grundlegung afrikanischer Theologie, Freiburg i. B. 1982; J. S. Pobee, Grundlinien einer afrikanischen Theologie, Göttingen 1981.

166 V. V. A. A., Den Glauben neu verstehen. Beiträge zu einer asiatischen Theologie, Freiburg i. B. 1981: Es sind die Vorträge der Ersten katholischen Theologen-Konferenz von Asien in Manila 1978; H. Waldenfels (Hg.), Theologen der Dritten Welt. Elf biographische Skizzen aus Afrika, Asien und Lateinamerika, München 1982.

167 Vgl. z. B. D. Acharaparambil, Spiritualità e mistica indù, Roma 1982; M. Smith, The way of the mystics. The early christian mystics and the rise of the Sufis, London 1976.

168 S. Kappen, Censorship and the future of an Asien theology, in: Anawim, New Delhi, n. 29, 1981, 1–10. M. Seckler (Hg.), Lehramt und Theologie. Unnötiger Konflikt oder heilsame Spannung? Düsseldorf 1981.

169 G. Caprile, Il Sinodo dei vescovi 1980, Roma 1982, 99 f., 415 f., 511, 437; vgl. auch D. A. Seeber, Schwierigkeiten mit der Moralverkündigung, in: HK 1982, 105–107. Erzbischof R. G. Weakland, in: America 1982, 455.

170 OR, 18.–19. 10.1982.

171 L. Bressan, Il divorzio nelle Chiese orientali, Bologna 1976; H. Herrmann, Ehe und Recht. Versuch einer kritischen Darstellung, Freiburg i. B. 1972.

172 Weiter ausgeführt in W. Bühlmann, Fragen zu Ehe und Familie in Afrika, in: Theologie der Gegenwart, Gars am Inn, 1982, 159–171.

173 Vgl. Literatur in Fußnote 117.

174 So Paul VI. an eine Gruppe französischer Bischöfe (OR 27. 3. 1977), Johannes Paul II. an die Schweizer Bischöfe (OR 10. 7. 1982), und schon im Schreiben an alle Priester vom 8. April 1979, n. 8.

175 OR 2. 4. 1982.

176 G. Denzler (Hg.), Priester für heute. Antworten auf das Schreiben Papst Johannes Pauls II. an die Priester, München 1980; F. Klostermann, Gemeinde ohne Priester, Mainz 1981; Solidaritätsgruppe katholischer Priester der Diözese Speyer (Hg.), Gemeinde ohne Priester – Kirche ohne Zukunft? Frankfurt a. M. 1983; H. Mynarek, Eros und Klerus, Düsseldorf 1978. R. Hickey, Africa: the case for an auxiliary priesthood, London 1979; W. R. Burrows, New ministries. The global context, Maryknoll 1980; M. A. Santaner, Homme et pouvoir. Eglise et ministère, Paris 1980.

177 Vgl. K. Piskaty, The process of contextualization and its limits in the new Codex Juris Canonici, in: Verbum SVD, St. Augustin 1983, 163–171.

178 Vor ein paar Jahren wurde in einer Diözese der Dritten Welt von einem einheimischen Priester, der am Höheren Katechet. Institut von Paris ein Diplom gemacht hatte, ein Kinderkatechismus geschrieben und gedruckt. Von gewisser Stelle wurde dieser dem Apostol. Nuntius zugeschickt. Dieser leitete ihn nach Rom weiter, von woher dann ein

Schreiben kam, beim nächsten Druck müsse man ausdrücklich sagen, daß die Schöpfung aus dem Nichts erfolgt sei, daß Himmel und Hölle Orte seien, daß die eucharistische Gegenwart durch die Transsubstantiation geschehe – und das für Kinder!

179 P. M. Zulehner, Religion im Leben der Österreicher, Freiburg i. B. 1981, 63 f., 123.

180 A. Exeler, Muß die Kirche die Jugend verlieren? Freiburg i. B. 1981, 11 f., 70 f.

181 P. M. Zulehner, „Leutereligion". Eine neue Gestalt des Christentums auf dem Weg durch die achtziger Jahre, Freiburg i. B. 1982.

182 J. B. Metz, Jenseits der bürgerlichen Religion. Reden über die Zukunft des Christentums, Mainz 1980.

183 H. Herrmann, Die sieben Todsünden der Kirche, Reinbek bei Hamburg 1978, 231–235.

184 1 Kor 12, 28; Eph 2,30; 3,5; 4,11.

185 A. Dulles, The survival of dogma. Faith, authority and dogma in a changing world, New York 1973, 129.

186 Vgl. dazu PMV-Bulletin, The institutional Church in the future, Bruxelles, July 1980; C. Falconi, La contestazione nella Chiesa. Storia e documenti del movimento cattolico antiautoritario in Italia e nel mondo, Milano 1969; P. Hebblethwaite, The runaway Church, London 1975; R. Schermann, Woran die Kirche krankt. Kritische Betrachtungen eines engagierten Priesters, Düsseldorf 1981. Ferner die Zeitschriften Orientierung, Publik-Forum, Concilium usw.

187 G. Caprile, Il Concilio Vaticano II., Roma 1969, V, 415.

188 Card. Massaia, Lettere e scritti minori, Roma 1978, Vol. III, vor allem 212, 259–263, 279 f.

189 Vgl. auch W. Weber, Macht, Dienst und Herrschaft in Kirche und Gesellschaft, Freiburg i. B. 1974; H. Mynareck, Herren und Knechte der Kirche, Köln 1973; L. Boff, Iglesia: carisma y poder.

190 OR, 10. 11. 1979.

191 OR, 4. 10. 1982 und 23. bis 26. 11. 1982.

192 Um nur einige neue Bücher dieser Art zu nennen: N. Lohfink, Kirchenträume. Reden gegen den Trend, Freiburg i. B. 1982; P. M. Zulehner, Kirche, Anwalt der Menschen. Wer keinen Mut zum Träumen hat, hat keine Kraft zum Kämpfen, Freiburg i. B. 1980; S. Knecht, Die Vision des Papstes, Graz 1975; G. Zizola, Quale Papa? Roma 1978; A. Greeley, Der weiße Rauch, Graz 1979; J. Bourdarias, Les fumées du Vatican, Paris 1979; M. West, I giullari di Dio, Milano 1982.

193 In: Concilium (ital. Ausgabe) 8/1975, 133.

194 Vgl. dazu die sehr guten Ausführungen in Evangelii nuntiandi von 1975.

195 Vgl. R. Minnerath, Le Pape, évêque universel ou premier des évêques, Paris 1978; H. Stirnimann (Hg.), Papsttum und Petrusdienst, Frankfurt a. M. 1975; K. Lehmann (Hg.), Das Petrusamt. Geschichtliche Stationen seines Verständnisses und gegenwärtige Standpunkte, Freiburg i. B. 1982.

196 Vgl. Bühlmann, Wenn Gott zu allen Menschen geht; der ganze zweite Teil.

197 Die Katholischen Missionen, Freiburg i. B. 1982, 152 f.

198 R. Heckel, Selbstverantwortung (self-reliánce). Der dritten Entwicklungsdekade entgegen, Päpstl. Kommission Justita et Pax, Rom 1978.

199 H. Dietz, Europas letzte Stunde, Freiburg i. B. 1981, 148, 159.

200 So gesagt bei der Niederländischen Missionswoche, in: Mondo e Missione, Mailand 1982, 527.

201 Segundo Galilea, Responsabilità missionaria dell'America latina, Bologna 1982.

202 Minderheitssprachen in Großbritannien, in: Neue Zürcher Zeitung, Zürich, 9. September 1982.

203 Vgl. SEDOS-Bulletin, Roma 1982, 219–222, 273–278, 290–296.

204 So A. Exeler, Vergleichende Theologie statt Missionswissenschaft? in: H. Waldenfels (Hg.), Denn ich bin bei euch. Perspektiven im christlichen Missionsbewußtsein heute, Zürich 1978, 199–211.

205 Etwa das Missionswissenschaftliche Institut Missio in Aachen, EMI in Bologna, Orbis Books in Maryknoll usw.

206 A. Exeler, Wege einer vergleichenden Pastoral, in: Evangelisation in der Dritten Welt. Anstöße für Europa, Freiburg i. B. 1981, 92–121. Bühlmann, Wenn Gott zu allen Menschen geht, 178–183.

207 B. Bürki, L'assemblée dominicale. Introduction à la liturgie des Eglises protestantes d'Afrique, Immensee 1976, 33, 145.

208 Vgl. Bühlmann, L'autre face de l'histoire des Missions, 124–135, bes. 132 f.

209 Die Katholischen Missionen 1982, 108 f.: R. H., Deutsche Bischöfe: Mehr Kontakt zur Dritten Welt.

210 W. Bühlmann, Sie folgen dem Ruf. Afrikanische Zeugen des Glaubens, Mainz 1982; E. L. Stehle (Hg.), Sie verteidigten die Menschenwürde. Zeugen des Glaubens in Lateinamerika, Mainz 1982; M. Lange und R. Iblacker, Christenverfolgung in Südamerika, Freiburg i. B. 1980.

211 J. Dournes, Gott liebt die Heiden, Freiburg i. B. 1966; J. Daniélou, Die heiligen Heiden des Alten Testamentes, Stuttgart 1955.

212 Conleth Overman, Four alternative futures, CARA, Washington 1980.

Quellenangabe

Die Beiträge des I. Teiles wurden als Vorträge gehalten und z. T. gedruckt, aber für diese Veröffentlichung neu überarbeitet.
Kap. 1: Theologisch-praktische Quartalschrift, Linz 1981, 25–31.
Kap. 2–5 waren Vorträge an den Salzburger Hochschulwochen 1983.
Kap. 6 wurde vorgetragen an der Generalversammlung des Deutschen Katholischen Missionsrates in Würzburg 1982, abgedruckt in: Ordenskorrespondenz, Köln 1982, 385–406.
Kap. 7 ist ein Vortrag zum Österreichischen Katholikentag in Wien 1983.
Kap. 8: Vortrag bei verschiedenen Anlässen.
Kap. 13 wurde abgedruckt in: Diakonia, Wien 1981, 221–235.